아이디어가 들썩이는
사용자 경험 스케치 워크북

Sketching
User Experience
the work book

Sketching User Experiences: The Workbook
by Saul Greenberg, Sheelagh Carpendale, Nicolai Marquardt, and Bill Buxton
This edition of Sketching User Experiences: The Workbook by Saul Greenberg, Sheelagh Carpendale,
Nicolai Marquardt, and Bill Buxton is published by arrangement with Elsevier Inc.,
a Delaware corporation having its principle place of business at 360 Park Avenue South,
New York, NY 10010, USA

Korean Translation Copyright © 2013

이 책의 한국어판 저작권은 에이전시 원을 통해 저작권자와의 독점 계약으로 인사이트에 있습니다. 신저작권법에 의해
한국 내에서 보호를 받는 저작물이므로 무단전재와 무단복제를 금합니다.

아이디어가 들썩이는
사용자 경험 스케치 워크북

초판 1쇄 발행 2013년 7월 20일 **지은이** 빌 벅스턴 사울 그린버그 쉬라 카펜데일 니콜라이 마쿼트 **옮긴이** 이재희 양해륜 조경숙 **펴낸이** 한기성 **펴낸곳** 인사이트 **본문디자인** 신병근 **편집** 김강석 김민희 **제작·관리** 이지연 **표지출력** 소다그래픽스 **종이** 월드페이퍼 **인쇄** 현문인쇄 **제본** 자현제책 **등록번호** 제10-2313호 **등록일자** 2002년 2월 19일 **주소** 서울시 마포구 서교동 469-9번지 석우빌딩 3층 **전화** 02-322-5143 **팩스** 02-3143-5579 **블로그** http://blog.insightbook.co.kr **이메일** insight@insightbook.co.kr **ISBN** 978-89-6626-078-2 책값은 뒤표지에 있습니다. 잘못 만들어진 책은 바꾸어 드립니다. 이 책의 정오표는 http://www.insightbook.co.kr/20744에서 확인하실 수 있습니다. 이 도서의 국립중앙도서관 출판시도서목록(CIP)은 e-CIP홈페이지(http://www.nl.go.kr/ecip)와 국가자료공동목록시스템(http://www.nl.go.kr/kolisnet)에서 이용하실 수 있습니다.(CIP제어번호: CIP2013011302)

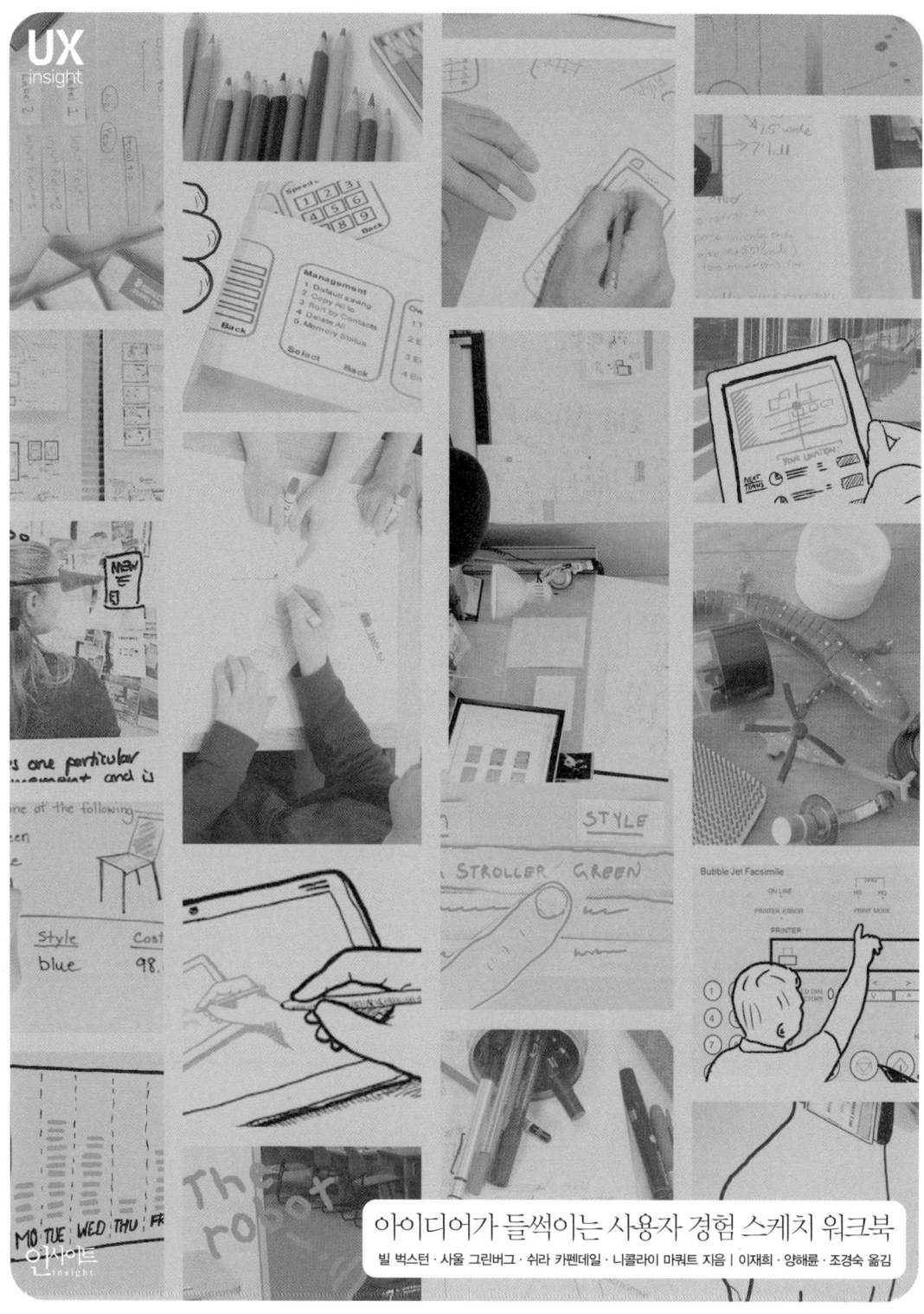

UX
insight

아이디어가 들썩이는 사용자 경험 스케치 워크북

빌 벅스턴 · 사울 그린버그 · 쉬라 카펜데일 · 니콜라이 마쿼트 지음 | 이재희 · 양해륜 · 조경숙 옮김

차 례

vii	추천의 글
x	옮긴이의 글
xii	머리글
xv	감사의 글

001　1 들어가며
003	1.1 소개
009	1.2 왜 스케치를 해야 하는가?
017	1.3 스케치북
025	1.4 10+10

039　2 실제 세계를 샘플링하기
041	2.1 낙서 스케치
047	2.2 카메라 샘플링
057	2.3 이미지 수집과 클리핑
065	2.4 장난감 상자와 수집품
079	2.5 찾은 물건 공유하기

085　3 개별 이미지
087	3.1 스케치 준비하기
095	3.2 보고 있는 것을 스케치하기
107	3.3 스케치 어휘
115	3.4 스케치 기본 요소
121	3.5 공동 스케치
127	3.6 드로잉을 위한 슬라이드웨어
135	3.7 사무용품으로 스케치하기

141	3.8	템플릿
151	3.9	포토 트레이스
163	3.10	하이브리드 스케치
171	3.11	폼보드를 사용해 스케치하기

183 4 시간적 스냅숏: 시각적 서술

185	4.1	순차적 스토리보드
191	4.2	상태변환도
199	4.3	분기형 스토리보드
209	4.4	서술형 스토리보드

223 5 UX 애니메이션 만들기

225	5.1	연속 시퀀스
233	5.2	모션 패스(이동 경로)
239	5.3	분기형 애니메이션
245	5.4	키프레임과 트위닝
257	5.5	선형 비디오

265 6 사용자가 참여해가는 스케치

267	6.1	초기 멘탈모델 파악하기
279	6.2	오즈의 마법사
289	6.3	소리 내어 생각하기
297	6.4	스케치보드
305	6.5	리뷰

315	찾아보기

추천의 글

스마트폰의 등장 이후 UX가 국내의 IT 분야뿐만 아니라 산업계 전체에 걸쳐 화두가 되면서 관련 서적의 출간도 많이 늘었고 양질의 서적이 여러 권 번역되었다. 그 중에서도 진작 국내에 소개되었어야 할 책을 하나 뽑자면 바로 이 책 『아이디어가 들썩이는 사용자 경험 스케치 워크북』이다.

　더욱 뛰어나고 차별성을 가진 사용자 경험을 제공하기 위해서는 다양한 아이디어를 체계적으로 창안할 수 있어야 할 뿐더러 이런 아이디어를 주요 이해관계자과 제대로 커뮤니케이션 할 수 있어야 한다. 이 책은 다양한 스케칭 기법을 통해 UX 디자이너에게 이 두 가지의 어려운 역량을 쌓을 수 있는 실천적인 가이드를 제공한다.

　UX를 공부하고자 하는 초보자뿐만 아니라 자신의 UX 업무 방식을 보다 창조적이고 생산적으로 개선하고자 하는 현업의 프로들에게도 이 책의 일독을 적극 권장한다.

— **김성우**, 국민대학교 테크노디자인대학원 인터랙션디자인전공 교수

UX 디자인 분야에서 스케치는 단순한 한 가지 프로세스의 추가를 의미하지 않는다. 보다 혁신적이고 새로운 아이디어의 도출, 초기 단계의 다양한 가설에 대한 검증과 개선, 편리한 의견 수렴을 통한 커뮤니케이션 활성화 측면을 모두 가능하게 한다.

　하지만, 이제까지 스케치는 UX를 다루는 기업이나 교육 현장에서 그 중요성에 비해서 가장 잘 활용되지 못하는 분야 중 하나였다. 가장 큰 이유를 들

자면 How-to에 관한 내용을 잘 다룬 참고자료의 부족을 들 수 있겠다.

이 워크북이 지금 컴퓨터에 갇힌, 개인 작업에 갇힌 많은 UX 관계자들에게 귀한 활로를 만들어 주기를 고대한다.

— 이지현, 서울여자대학교 산업디자인학과 교수

UI, UX 디자이너를 꿈꾸는 학부 및 대학원 학생뿐만 아니라, 현업에서 한정되어 있는 UI, UX 업무를 하는 실무자에게 간접적인 UI, UX 실무 경험을 할 수 있게끔 지도하는 필독서이다.

본인도 2007년에 나온 빌 벅스턴의 책으로 다양한 실무 방법론 및 역량 강화에 대해 도움을 받았는데, 이번에 UI, UX 디자인 실무에 실질적으로 도움을 줄 수 있는 워크북이 번역되어 학생과 현업에서 일하고 있는 UI, UX 디자이너들에게 많은 도움을 줄 수 있으리라 생각한다. 많은 디자이너들에게 UI, UX 아이디어를 바로 프로토타이핑하는 것은 부담스러운 일이다. 그 부담을 제거하는 방법이 UX 스케치다. 모두 UX 스케치의 세계로 들어가 보자.

— 정성재, LG전자 LSR/UX연구소 팀장, 인간공학기술사, 공학박사

사람은 보이지 않은 것에는 쉽게 믿음과 행동이 따르지 않는다. 그래서 보고 싶어하고, 보이는 것에 매료되며, 보여주려고 무던히 애쓴다. 아무리 개념과 생각이 좋고 특별하다 할지라도 그것을 눈앞에 구체적인 형상으로 드러내놓지 못하면 애매한 꿈일 수 있다. 가장 추상적인 것이 가장 실제적인 것으로 변화되어 둘이 하나가 되는 경험을 해보았는가. 이 두 가지는 원래 하나이다.

많은 크리에이티브 전문가들은 디자이닝의 단계를 추상화와 구상화의 상호작용, 확장과 수렴의 반복이라고 한다. 개념이 곧 실체화되는 과정은 마술과도 같은 과정이어서 '스케칭'이라는 쉽고도 어려운 마술봉을 통해 우리는 경험의 세계를 구축하고 펼칠 수 있는 것이다.

이 책에는 선긋기, 일상의 자료수집하기 같은 어이없을 정도의 단순한 행위부터 비디오를 제작하고 사용자를 테스트하는 수준 높은 스케칭까지 정말

상세하고 친절한 언어로 우리의 손과 머리가 거침없이 스케칭할 수 있도록 용기를 북돋는다. 사용자경험을 다루는 전문가들은 눈에 보이지 않는 것들을 보이게끔 드러내는 사람들이며, 또한 눈에 보이는 것을 통해서 눈에 보이지 않는 것으로 이르게끔 하는 역할도 하고 있다. 추상적인 생각과 구체적인 실체가 하나로 될 때 비로소 사람들은 움직인다. 좋은 스케치의 힘은 사람의 마음을 움직이는 힘인 것이다.

– **한명수**, (주)SK커뮤니케이션즈 UX Design Center장 / 상무이사

옮긴이의 글

이제 일상 그 자체가 된 스마트폰, 태블릿 PC에 이어 스마트 디바이스는 안경이나 시계 등 더욱 다양한 형태로 생활 속 깊숙이 들어오고 있다. 이에 따라 제품 서비스 개발에서 UX의 중요성 역시 더욱 강조되는 추세이다. 그런데 막상 실무에서 UX와 관련된 방법론을 적용하려면 쉽사리 가닥이 잡히지 않은 적이 많았을 것이다. 특히 아이디어를 발산하고 공유하기 위한 스케치 기법의 경우 그 방법을 자세히 다루고 있는 서적이 많지 않아 실질적으로 활용해볼 기회가 거의 없었다. 여기 모인 역자들은 실제 이러한 문제에 봉착하여 어려움을 겪었던 경험이 많았고 이를 고민하던 차에 이 책을 만나게 되었다.

저자인 빌 벅스턴이 가장 먼저 던지는 질문은 "UX 디자이너에게 스케치란 무엇인가?"이다. UX 스케치는 무엇이고, 어떤 것을 표현해야 하는가. 그는 아이디어를 구체화하고 공유하고 발전시키는 UX를 위한 모든 단계에서 가장 핵심이 되는 방법이 바로 스케치라고 이야기하고 있다.

특히 저자는 UX 디자인에서 스케치는 결코 '예쁘장할' 필요가 없다고 강조한다. 보통 펜을 쥐고 나면 멋진 그림을 그려야 할 것 같은 부담을 가지게 될 것이다. 저자는 UX를 공부하는 동안에는 이러한 강박을 잠시 내려놓아도 좋다고 말한다. UX 스케치는 아름답게 꾸미기보다는 잘 짜인 사용자 경험을 표현하는 일이 우선되어야 하기 때문이다. 이 책에서 제시하는 UX 스케치와 UX 방법론은 바로 여기서부터 시작한다. 겉보기는 엉망이어도 우리가 구현하고자 하는 내용을 확실하게 그려내면, 그것이 바로 훌륭한 UX 스케치가 될 수 있다.

이 책은 노련한 UX 디자이너들이 오랫동안 쌓아온 자신의 노하우를 쾌활하게 전수해주는 가이드북이다. UX 아이디어를 얻는 방법(2장), 여러 가지 툴과 다양한 훈련법을 활용하여 UX 디자인을 하는 방법(3, 4, 5장), 그리고 자신이 만든 UX 디자인을 발표하고 공유하는 방법(6장)까지 많은 사람들이 궁금해 하고 또 실무에 반드시 필요한 항목들이 이해하기 쉽게 정리되어 있다. 특히 3~5장의 경우 파워포인트, 플래시, 폼보드 등과 같이 우리에게 익숙한 도구를 사용한 UX 스케치 활용법을 구체적으로 알려주고 있어, 실무에서 스케치를 활용하는 데 큰 도움을 받을 것이다. 뿐만 아니라 1장을 통해 이 워크북의 기초가 되는 책인 『사용자 경험 스케치』의 일부를 요약하고 있다. 이 요약이 관련 내용을 담고 있기는 하나 보다 자세한 내용을 확인하고자 한다면 『사용자 경험 스케치』를 한번 읽어보기를 권한다.

이 책에는 UX의 대가가 오랜 시간 동안 몸으로 직접 부딪히며 익혀 온 UX에 대한 생생한 이야기가 담겨 있다. 간혹 저자가 재치를 발휘하여 우스꽝스럽게 설명하기도 하는데 이러한 말투는 이 책의 또 다른 묘미이다. 특히 책을 그저 쭉 읽지 말고 반드시 실습하라는 저자의 따끔한 조언까지 충실히 이행한다면, 이곳에 실린 알찬 노하우는 그저 책 안의 내용이 아니라 독자 자신의 탄탄한 실력으로 남을 것이다.

책을 번역하며 오랜 시간동안 함께 해 준 배성환, 이세리, 이은경, 최지예, 윤소연 외 LEED(UX, UI커뮤니티) 식구들에게 감사의 말을 전한다. 또한 이 책을 번역하기로 처음 이야기할 때부터 우리에게 늘 격려를 아끼지 않으신 인사이트의 한기성 대표님과 이 책이 나올 수 있게 함께 고생해주신 편집자께도 감사 드린다. 이 책이 번역되기까지 많은 사람들의 애정과 다독임이 있었다. 많은 이들의 관심과 격려를 담은 만큼 이 책 역시 앞으로 UX를 공부하고자 하는 사람에게 따뜻한 지침서가 되었으면 한다.

2013년 여름
이재희 양해륜 조경숙

머리글

이 책을 쓴 사람들 이야기

이 책 어쩌면 뜻밖의 행운처럼 쓰게 되었다.

몇 년 전, 저자 **빌 벅스턴**Bill Buxton은 기업이 소프트웨어를 개발하는 데에서 가장 중요한 요소는 디자인임을 강조했다. 그런데 대부분의 인터랙션 디자이너들이 디자이너로서 제대로 훈련되어 있지 않음이 특히 문제라고 지적했다. 이에 대한 대안으로 제시했던 것이 바로 그의 저서, 『사용자 경험 스케치Sketching the User Experience』이다. 이 책에서 빌 벅스턴은 디자인 프로세스에 관해 생각해볼 수 있는 가장 간단한 방법이 바로 스케치임을 이야기한다. 그는 이 책의 메시지를 적극적인 강연을 통해 학계와 업계 종사자들에게 전달하였으며, 마이크로소프트 리서치에서 근무하며 그의 동료들에게도 많은 영향을 끼쳤다.

신기하게도 또 다른 저자인 **사울 그린버그**Saul Greenberg는 비슷한 시기에 HCIHuman Computer Interaction 개론 과정을 가르치고 있었다. 당시 그의 고민은 학생들이 가장 처음 생각했던 안을 그대로 프로그래밍 해버리곤 하는 문제였다. 코딩하는 것 자체가 힘든 노동이나 다름없었기 때문에, 되도록 초기 아이디어에서 벗어나지 않고 그대로 진행하려는 경향이 있었던 것이다. 대부분은 기존의 디자인을 조금 변형하는 수준이었고, 일부 학생만이 조금 창의적인 요소를 더했다. 그러나 이러한 창의적인 요소조차도 사용성 테스트를 해보면 늘 사용성 측면에서 문제가 있었기 때문에 결국 제외되곤 했다. 이

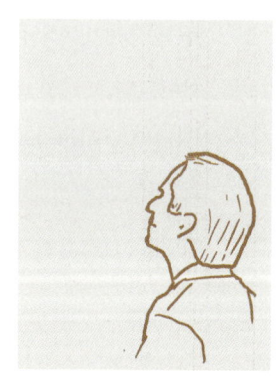

는 근본적으로 학생들의 아이디어가 좋지 않았기 때문은 아니었다. 그들은 단지 좀 더 깊이 생각해보지 못했던 것이다. 그린버그는 이러한 문제를 해결하기 위해 사용성을 고려한 디자인을 다루는 새로운 과정을 개설하였다. 그는 학생들에게 다소 생소한 기술을 제시하고 그러한 기술과 관련한 새로운 콘셉트를 만들어내도록 하였다. 첫 번째 결과물은 여러 장의 스케치였다. 학생들은 매우 다양한 아이디어를 생각하고 공유했다. 단, 여러 디자인 안을 고려해보기 전에는 어떤 아이디어도 확정 짓지 말도록 했다. 그런데 거의 대부분의 학생들이 "저는 그림 못 그려요"라고 말하며 부족한 스케치 실력에 대해 걱정했다. 그래서 그린버그는 비 예술가들에게 알맞은 쉬운 스케치 방법에 대해 정리해보기로 하였다.

빌 벅스턴과 그린버그는 야외 운동을 즐긴다. 몇 년 전에는 함께 스키와 산악 바이킹을 즐기기도 했다. 여행 중 두 사람은 각자의 책에 관한 이야기를 하기도 했다. 사울은 빌의 책을 매우 좋아했지만 실제 적용 방법에 관한 내용이 부족함을 지적했다. 사람들이 디자인에 관심을 가지도록 하는 역할은 할 수 있었지만, 실제로 디자인을 시작할 수 있도록 도와주는 부분이 필요하다는 것이었다. 빌은 사울의 훈련 방법을 좋아했지만 좀 더 체계적인 구성이 필요하다는 생각을 이야기했다. 이러한 배경에서 워크북이 탄생했다. 이 책은 바로 빌 벅스턴의 『사용자 경험 스케치』를 실제로 훈련하는 적용 방법을 다룬 속편이라 할 수 있다. 각각의 책이 단독으로도 충분히 의미있으나, 두 책을 함께 볼 때 가장 효과적이라 할 수 있겠다.

한편 같은 시기 사울과 함께 캘거리대학교에서 인터랙션 연구실을 개설했던 **쉴라 카펜데일**Sheelagh Carpendale은 대학에서 학문 간 융합 활동을 장려함에도 불구하고 실제로 컴퓨터 비 전문가가 전통적인 컴퓨터 사이언스 프로그램을 이해하는 것은 거의 불가능하다는 사실에 낙담하고 있었다. 이에 다양한 학문적 배경의 학생들이 수강할 수 있는 컴퓨터 기반의 미디어 디자인 프로그램 강의를 개설하고 컴퓨터 사이언스, 예술, 디자인이 융합되는 다학제적 대학원 과정 개설을 추진했다. 쉴라는 본래 전문 예술가로 활동했지만

이후 컴퓨터 사이언스 쪽으로 방향을 바꾸었다. 학문 배경이나 분야가 복합적이고 다양한 사람들이 디자인, 스케칭 프로세스를 익힐 수 있도록 노력하는 그를 볼 때, 그가 이 책을 함께 쓰게 된 것은 매우 자연스러운 일이었다.

당시 사울의 대학원 박사과정 학생이었던 **니콜라이 마쿼트**Nicolai Marquardt는 이 두 분야 모두를 연구하고 있었다. 독일 바우하우스대학 톰 그로스 교수 지도하에 미디어 시스템 프로그램 석사를 마친 그는, 디자인과 컴퓨터 사이언스 분야 모두에 경험이 있는 사람이었다. 스케치를 하는 것은 그가 그동안 살아온 삶의 방식이라고도 할 수 있으며, 사용자 경험 디자이너로서 그가 생각하는 자연스러운 방식이기도 했다. 그는 스스로 엄청난 양의 경험 스케치를 했을 뿐만 아니라, 새로운 인사이트를 얻기 위해 다른 사람의 스케치를 모으는 데도 열중했다. 이러한 이유로 우리는 그에게 이 책을 같이 쓰자고 제안했고, 최종적으로 이렇게 네 명의 저자가 모이게 되었다.

머리글에서의 스케치에 관하여

머리글에 삽입된 네 작가의 스케치는 대단한 예술적 수준이 있지 않다. 그런데도 여러분은 스스로 이런 스케치를 할 실력이 없어 이 정도의 스케치도 하기 어렵다고 생각했을 수 있다.

그러나 좌절하지 말자. 솔직히 말해 이 스케치는 예술적 능력이 별로 없는 저자 중 한 사람이 그린 것이다. 그는 촬영한 사진을 대고 그리는 포토 트레이스 스케치 기법을 활용한 것뿐이다. 이 책에서 포토 트레이싱 기법 외 다른 여러 가지 방법을 소개하고 있다. 이 방법들을 사용하면 예술가가 아니어도 그런대로 괜찮은 자신만의 스케치를 충분히 해낼 수 있을 것이다.

감사의 글

이 책의 레이아웃 디자이너 애니 태트는 다양한 형태의 레이아웃 디자인을 스케치하거나 만들어주었고, 대표적인 디자인 안을 만들어 이를 이후 모든 장에 적용할 수 있도록 도와주었다.

준 어 융과 린제이 맥도널드는 초안으로 작성한 모든 글과 이미지를 레이아웃에 맞춰 편집해주었다. 각 장의 레이아웃을 페이지 크기에 맞추는 작업이나 그 외 다른 여러 가지 귀찮은 일들을 처리하면서 꽤나 애를 먹었다.

캘거리대학의 인터랙션 연구실 학생들은 이 책을 쓰는 데 많은 영감을 준 사람들이다. 스케치와 디자인이 좋은 시스템을 만드는 데에 매우 중요하다는 사실을 알게 해주었다. 우리는 이 학생들을 통해 배웠고, 이 책에서 그들의 작업을 예시 이미지로 활용하였다.

조금 넓게 보면 HCI 커뮤니티와 디자인 커뮤니티는 대단히 중요한 지적 자원이다. 이 책에서 소개된 방법들을 모두 우리가 개발한 것이라고 말할 수는 없다. 우리는 스케치와 디자인과 관련한 수많은 기사와 책을 읽었다. 웹서핑을 하며 사람들이 올려둔 좋은 스케치 사례와 영상을 찾아볼 수 있었다. 다른 강사들의 웹사이트를 방문해 디자인을 어떻게 가르치는지에 대해서도 연구하였다. 동료나 전문가들과 이야기를 많이 나누었고 그들의 지식이 이 책에 녹아 있기도 하다.

이 책과 관련된 모든 이들에게 감사의 말을 전한다.

Sketching
User Experiences
the work book

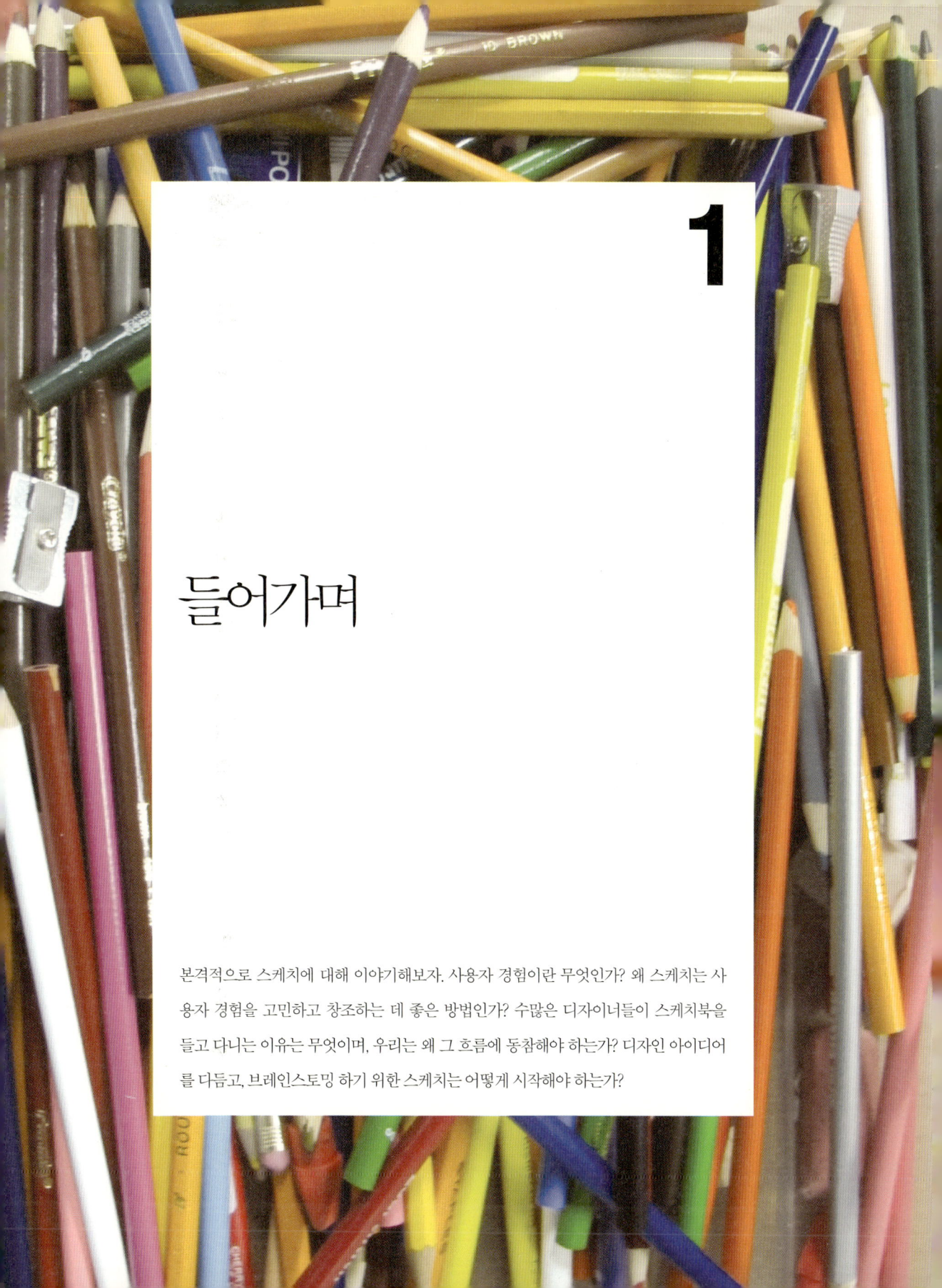

1

들어가며

본격적으로 스케치에 대해 이야기해보자. 사용자 경험이란 무엇인가? 왜 스케치는 사용자 경험을 고민하고 창조하는 데 좋은 방법인가? 수많은 디자이너들이 스케치북을 들고 다니는 이유는 무엇이며, 우리는 왜 그 흐름에 동참해야 하는가? 디자인 아이디어를 다듬고, 브레인스토밍 하기 위한 스케치는 어떻게 시작해야 하는가?

1.1 **소개** UX 디자이너가 왜 스케치를 고민해야만 하는지, 그리고 일반적인 스케치와 사용자 경험 스케치는 어떻게 다른지 소개한다.

1.2 **왜 스케치를 해야만 하는가?** 디자인 프로세스로서의 스케치에 대해 설명한다. 스케치는 여러분이 디자이너로서 무엇을, 어떻게 생각하고 있는지 알려줄 것이다.

1.3 **스케치북** 스케치북의 용도, 최상의 사용법, 속성 등 스케치북에 관하여 자세하게 살펴본다.

1.4 **10+10** 이 책에서 소개될 깔때기 모양의 디자인 프로세스를 연습해보자. 이 디자인 프로세스는 같은 주제 안에서 여러 아이디어를 뽑아낼 때 매우 유용하게 쓰인다.

1.1

소 개

사용자 경험 스케치하기

목적

이 책은 UX를 처음 공부하는 초보 디자이너와 UX를 어느 정도 익힌 중견 디자이너를 위한 책이다. 앞으로 우리는 다양한 스케치 기법을 단계별로 배워나갈 것이다.

이 책에 대하여

스케치는 오랜 옛날부터 디자이너들이 사용해온 가장 뛰어난 훈련 방식이었다. 디자이너들은 스케치를 통하여 자신의 생각을 발전시키고, 개선하며, 골라내는 아이디어 생산 프로세스를 올바르게 따를 수 있었다. 또한 디자이너들은 자신의 스케치를 놓고, 다른 사람들과 아이디어 토론을 하거나 비평을 주고받곤 하였다.

UX 디자이너는 디자이너들 중에서도 특별한 부류다. 왜냐하면 UX 디자이너가 집중하는 사용자 경험이란 시간이 얼마간 흐른 뒤에야 알 수 있기 때문이다. 따라서 이들의 디자인 스케치는 시간을 가로질러 행동action과 상호작용interaction, 그리고 경험의 변화를 생각해야 한다. 이 워크북에서는 이러한 시간적 요소들을 포착해내는 다양한 스케치 방법을 단계별로 소개하고자 한다. 차후에는 이것이 종합적인 레퍼토리가 되어 상황에 따라 아이디어에 가장 적합한 디자인 표현방식을 자유롭게 선택할 수 있을 것이다. 우리는 여러분이 동료들과 함께 이러한 방법을 배워 각자의 일터에서 UX 기반의 디자인 문화를 만들어 나가기를 바란다.

자 매 편

여러분은 이 워크북을 있는 그대로 이용할 수 있다. 하지만 빌 벅스턴의 『Sketching User Experiences: Getting the Design Right and the Right Design』(『사용자 경험 스케치: 창의적 디자인을 고민하는 모든 디자이너의 방법론』, 인사이트, 2010)을 읽는다면 더 많은 것을 얻어갈 수 있을 것이다. 이 워크북이 실제 스케치를 어떻게 하는지 가이드하는 데에 초점을 맞추고 있다면, 이 책은 보다 더 이론적이고, 보다 더 본질적으로 여러분이 왜 스케치를 해야만 하는지에 대해 설명한다. 보다 넓은 배경 지식과 심도 깊은 토론을 위해서 재미있게 읽을 수 있는 책이다. 이 책의 일독을 권한다. 섹션 1.2에 이 책의 주요 쟁점들을 정리해 놓았으므로 꼭 읽어보도록 하자. 그러면 UX 디자인과 스케치를 올바른 프레임으로 사고할 수 있을 것이다.

왜 스 케 치 인 가 ?

여러 가지 스케치 방식을 익혀 실제 디자인 업무에 적용시킬 때, 스케치는 다음과 같은 점에서 유익하다.

『사용자 경험 스케치』

- 아이디어에 대해 더욱 자유롭고 창조적인 사고를 할 수 있다.
- 아이디어의 완성도에 얽매이지 않고 풍부한 아이디어를 생산해낼 수 있다.
- 아이디어를 빠르게 잡아낼 수 있으므로 적합한 콘셉트를 쉽게 만들어내고 탐구할 수 있다.
- 그때그때 떠오르는 아이디어를 기록할 수 있다.
- 다른 이들과 아이디어에 대해 토론하고, 비평하고, 공유할 수 있다.
- 발전시킬만한 아이디어를 선택할 수 있다.
- 아이디어를 보관해두었다가 추후 다시 검토할 수 있다.

- 디자인을 하며 무언가를 창조해내는 재미를 느낄 수 있다.

'읽기'보다는 '해보기'

스케치 방법을 단순히 읽기만 하는 것과 스케치를 해보는 것은 매우 다르다. 이 워크북은 스케치 방법을 배우면서 실제로 따라할 수 있도록 다양한 예제를 수록하고 있다.

- 스케치 방법을 보여주기 위해 우리가 사용한 예제는 매우 평범하고, 한편으로는 사소한 것들이다. 기존에 나온 인터페이스 대신에 스케치 기법에 보다 초점을 맞추고자 의도적으로 그러한 것을 채택했다.
- 예제는 언제든 다시 해보기 쉽도록 디자인되었다.
- 매 설명은 풍부한 그래픽 레이아웃과 사진 이미지로 뒷받침하고 있다. 이는 시각적인 레퍼런스를 제공하기 위함이지만, 각각의 단계를 보다 쉽게 기억할 수 있도록 하기 위해서이기도 하다.
- 여러분이 어떤 스케치 방식을 선택하든 많은 비용이 들지는 않는다. 스케치를 하기 위해 필요한 재료나 도구는 일상 생활에서 찾을 수 있고 관련 문서도 많이 있어, 배우기에 그다지 어렵지 않다.

독자

이 책의 독자 모두에게

여러분은 **경험 디자인**experience design을 배우고, 이해하고, 연습하며 혹은 이를 가르치고자하는 사람일 것이다. 이 책의 독자는 UX 디자인, 인터랙션 디자인, 인터페이스 디자인, 정보설계IA에 관심은 있지만 전공 디자인 학과에서 훈련받지 못한 프로, 아마추어, 학생 모두를 포함한다. 뿐만 아니라 이러한 훈련을 받긴 하였지만 인터랙티브 인터페이스에 중요한 시간 요소Time element를 특별히 배워보지 못한 디자이너 역시 이 책의 독자일 수 있다. 여러분의 배경이 무엇이든 상관없다. 그 어떤 경력도 필요하지 않다. 누구든 이 방법론을 배울 수 있다.

학습을 위해 이 책을 읽는 독자에게

이러한 스케치 방법을 어떻게 배우고 연습할지는 여러분이 속한 집단의 영향을 받을 것이다. 아마도 여러분은 아래 부류 중 하나에 속할 것이다.

- 개인적으로 스스로의 능력을 보완하고 개발하는 인터랙션 디자인 전문가.
- 자율적으로 학습하며 경험 방법을 집단적으로 습득하는 그룹(예: 인터페이스 디자인 팀), 한 명 이상이 모여서 점심시간 등을 활용하는 일종의 학습 모임.
- 공식적인 프로페셔널 트레이닝 프로그램의 참여자. 예컨대 지속적인 기술 습득 혹은 회사 내의 디자인 기반 문화 조성을 위해 회사에서 마련한 프로그램.
- 이론 수업과 실제 스케치 과제를 혼합하여 가르치는 종합대학이나 전문대학, 혹은 고등학교 인터랙션 디자인 수업의 수강생.

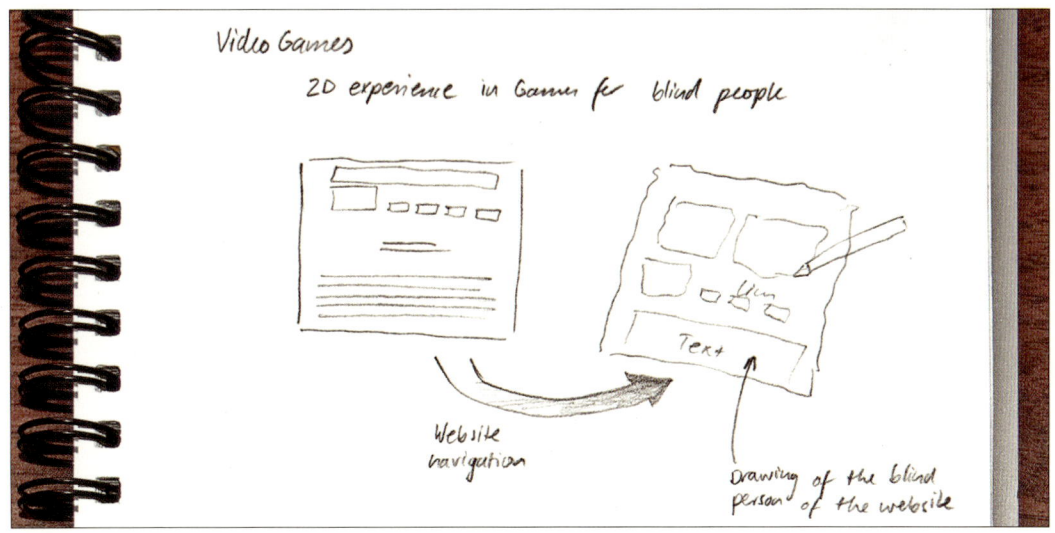

드로잉에 자신 없는 독자에게

이 책에서 제시하는 방법들은 높지도, 아니 중간 레벨 이상의 예술적 스킬도 필요로 하지 않는다. 앞으로 보겠지만, 때로는 단순히 선을 그린 것뿐인데도 아주 좋은 스케치가 되기도 한다.

이 책의 구성

이 책은 각각의 스케치 방식을 장별로 분류하여 설명한다. 첫 번째 장에서는 여러분이 왜 스케치를 해야만 하는지에 대해 동기를 부여하고 스케치의 가장 기본적인 재료로써 스케치북을 어떻게 다루어야 하는지 소개할 것이다. 그 이후 우리는 실생활에서 아이디어를 수집하는 방법에 대해 안내한다. 이렇게 수집한 아이디어들은 여러분이 디자이너로서 어떻게 사고해야 하는지에 관하여 새로운 영감을 줄 것이다. 계속해서 이어지는 장에서는 스케치 방법을 중점적으로 다룬다. 스쳐 지나가는 순간을 적시에 스케치하는 방법부터, 시간에 걸쳐 나타나는 인터랙티브 활동의 스냅숏 묘사, 혹은 지속적으로 이어지는 순간을 생생하게 살리는 방법 등 스케치의 시간적 특성에 따라 여러 방법이 설명되어 있다. 마지막으로는 스케치 과정에 다른 이들을 참여시킬 수 있는 몇몇 방법에 대해 보여줄 것이다. 동료들로부터 돌아오는 리액션과 피드백은 스케치한 아이디어를 어떻게 발전시킬지에 대해 매우 유용한 통찰력을 제공한다.

한편, 섹션들은 이전 섹션에 소개된 콘셉트를 바탕으로 층층이 쌓아가는 형식으로 구성되었다. 모든 섹션은 구체적인 특정 아이디어 혹은 스케치 방법에 대한 설명을 포함한다. 각각의 섹션에서는 아이디어나 방법이 실제로 어떻게 사용되는지에 대해 설명하고, 묘사하고, 그려내고 있다. 또한 각 섹션의 중요 부분에는 주석을 달아두었다. 또한 스케치에 (만약 필요하다면) 필요한 재료와 도구에 대해 안내할 뿐만 아니라 스케치를 준비하는 것에서 실제로 스케치를 수행하는 것까지 자세히 설명한다. How-To에 관한 지침들은 각종 팁과 힌트로도 보충 안내되어 있다.

이 워크북은 내용 설명을 읽고 실제로 연습할 수 있도록 구성되어 있다. 각 섹션에는 다양한 스케치 방식으로 그려진 실제 예제 스케치를 풍성하게 제공한다. 보다 더 많은 영감을 받기 원한다면 여기에 주목하길 바란다.

자, 그럼 이제부터 스케치를 즐겨보자!

1.2

왜 스케치를 해야 하는가?

빌 벅스턴의 『사용자 경험 스케치』 내용 요약

왜 스케치인가? 왜 스케치를 고려해야만 하는가? 게다가 우리는 왜 스케치 기술을 배우기 위해 이토록 애를 써야 하는가? 이 책의 공동저자 중 한 명인 빌 벅스턴은 그의 저서 『사용자 경험 스케치: 창의적 디자인을 고민하는 모든 디자이너의 방법론』에서 서술된 내용을 요약해 두었다. 이 책의 일독을 권한다. 내용이 매우 매력적이고, 재미있는 데다가 많은 조언들로 가득 차 있다.

이 섹션은 위 책을 읽지 않았거나 책 내용을 다시 상기하고자 하는 사람을 위한 것이다. 여기에서 우리는 여러분 혹은 여러분의 그룹이 왜 스케치를 고민해야만 하는가에 대한 빌 벅스턴의 논의를 간략하게 다루고자 한다.

스케치는 디자인이다

스케치는 단순히 무언가를 그리는 행위가 아니라 디자인하는 것이다. 스케치는 하나의 디자인이다. 본래의 의미에서 아래와 같다.

- 디자이너가 디자인 아이디어를 표현하고, 발전시키고, 의사소통할 수 있도록 도와주는 기본적인 도구.
- 아이디어의 발생부터 디자인의 선택과 완성, 제작에 이르는 전반적인 프로세스에 있어 매우 핵심적인 요소.

디자인을 좋게 만든다는 것

디자인을 좋게 만드는 작업은 하나의 디자인 아이디어로 시작한다. 일반적으로 처음에 생각한 아이디어에서 시작하여, 그것이 계속 진화하고 개선하고 발전되는 모양새를 띤다. 우측 그림처럼 우리는 아이디어 디자인 공간을 3D 언덕으로 생각할 수 있다. 디자인 아이디어 중 가장 좋은 것을 언덕의 꼭대기에 놓고, 그 외 다른 디자인 아이디어는 아래에 놓는다. 여기에서의 목표는 해당 아이디어를 가장 잘 살릴 수 있는 최적의 디자인을 찾아내는 것이다. 즉 언덕의 정상에 최대한 가까이 접근하는 것이다. 이것이 바로 대부분의 엔지니어들과 소프트웨어 개발자들이 디자인에 대해 생각하는 가장 익숙한 방식이다.

문제점

그러나 위의 디자인 방식이 갖는 문제점은 특정 아이디어에 한해서만 유용한 방법이라는 것이다. 만약 아이디어 자체가 그다지 좋지 않다면, 그것의

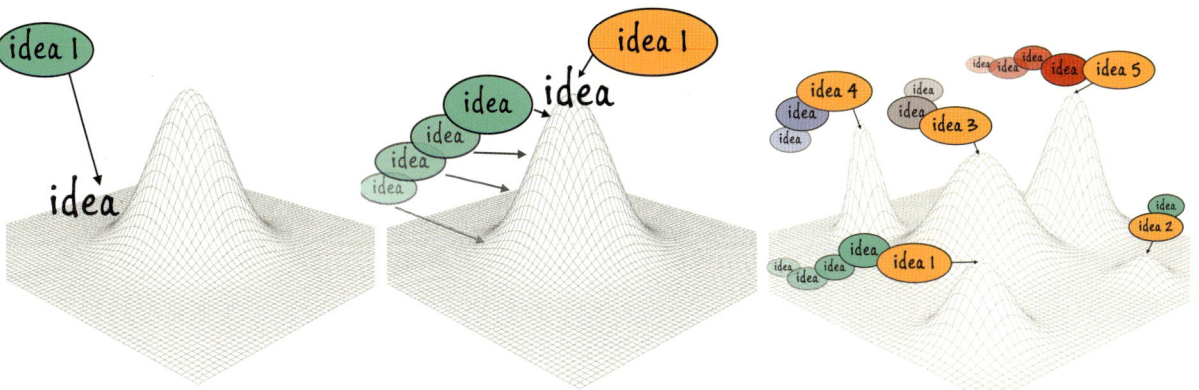

'최상'이라고 해봐야 그저 그런 수준이 되어 버릴 것이다. 위의 그림을 통해, 우리는 각각의 디자인 아이디어들이 전체적인 디자인 공간에서는 어떻게 나타나는지 알 수 있다.

가장 처음 떠올랐던 아이디어에 얼마만큼의 수고를 들이던, 아직 표현되지 않고 잠재되어 있는 더 좋은 아이디어가 있을 수 있다. 여기에서의 요점은, 하나의 아이디어에 매달리는 것보다 여러 아이디어를 총체적으로 고려할 때, 전반적으로 더 나은 디자인 솔루션을 찾을 수 있다는 것이다. 컴퓨터 공학자들은 로컬의 최대값이 전역 최대값보다 훨씬 작은 이러한 현상에 대해 '지역 언덕 오르기 local hill climbing'•이라고 명명하고 있다.

보다 구체적인 설명을 위하여 휴대폰 디자인을 떠올려보자. 수년 동안 휴대폰은 물리적인 키보드와 화면, 두 가지의 요소에 기반을 두고 있었다. 그리고 그러한 방식의 디자인 틀 안에서 점진적으로 발전해나갔다. 그러나 휴대폰 디자인을 새로운 국면으로 전개시키고 이로써 새로운 시장을 만들어낸 것은 전혀 다른 디자인이었다(터치 화면이며, 물리적 키보드가 없는 휴대폰 디자인).

• 해결에 가까운 것처럼 보이는 단계를 택하는 '문제해결 어림 법'으로 문제에서 목표/하위목표 구조가 그다지 분명하지 않을 때 쓰인다. 이는 한 번에 하나의 방법을 취하고 그 결과를 보는 사고 방식에 관한 은유로, 그 방법이 '언덕 꼭대기'를 향하면 그것은 해결을 향해 근접한 단계를 취한 것이므로 그 방법을 취하고, 그렇지 않으면 다른 방법을 택한다.

좋은 디자인을 한다는 것

좋은 디자인을 한다는 것은 많은 아이디어를 심사숙고하고, 그것들 사이에서 아이디어를 골라내는 것이다. 좋은 디자인을 한다는 것은 다음과 같다.

- 많은 아이디어를 만들어내는 것이다. 예컨대, 브레인스토밍이나 토론, 수평적 사고, 고객과의 토론, 최종 사용자 탐구 및 기타의 방법을 통하여 이를 수행할 수 있다.
- 지금까지 떠올렸던 모든 아이디어를 되돌아보는 것이다.
- 가장 전도유망한 것을 골라 함께 발전시키는 것이다.
- 새로운 아이디어가 떠오를 때마다 추가하는 것이다.

아래의 그림은 여러 개의 디자인 솔루션이 동시에 발전되고, 그 중에서도 하나 혹은 그 이상의 아이디어들이 선택되는 과정을 트리 구조로 표현한 것이다.

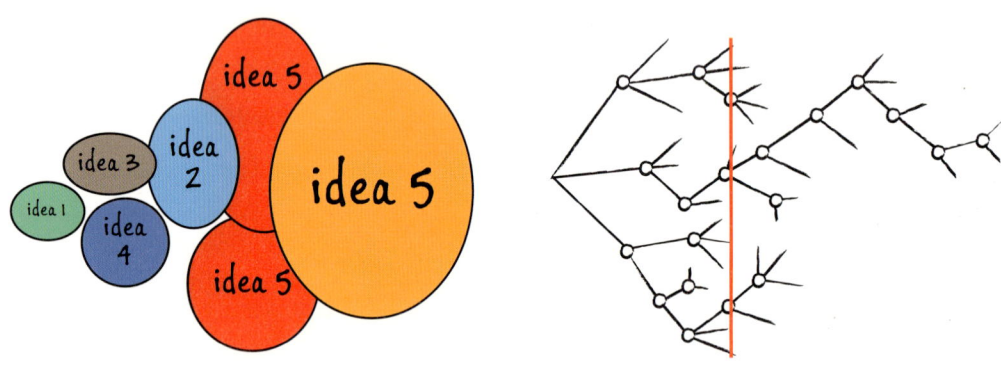

확장과 수렴

폴 라소Paul Laseau(1980)는 디자인 프로세스를 아이디어의 확장과 수렴 사이에 내재하는 공생관계로 바라보았다.

- **확장**: 한 가지 콘셉트에서 여러 가지 아이디어로 수많은 기회를 탐색하는 솔루션 제작 단계.

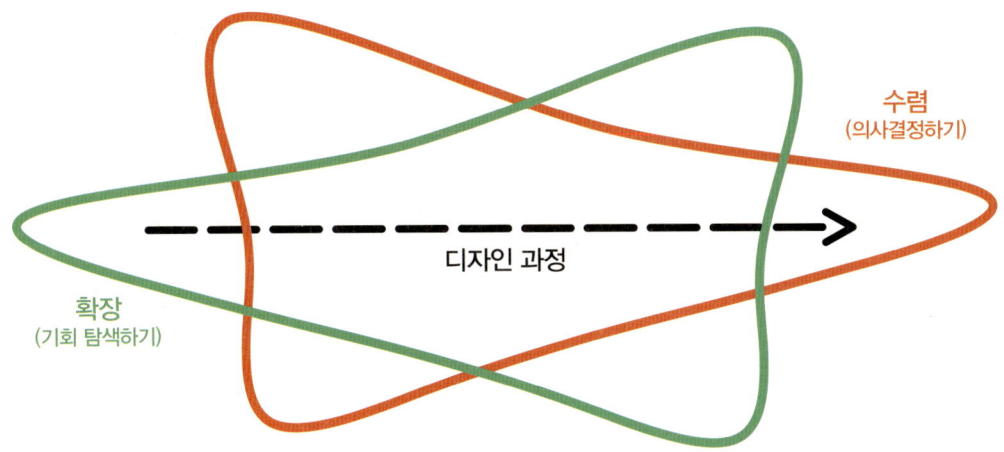

- **수렴:** 어떠한 솔루션이 계속 발전시킬만한 가치가 있는지 결정하고, 그것을 더욱 심화하는 단계.

여러분이 디자이너라면 아이디어의 레퍼토리를 확장하기 위해 한편으론 아이디어 개수를 늘리고 동시에 다른 한편으론 아이디어의 개수를 줄일 것이다. 이 과정으로 전도유망한 아이디어를 골라낸다.

깔때기 모양의 디자인 프로세스

스튜어트 퍼흐Stuart Pugh(1990)는 이와 같은 확장과 수렴 프로세스를 깔때기에 빗대어 설명했다. 여기에서 무엇보다도 중요한 것은 최종 콘셉트로 점차 아이디어가 통합되고 있는 과정에서 나타나는 아이디어의 생성, 그리고 또 다른 디자인 후보군과의 결합이다.

'깔때기'의 모양에 초점을 맞춰 이해할 때, 깔때기 모양의 디자인 프로세스는 다음과 같은 의미를 지닌다.

- 각 단계는 최종안이 도출될 때까지 아이디어의 확장과 수렴을 반복한다.
- 아이디어 탐구와 발전의 진폭은 이 반복iteration 과정이 진행됨에 따라 (대개의 경우) 점차 작아진다.

팁

확장과 수렴의 프로세스로 디자인을 본다면 창의력의 공간은 두 가지로 나타난다.

❶ 선택된 콘셉트와는 의미적으로 거리가 있는 디자인 후보군을 다양하게 만들어내는 창의력 (확장)

❷ 디자인을 선택할 때에 적용할 기준 내지 휴리스틱을 정의하는 창의력 (수렴)

1 들어가며

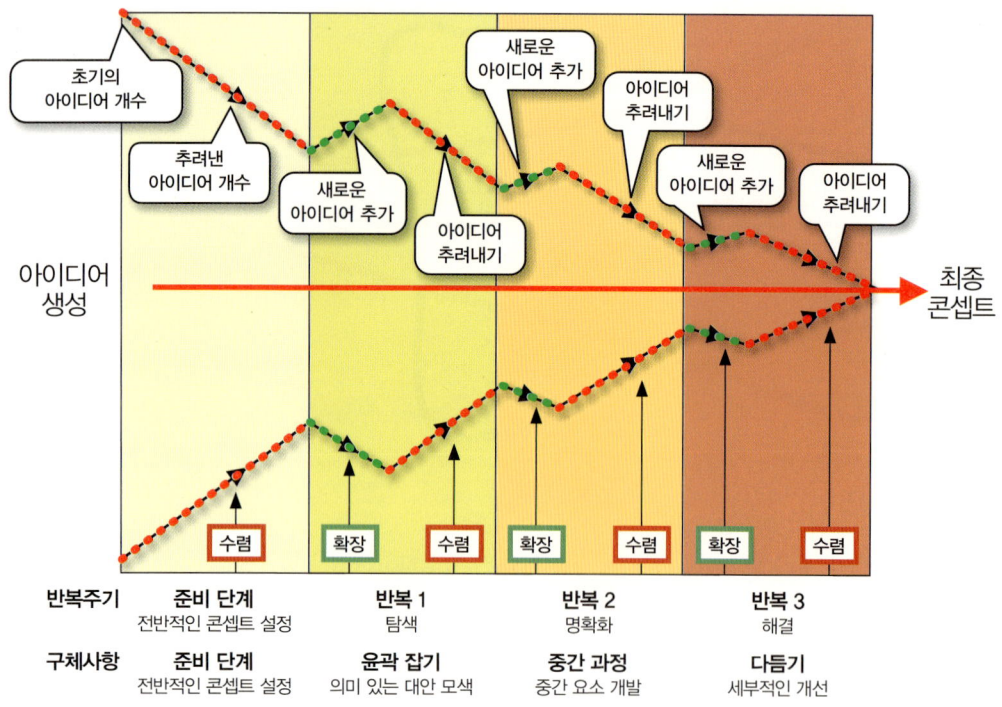

최초에 도출된 아이디어는 진폭이 굉장히 크고, 초기 수준의 다른 콘셉트로 이행할 수 있다. 그 다음 단계에서는 이러한 아이디어들이 상당한 변화를 거친 수정본으로 나타난다. 그 후의 단계에서 최종안에 도달할 때까지는 더 작은 진폭의 변화를 겪으며, 동시에 갖가지 디자인 이슈들이 명료하게 드러난다. 물론 어느 시점에서든 근본적으로 다른 아이디어가 생성되기도 하는데 이런 것들 역시 포괄해야 한다.

제품의 관점에서 바라보기

이제는 소프트웨어 제품의 생명주기life cycle에서 디자인의 중요성을 찾아보자. '현재 상황'은 현재까지 도출된 제품 아이디어를 멈추어야 할지(적색 신호) 혹은 계속 진행해야 할지(녹색 신호) 결정해야 하는 시점이다. 녹색 신호가 들어오면 곧바로 제품이 제작 단계로 진입한다. 그 이후의 단계는 바로 제품의 출하 단계로, 일반적으로 출하 단계는 제작이 늦어지거나, 새로운

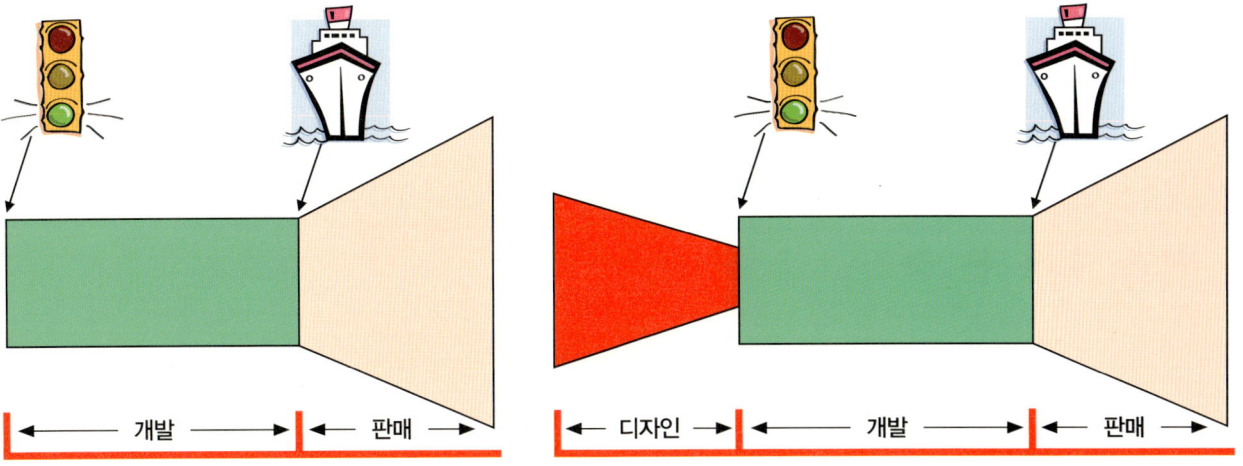

이슈가 생기며, 예산이 초과되거나 기능적으로 부족한 상태로 맞는다.

녹색 신호가 켜지기 직전, 의도적으로 또 다른 디자인 프로세스를 삽입함으로써 최종 결정이 이루어지기 전에 여타 디자인 후보군을 고려할 수 있다. 디자인 깔때기는 최종 통합이 이루어지기 전까지 디자인을 계속하여 필터링하고 제거하며, 아이디어를 생성함과 동시에 발전시킨다. 이때 하나 혹은 그 이상의 디자인이 녹색 신호를 받을 수 있다.

제품의 전체 사이클에서 디자인, 제작, 관리, 마케팅, 그리고 판매의 상호

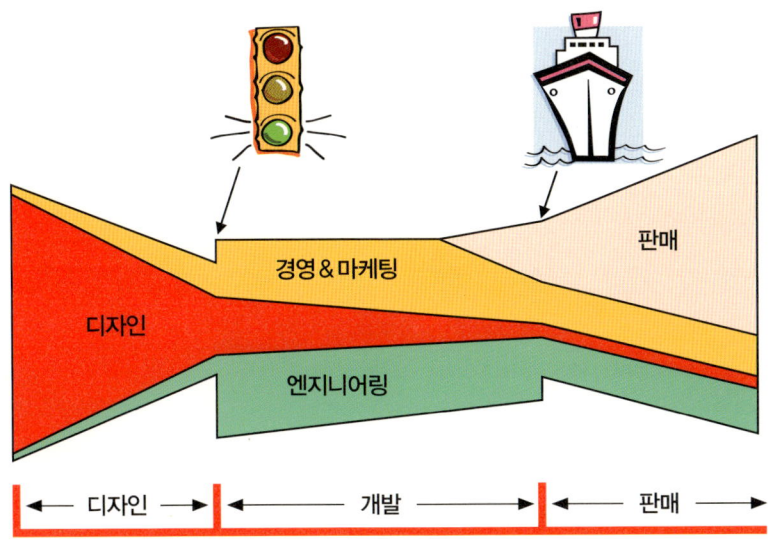

관계를 보여주는 앞의 그림이 보다 더 정확하다. 디자이너는 엔지니어와 마케터가 함께 하는 디자인 초기 단계뿐 아니라 개발, 판매가 진행되는 동안에도 프로세스에서 손을 떼지 않는다. (아마 어떤 문제가 생기면 해결하기 위해, 혹은 다음 모델을 준비하기 위해서일 것이다.)

이제 알게 된 것

왜 스케치인가? 왜 스케치를 고려해야만 하는가? 게다가 우리는 왜 스케치 기술을 배우기 위해 이토록 애를 써야 하는가? 이제 여러분은 그에 대한 답을 알고 있다.

❶ 스케치는 디자인이다. 단순히 그리는 것이 아니다.
❷ 디자인 프로세스는 좋은 디자인을 만든 이후에도 그 디자인을 보다 더 발전시키는 과정이다.
❸ 깔때기 모양의 디자인 프로세스는 확장과 수렴의 상호작용을 설명한다.
- 디자인을 하고 발전시키는 것
- 디자인을 선택하고 의사결정하는 것
❹ 상품 개발 디자인이란 다음과 같다.
- 깔때기 모양의 디자인 프로세스를 사용하여 아이디어를 발전시키는 것
- 이 후 발전시킨 가장 좋은 아이디어를 본격적으로 제품화할지 여부에 대해 심사숙고하는 것

참고문헌

- **Buxton, B.** (2007) 『Sketching User Experiences: Getting the Design Right and the Right Design』 Morgan Kaufmann.
- **Laseau, P.** (1980) 『Graphic Thinking for Architects & Designers』 John Wiley and Sons.
- **Pugh, S.** (1990) 『Total Design: Integrated Methods for Successful Products Engineering』 Addison-Wesley.

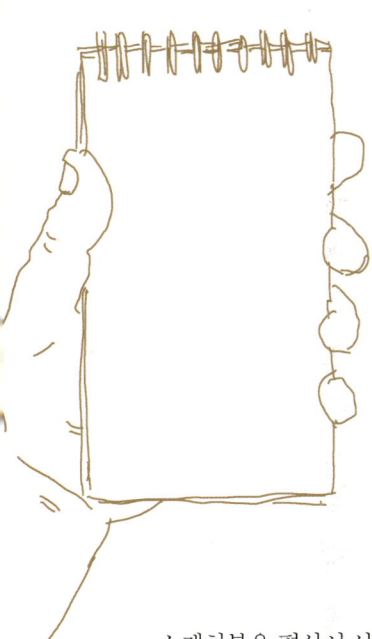

1.3

스케치북

아이디어를 기록하고 발전시키고 보여주며, 보관하기 위한 가장 기본적인 도구

준비

스케치북, 연필, 지우개

스케치북을 평상시 사용하는 것은 아마 모든 디자인 분야에서 가장 널리 알려진 최상의 훈련법일 것이다. 많은 디자이너들이 스케치북을 항상 지니고 다닌다. 디자이너는 아이디어를 떠올리자마자 스케치북에 아이디어를 기록하거나 구체화하고, 잡다한 아이디어나 메모를 적기도 한다. 흥미로운 예술품을 보면 스케치북에 정보를 수집하거나 그저 무언가를 끄적이기도 한다. 뿐만 아니라 다른 이들에게 스케치를 보여주며 아이디어를 공유할 때에도 스케치북을 사용한다.

스케치북은 디자이너가 하나의 아이디어에 집착하기보다 다수의 아이디어를 수집하고 발전시키도록 도와준다. 또한 많은 아이디어 중 어떤 것을 선택해야 할지에 대해서도 도움을 주기 때문에 매우 유용하다. 앞에서 이미 설명한 바와 같이, 많은 아이디어들을 상대로 정제하는 것은 **좋은 디자인을 하는 것**이고, 예컨대 반복적인 개선이나 사용성 공학을 통하여 특정 아이디어만을 발전시키는 것은 **디자인을 좋게 만드는 것**이다. 전자는 다양한 아이디어 후보군에서 선택한 디자인을 강조하고 있는 반면, 후자는 하나의 특정 아이디어를 끊임없이 정제하는 창의적 공학을 말하고 있다.

왜 스케치북인가?

여러분이 인터랙션 디자이너로 성장하는 과정에서 진정한 발전을 이루려면 아이디어와 해당 아이디어의 변형본을 습관적으로 자주 스케치하고, 다른 사람의 아이디어도 기록하며, 그 아이디어들을 되돌아보거나 골라내고, 그 중에서도 발전 가능성 있는 아이디어를 선택하고 더욱 발전시키는 행위를 무수히 해야 한다. 스케치북은 이 모든 것을 담아낸다. 스케치북을 항상 지니고 다니면 스케칭하고 묘사하는 일이 일상의 일로 되게 하는 데 도움이 된다.

스케치북의 용도

스케치북은 다양한 방면에서 아주 유용하게 사용할 수 있다. 스케치북을 통하여 여러분이 할 수 있는 일은 다음과 같다.

- 최초의 아이디어에 대해 기록하고, 그에 대한 여러 주석을 달아 놓는다 – 세상에 나쁜 아이디어란 없다!
- 크고 작은 아이디어들을 다양하게 탐구하고, 더욱 발전시킨다.
- 하나의 아이디어를 기초로 여러 변형본이나 여타의 후보군을 만들어낸다. 혹은 디테일한 부분을 발전시킨다.
- 다른 시스템이나 책, 혹은 동료의 작업에서 접한 좋은 아이디어를 기록한다.
- 실물(잡지 사진이나 화면의 스냅숏 등)을 수집하여 스케치북에 붙일 수 있다.
- 스케치북을 자주 사용함으로써 아이디어 스케치에 대한 자신감과 아이디어에 대한 정확성, 그리고 기량을 키울 수 있다.
- 아이디어를 타인에게 설명해야 할 때를 대비한다. 예쁘거나 아름답게 스케치할 필요가 전혀 없다. 심지어는 다른 이가 바로 알아볼 수 있게 할 필요도 없다. 그러나 누군가 여러분의 스케치에 대해 질문을 했을 때, 그에 대해 설명할 수는 있어야 한다.
- 아이디어의 보관소로 사용한다. 대부분 디자이너들은 다 쓴 스케치북을 수년간 보관하기도 한다. 언제 '오래된' 아이디어가 유용하게 쓰일지 누구도 알 수 없기 때문이다.

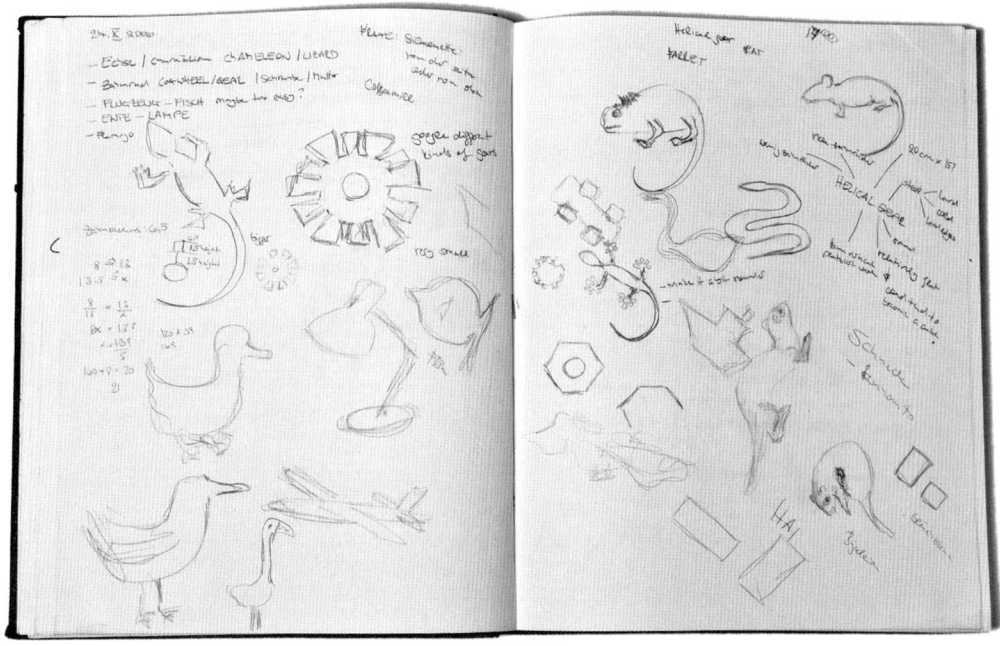

최상의 훈련법

- 어디를 가든 늘 스케치북을 소지하고(그러므로 작은 스케치북이 좋다), 아이디어가 생각나는 즉시 기록하라.
- 항상 연필을 가까이 두자.
- 최소 하루에 수차례 이상 자주 스케치하라.
- 하나의 디자인 아이디어와 관련된 그림들 혹은 잘 정리된 하나의 디자인 아이디어만으로 한 페이지를 채워라.
- 다른 디자인 후보군을 떠올린다(좋은 디자인 하기). 동일한 인터랙션 문제와 관련된 스케치를 많이 하면 인터페이스의 다른 면면을 발견할 수도 있다. 즉 내가 스케치한 것과는 다른 인터페이스 표현이나, 다른 인터랙션 디테일, 다른 화면, 다른 레벨에서 접근한 세부사항들, 혹은 다른 사용법 등 말이다. 각 페이지는 앞으로 떠오를 수많은 아이디어를 되돌아보고 발전시킬 수 있도록 도와주는 일종의 레퍼런스가 될 수 있다.
- 디테일을 고려하라(디자인을 좋게 만들기). 뉘앙스를 정확하게 설명할 수 있

팁

항상 스케치북과 연필을 지니고 다니자. 스프링철로 된 스케치북을 갖고 있다면, 뾰족한 연필은 스프링 안에 보관하면 된다. 연필이 빠져나가지 않도록 철사의 양 끝 부분을 막아야 할 수도 있다. (종이를 구겨 입구에 넣으면 이를 방지할 수 있다.)

는 상세한 스케치와 함께 디자인의 본질을 명료하게 담아내는 스케치를 완성하라.
- 그림으로 제대로 표현할 수 없는 아이디어는 해당 아이디어를 설명할 수 있는 간단한 정보와 함께 적절한 주석을 달아라. 이 아이디어를 얻은 출처(예컨대 책, 잡지, 동료, 친구 등)나 창작 날짜, 그리고 이와 관련 있는 모든 정보를 기록하라.
- 아이디어에 호감이 가지 않거나 엉망이라고 하더라도 스케치를 지워서는 안 된다. 스케치북은 최종 결과물이 아니라 좋고 나쁨에 상관없이 그간 발전시켜왔던 모든 아이디어들의 기록이기 때문이다.
- 스케치북은 오로지 디자인을 위한 것이다 – 단지 종이가 없다는 이유로, 스케치북을 다른 목적으로 사용해서는 안 된다.

좋은 스케치북의 요소

적절한 가격의 스케치북은 무수하게 많다. 따라서 어떠한 스케치북을 선택할 것인지는 전적으로 개인의 몫이지만, 다른 것들에 비해 나은 스케치북들은 대개 다음과 같은 특성을 지니고 있다.

팁을 주자면, 자긍심을 느낄 만큼 질 좋은 스케치북을 구하는 것이 좋다. 많은 디자이너들이 스케치북을 자신의 직업에 대한 '훈장'으로 여긴다. 부드러운 표지보다는 두꺼운 표지가 내구력이 좋지만 꽤 두텁고 무겁다. 스케

스프링철 제본 반 하드 커버

사철 제본 하드 커버

팁

종이의 종류(격자무늬 종이, 질감 있는 종이, 일반 종이)는 개인적인 선호이다. 스케치북을 사용하다 보면 여러분의 스타일에 맞는 종이가 어떤 것인지 알 수 있을 것이다.

격자무늬 종이

일반 종이

질감 있는 종이

치북은 스프링 철사에 묶여 있거나 실로 바느질되어 있는데, 두 가지 방식 모두 제각각 장단점을 지닌다. 철사로 묶인 경우에는 페이지가 쉽게 떨어져 나갈 수 있다. 그러나 완전히 뒤로 접을 수 있기 때문에 오로지 한 페이지만을 집중적으로 볼 수도 있으므로, 협소한 공간에서 작업할 때에 매우 편리하다. 바느질로 사철되어 있는 스케치북은 더 오래가지만 대부분 완전히 접히지 않는다.

또한 스케치북은 사이즈 역시 다양하다. $8\frac{1}{2}''\times 11''$ 혹은 $9''\times 12''$가 일반적인 사이즈며, 이는 대부분의 스케치에 적합하다. 항상 들고 다닐 생각이라면, 커다란 스케치북은 별 쓸모가 없을 것이다. 따라서 다양한 사이즈의 스케치북을 소장할 수도 있다. 배낭이나 서류가방에 보관할 수 있는 사이즈가 다소 큰 스케치북부터, 핸드백이나 주머니에 들어갈 수 있을 정도로 작은 것들까지 말이다. 종이 두께 또한 휴대성에 영향을 미친다. 좋은 스케치북은 그림 그리기에 적합한 두꺼운 종이로 되어 있지만, 이를 소지하면 부피가 상대적으로 커진다. 이러한 상충 요소들에 대해 어떠한 것을 선택할지 확신이 없다면, 형태적으로 최소한 항상 가지고 다닐 수 있는 요소가 담보된 그런 스케치북을 고르는 것이 핵심이다.

드로잉 도구

그릴 수 있는 도구가 없다면 사실 스케치북은 쓸모가 없다. 많은 드로잉 도구가 있지만 그 중에서도 최소한 한두 개의 연필은 가지고 다녀야 한다. 연필심도 매우 다양하지만, 개중에서 가장 많이 사용되는 것은 3B이다. 펜은 이전에 충분히 연습해보지 않았다면 가급적 사용하지 않는 것이 좋다. 펜으로는 스케치의 굵기나 농도를 조절할 수 없기 때문이다. 연필 이외의 다른 드로잉 도구들(지우개, 색연필, 마카, 물감, 목탄, 자, 컴퍼스, 원형자 등)을 사용하면 스케치가 보다 더 풍성해지고 정확해질 수 있다. 풀과 테이프를 사용하면 제작하거나, 혹은 다른 곳에서 수집한 자료를 스케치북에 붙일 수도 있다. 이들은 휴대성은 다소 떨어지지만 작업실에서는 늘 보관할 수 있다.

때때로 어떤 디자이너들은 스케치를 예쁘거나 정교하게 그리려고 하나 스케치의 주 목적은 아이디어를 기록하는 것이다. 이것이 바로 연필이 가장

노트

연필의 농도와 펠트펜의 촉 두께도 매우 다양하다. 보통 두 가지 모두 세트로 구매 가능하다. 세트로 갖고 있으면 드로잉한 부분을 다르게 강조하거나 축소시킬 수 있다. 또한 해당 아이디어의 어떤 부분이 분명한 사실인지 또 어떤 부분이 이 추측에 의존한 것인지를 보여줄 수도 있다.

연필 세트

펠트펜 세트

중요한 스케치 도구인 이유이다. 가장 기본적인 드로잉 도구만 휴대하고, 다른 도구들은 작업실에 비치해두자. 그리고 이를 한 번 실험해보라! 기본 도구로 연필이 아닌 다른 것들을 갖고 다니게 되면, 아이디어 스케치가 어떤 영향을 받는지 직접 살펴보라.

이제 알게 된 것

스케치북은 디자이너의 가장 기본적인 도구이다. 스케치북을 통하여 우리는 아이디어를 떠올림과 동시에 그것을 포착하고 설명하고 검토하며 되돌

아볼 수 있다. 하지만 물론 여러분이 항상 스케치북을 들고 다니며 사용하는 것이 습관이 될 때에야 가능한 것이다. 이 방법이 여러분이 UX를 공부하는 데 큰 도움을 주는 최고의 훈련법이 되길 바란다.

10 + 10

서로 다른 10개의 아이디어를 발전시키고
선택된 아이디어를 정제하기

깔때기 모양의 디자인 프로세스는 여러분이 인터랙션 디자이너로서 디자인을 생각할 때마다 습관적으로 적용해야 할 절차이다. 이 절차는 읽기만 해서는 아무 소용이 없으며, 반드시 실천으로 옮겨야 한다. 본격적인 내용에 진입하기에 앞서, 이 장에서는 깔때기 모양의 디자인 프로세스를 연습할 수 있는 **10+10 방법**을 소개한다. 이 방법론은 그저 훈련으로 그치지 않고, 여러분이 추후 직면하게 될 디자인 문제에 대해 가능한 많이 반복하여 적용해야 한다.

여기 세 개의 디자인 도전 과제가 준비되어 있다. 이 과제들은 여러분이 스스로 방법론을 적용하는 시작점이 될 것이다. 그 중 첫 번째 과제에는 모범답안을 달아놓았다. 일부러 참신한 답을 요구하는 과제를 선별했다. 왜냐하면 해결 방법이 있는 과제의 경우에는, 이미 제시된 답들 때문에 생각의 범위가 제한될 수 있어 아이디어를 떠올리기 쉽지 않기 때문이다.

10+10 방법

❶ 디자인 과제를 명확히 하기

디자인 과제는 해결하고자 하는 특정한 문제일 수도 있고, 고객의 요구사항일 수도 있으며, 신기술을 활용하여 보다 참신한 시스템을 만들고자 하는 욕구 그 자체일 수도 있다.

❷ 과제를 풀어나갈 디자인 콘셉트를 10개 이상 만들기

이 작업은 브레인스토밍과 매우 유사하다. 이 작업의 목적은 최대한 창조적으로, 가능한 한 다양성을 갖추어 초기 콘셉트를 많이 발굴하는 것이다. 이 콘셉트의 가치를 쉽게 판단하려 해서는 안된다. 중요한 것은 최대한 많은 콘셉트를 만드는 것이다. 스케치 방법은 추후 다른 장에서 다룰 것이므로, 지금은 여러분이 할 수 있는 최선의 방법으로 스케치를 하기 바란다. 속기로 스케치하도록 노력하되, 스케치에 주석 혹은 설명을 추가하는 것을 주저하지 마라. 이 과정에서 스케치는 굉장히 투박해질 수도 있다. 하지만 스케치가 얼마나 잘 그려졌고, 혹은 얼마나 엉망인지에 대해서는 전혀 신경 쓰지 않아도 좋다.

❸ 디자인 콘셉트의 개수 줄이기

여태까지 나온 콘셉트들을 검토하며 큰 가치가 없다고 생각되는 것들은 버리도록 한다. 스케치북에 그려진 선별된 콘셉트는 다른 이들에게 보여주고 설명한다. 물론 여기에서 1번으로 다시 되돌아가도 좋다. 다시 돌아간 자리에서 보다 많은 아이디어를 생각해낼 수 있고, 또한 범위를 좁힐 수도 있다.

❹ 가장 유망한 아이디어를 선별하여 디자인 시작하기

발굴해낸 콘셉트에 대해 여러분이 스스로 어떻게 생각하고, 또 다른 이들에게 해당 콘셉트를 어떻게 설명하며, 설명을 들은 이들이 해당 콘셉트에 대해 어떻게 반응하는지를 종합해보자. 이 과정을 통해 어떤 콘셉트(들)가 가장 흥미진진하고 발전 가능한지 쉽게 알 수 있을 것이다.

❺ 하나의 특정한 디자인 콘셉트로부터 서로 다른 10개의 콘셉트 만들기

스케치북을 사용하여 콘셉트를 탐구하라. 이를 수행하기 위해서는 먼저 하나의 콘셉트를 구체화하는 여러 방법을 구상해야 한다. 이 작업이 끝나고 나면 구체화된 콘셉트에 디테일을 줌으로써 하나의 콘셉트를 보다 더 깊이 있게 파고들어야 한다.

❻ 가장 좋은 아이디어 발표하기

휴식시간에 동료들에게 커피와 도넛 같은 것을 사주며 아이디어를 발표할 테니 시간을 할애해 달라고 부탁해보자. 그리고 피드백을 요청하라. 이 과정을 시작할 때, 그들의 좋은 피드백에서 새로운 디자인을 할 수 있는 가능성이 열린다고 말하라.

❼ 아이디어가 변할 때마다 새롭게 스케치하기

여러분의 콘셉트를 계속해서 발전시키고 만들어 나가라.

디자인 과제 1:
두 개의 스마트폰을 연결하기

1 디자인 과제를 명확히 하기

주소나 사진을 공유할 때와 같이 자신의 스마트폰을 인접한 다른 스마트폰과 물리적으로 연결하려는 경우가 매우 많다. 이때에는 블루투스처럼 근처의 다른 휴대폰을 인식하고 또 연결할 수 있는 네트워크 기능이 주로 사용된다. 그러나 주변에 수많은 스마트폰이 있기 때문에, 사용자는 보안상의 절차를 통해 연결 상대가 맞는지 인증해야 한다. 이때의 인증 절차는 대화상자, 암호, 그리고 다른 여러 가지 요구사항으로 채워져 있어 일반인들에게는 어렵기도 하고 짜증을 주기도 한다.

이 과제에서는 두 개의 모바일 기기를 연결하는 10개의 참신한 방법을 브레인스토밍 한다. 그러한 복잡하고 짜증스러운 과정 없이 간편하게 말이다.

조건

- 여러분의 모바일 기기는 근처에 있는 모든 휴대폰을 인식할 수 있지만 제한된 수준에서만 커뮤니케이션 할 수 있다.
- 두 개의 휴대폰이 서로 함께 작업을 진행할 수 있도록, 기기를 서로 연결할 수 있다.

힌트

고정관념에서 탈피하자. 사용자가 취하는 행위들은 타이핑, 센서, 혹은 기타 모바일에 탑재된 다양한 입출력 기능을 통해 감지할 수 있다.

도움을 준 이들

이 과제와 해결 방법의 일부는 이 책의 참고문헌에 기재되어 있는 켄 힝클리Ken Hinkley의 논문과 범프 테크놀로지Bump Technologies에서 개발한 Bump! 애플리케이션에서 영감을 받았다.

노트

이 디자인 콘셉트는 아이폰과 안드로이드에서 범프 테크놀로지Bump Technologies의 애플리케이션을 통해 실제로 구현된 것이다.

2 과제를 풀어나갈 디자인 콘셉트 10개 이상 만들기

여기부터는 계속 읽기 전에 스스로 해결책을 강구해보자. 만약 아직까지 자신이 없다면, 아래 나오는 사례를 참조하여 스스로 시도해보기 바란다. 간단한 스케치지만 기본 콘셉트를 이해하기에는 어려움이 없을 것이다. 좋은 아이디어와 나쁜 아이디어를 굳이 구분하지는 않았다. 왜냐하면 우리는 아직 브레인스토밍 단계이기 때문이다.

a 미리 정한 키워드를 입력하기

두 사람 모두 하나의 단어를 입력해야 하는 '인증' 프로그램을 실행한다. 두 사람은 서로 한 단어를 정하고, 정한 단어를 실행된 프로그램에 입력한다. 각각의 휴대폰에 입력된 단어가 서로 일치하면 연결이 인증된다.

b 회전 패턴 따라하기

한 사람이 휴대폰을 특정 패턴에 따라 회전시킨다. 상대방은 그것을 주시한 후, 주어진 시간 안에 회전 패턴을 똑같이 따라한다. 두 휴대폰에 있는 가속도계의 정보가 프로그램에 기록되고, 만약 두 정보의 패턴이 비슷하다면 연결이 인증된다.

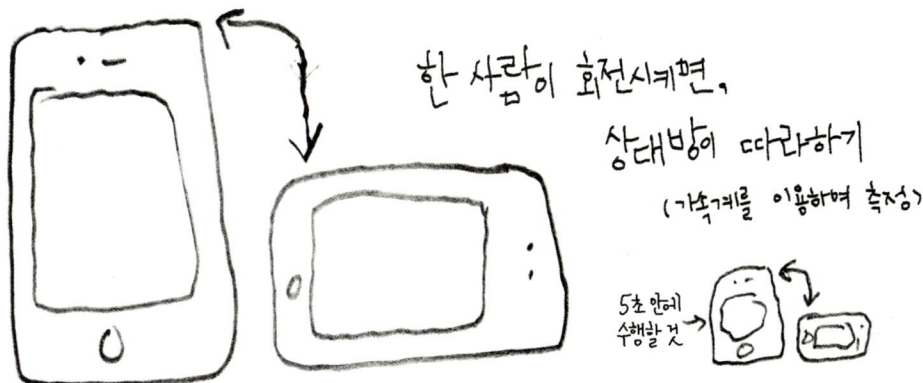

c 화면을 가로지르기

두 개의 휴대폰 화면에 하나의 선이 나타나면, 두 휴대폰을 나란히 들고 한 사람이 손가락으로 선을 한 번에 따라 그린다. 손가락 움직임의 데이터를 수집한 휴대폰의 터치스크린이 터치 시간을 분석하여 연결을 인증한다.

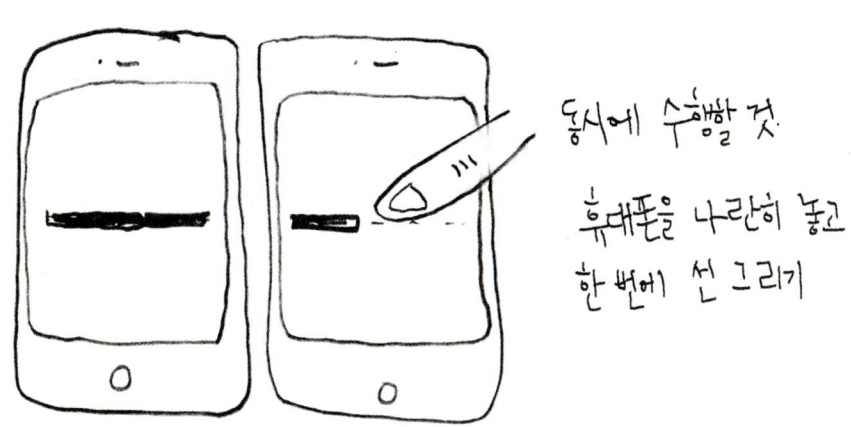

d 제시어를 말하기

두 휴대폰을 나란히 놓은 뒤 마이크에 '연결'이라고 말한다. 이때 단어가 인식되며, 각 휴대폰의 볼륨이 체크된다. 양쪽의 볼륨이 비슷하다면 연결이 인증된다.

마이크로 인식된 단어의 볼륨 체크하기

e 휴대폰 플래시의 점등 패턴 인식하기

한 휴대폰의 플래시가 일정한 패턴으로 깜빡거리면, 다른 휴대폰의 카메라와 마주보게 하여 점등 패턴을 인식시킨다. 인식되는 빛의 세기를 통해 상대방의 휴대폰이 자신의 휴대폰 카메라에 어느 정도로 근접했는지 체크한다. 또한 해당 빛이 적합한 패턴인지 확인하기 위해 카메라로 감지되는 빛을 분석한 후, 연결을 인증한다.

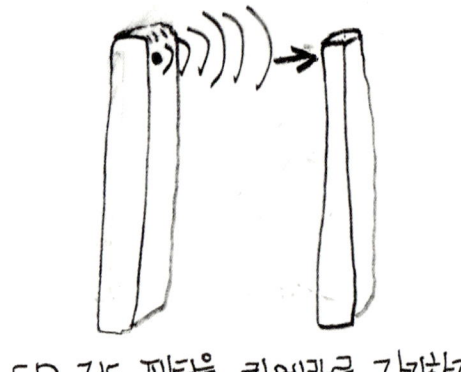

LED 점등 패턴을 카메라로 감지하기

f 두 휴대폰을 맞부딪히기

두 휴대폰을 가볍게 부딪혀 동시에 같은 충격을 주고, 가속도계를 사용하여 패턴을 분석한다. 데이터를 비교한 뒤 적합하면 연결을 인증한다.

휴대폰을 부딪힌 후, 가속도계로 진동을 비교하기

- **참조** 이 디자인 콘셉트는 아이폰과 안드로이드에서 Bump! 애플리케이션을 통해 실제로 구현된 것이다.

g 음악으로 구별하기

두 휴대폰을 매우 가까이 근접시켜야만 음악이 인지될 수 있도록 하나의 휴대폰에서 아주 작은 볼륨으로 음악을 재생시킨다. 다른 예제들과 마찬가지로, 이때에도 두 휴대폰에서 재생되는 음악 패턴을 비교하여 연결을 인증한다.

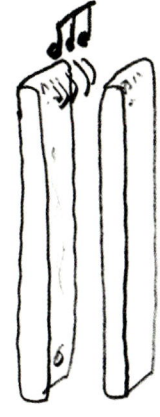

한 휴대폰이 아주 작은 음악소리를 재생하도록 하고, 다른 하나가 이를 인지하기

h 밝기를 조절하기

어떤 휴대폰은 빛을 감지하는 센서가 장착되어 있다. 두 휴대폰을 붙였다 떼며 각각의 센서를 가렸다가 밝혔다가를 반복한다. 두 휴대폰의 빛 감지 센서가 동시에 가려지는지, 휴대폰이 서로의 밝기 데이터를 주고받아 연결을 인증한다.

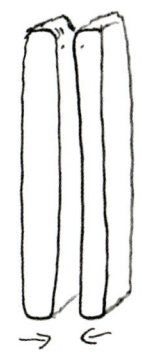

빛 감지 센서. 두 휴대폰을 패턴에 따라 접촉

i 동시에 세 번 두드리기

두 사람이 동시에 각자의 휴대폰 화면을 연속 세 번 터치한다. 이를 통해 연결을 인증한다.

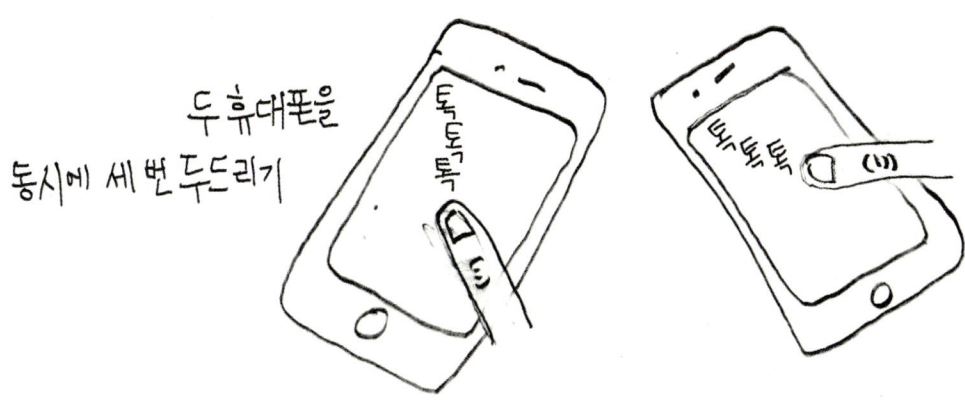

두 휴대폰을 동시에 세 번 두드리기

j 한 사람의 휴대폰 인증 화면을 카메라로 촬영하기

한 휴대폰에 인증할 수 있는 이미지를 띄운 후 다른 휴대폰으로 해당 화면을 촬영한다. 두 휴대폰의 이미지를 비교하여 연결을 인증한다.

3 디자인 콘셉트를 줄여나가기 / 필요한 경우에는 상위 절차 반복

위에 제시된 다양한 콘셉트들은 크게 두 가지 방식으로 나눌 수 있다. ⓐ 두 사람이 같은 패턴을 지닌 행동을 동시에 수행하거나 ⓑ 하나의 휴대폰에서 시작된 움직임을 다른 쪽에서 이어받는 것이다. 이러한 포인트에 착안하여, 다른 가능성을 발견하거나 혹은 아예 새로운 접근 방식을 고안해낼 수도 있다. 스스로 수행해보라.

4 가장 유망한 아이디어를 선별하여 디자인 시작하기

대부분의 모든 스마트폰에는 카메라가 탑재되어 있다. 그러므로 앞서 제시한 여러 콘셉트들 중에서, 카메라를 활용하려고 했던 아이디어를 계속해서 발전시켜보자. 한 휴대폰에 나타난 인증 화면을 다른 휴대폰이 촬영하는 방식의 콘셉트 스케치 j를 선택하기로 한다.

5 하나의 특정한 디자인 콘셉트로부터 서로 다른 10개의 콘셉트 만들기

뒤를 읽기 전에 먼저 스스로 시도해보기를 권한다. 아래의 첫 번째 스케치는 콘셉트 스케치 j를 구체적으로 구현하기 위한 절차를 자세히 풀어 쓴 것이다. 기타 다른 스케치는 카메라를 다른 방식으로 활용한 아이디어다.

a 세부사항: 인증 화면을 촬영하여 연결할 때, 두 사람이 해야 하는 일

❶ 두 사람이 모두 같은 애플리케이션(Connect!)을 실행한다. 이때 애플리케이션에서는 어떻게 연결이 가능한지에 대한 설명과 더불어 인증화면을 제공해야 한다.

❷ 한 사람이 다른 사람의 휴대폰 스크린에 뜬 화면을 촬영한다. 촬영되는 화면은 휴대폰이 식별자로 인식할 수 있는 화면이어야 한다. 이때 휴대폰은 주변의 핸드폰 중 어떤 것이 매칭되는 아이디를 갖고 있는지 확인한다.

❸ 연결에 성공하면, 두 사람은 어떤 것을 공유할 것인지 선택할 수 있다(이를 위한 세부사항이 더 필요함).

대체안: 카메라를 사용하는 또 다른 방법

b 화면의 깜빡임 패턴

플래시를 사용한 짧고 반복적인 점멸 패턴 대신, 휴대폰에 블랙 스크린과 화이트 스크린을 번갈아 띄워 인증이 가능한 패턴을 만들어낼 수 있다. 상대방의 카메라가 다른 사람의 화면을 마주볼 수 있다면, 카메라를 통해 이 패턴을 인식할 수 있다.

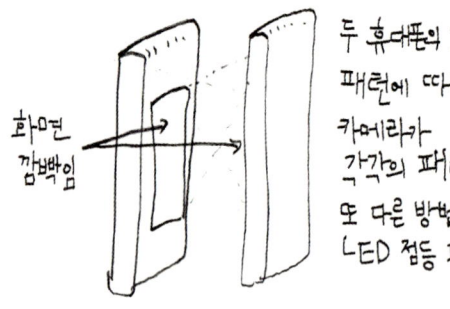

c 휴대폰 기기의 고유 태그 인식

고유 태그는 어떠한 물품을 인증하는 데에 매우 일반적으로 쓰이는 방법이다. 모든 스마트폰이 케이스에 고유 태그를 부착하고 있다고 가정해보자. 다른 휴대폰의 고유 태그는 매우 가까이 있어야만 촬영이 가능하므로, 다른 휴대폰의 태그를 촬영하는 것으로도 연결을 인증할 수 있다.

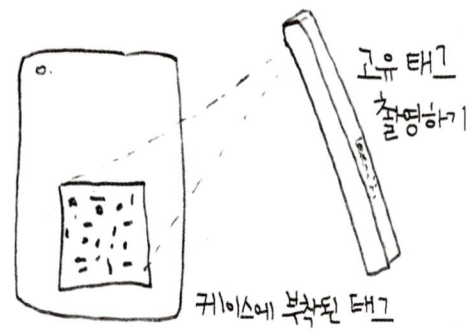

- **응용하기** 보안을 위하여, 두 사람 모두 상대방의 고유 태그를 촬영하도록 한다.

d 파노라마 사진 협동 촬영

파노라마 사진은 사용자가 사진을 찍으면 카메라가 찍힌 사진의 일부분을 다시 화면에 보여주고, 사용자는 보여지는 화면에 겹쳐지도록 사진을 촬영하여 만들어진다. 파노라마 협동 촬영은 이 작업을 하나의 카메라가 아니라 복수의 휴대폰으로 나누어 작업한다는 것을 의미한다. 두 사람이 순서대로 돌아가며 사진을 찍어 파노라마 사진 한 장을 완성하면 연결이 인증된다.

e 동일한 사물을 동시에 촬영하기

거의 비슷한 위치에서 같은 사물을 동시에 촬영한다. 두 휴대폰에 찍힌 이미지와 해당 이미지가 촬영된 시간 데이터를 비교하여 서로가 일치하는지 확인한다. 단, 사람들이 매우 북적이는 곳에서는 실패할 수도 있다.

같은 사물을 동시에 촬영하기

f-j 스스로 수행해보기

이보다 더 많은 대체 콘셉트들로 이 책을 다 채울 수도 있고, 깔때기 모양의 디자인 프로세스를 통해 디자인하고 또 새로 디자인할 수도 있지만, 이 과제는 여기에서 중단하도록 하자. 만약 이 과제를 좀 더 진행하고 싶다면, 위에 제시되었던 아이디어들 중 하나를 선택해보자. 그리고 구체적으로 사람들이 어떤 것을 수행해야 하는지, 스마트폰은 어떤 것을 화면에 제시해야 하는지 예측해보기 바란다. 연결을 하기 위해 필요한 맨 첫 단계(같은 공간의 두 사람이 서로의 휴대폰을 연결하고자 하는 상태)부터 가장 마지막 단계(연결이 되고 실제 정보 교환이 되는 상태)까지 그려보아야 한다. 한 장의 스케치로 보기에는 유용해보였던 아이디어도 자세한 사항을 고려하기 시작하면 인터랙션 과정에 매끄럽게 녹아들지 않아, 적합하지 않게 되는 경우도 있을 것이다.

6 & 7

가장 나은 아이디어를 주변 사람들에게 보여주고 피드백 받기를 권장한다. 그 후 콘셉트 변경 혹은 세부사항 추가 등을 통하여 아이디어를 계속해서 개선하고 스케치하라.

디자인 과제 2

여러분에게 압력 감지 키보드가 하나 있다고 상상해보자. 이 키보드는 자판의 글자뿐만 아니라 압력, 즉 사용자가 얼마나 세게 키를 눌렀는지 등을 감지할 수 있다. 이 키보드를 가지고 어떤 것을 할 수 있을까? 이 키보드로 무엇을 할 수 있을지 10개의 서로 다른 아이디어를 생각하고(유용성의 측면일 수도 있고 혹은 단순한 놀이의 측면일 수도 있다), 그중 한두 가지의 아이디어를 선택하여 10개의 변형안 혹은 개선안을 만들어보자.

이 디자인 과제는 실제로 마이크로소프트가 ACM UIST 컨퍼런스 학생 혁신대회에서 참가자에게 키보드 프로토타입을 제공하며 제시했던 문제이다. 이 대회의 목적은 마이크로소프트에서만 만들었던 어떤 하드웨어에 적용할 새로운 인터랙션을 찾는 것이었다.

이 대회 우승자의 아이디어가 궁금하다면 아래의 웹사이트를 방문해보라. 우승자의 아이디어뿐만 아니라 다른 참가자의 아이디어 또한 확인할 수 있다.

http://www.acm.org/uist/uist2009/program/sicwinners.html
http://www.youtube.com/watch?v=PDI8eYIASf0

디자인 과제 3

대부분의 컴퓨터 디스플레이는 절전 모드 기능을 탑재하고 있다. 보통은 사용자의 직접적인 조작을 통해 절전 모드에 들어가거나(메뉴 선택 등) 혹은 정해진 시간 이후에 시스템이 자동으로 절전 모드가 된다. 그리고 사용자가 마우스를 움직이면 이윽고 컴퓨터는 절전 모드에서 깨어나는 시스템이다. 그러나 여기에서 문제는, 자동 설정으로 세팅된 시간이 매우 길면 사용자가 컴퓨터를 사용하지 않을 때에도 화면이 불필요하게 켜져 있게 된다는 것이다. 사용자가 수동 조작을 통해 직접 화면을 끌 수도 있지만, 대개는 신경 쓰지 않는다.

따라서 이 문제에 대해서 새로운 접근을 시도해보자. 무엇부터 시작해야 할지 막막하면, 일단 여러분의 디스플레이(혹은 시스템 환경)에 센서부터 달아보라. 아래에 제시된 그린버그, 마커트, 발렌다트 등의 저자가 2011년에 저술한 논문에서 해답을 찾을 수도 있다.

이제 알게 된 것

10+10 전략은 깔때기 모양의 디자인 프로세스를 적용할 수 있도록 돕는 훈련이다. 따라서 이 부분은 읽기만 하는 것보다 실제로 수행해보는 것이 훨씬 중요하다. 충분히 자주 연습하게 되면 자연스럽게 습관이 될 것이다. 이 방법론을 실제 여러분의 프로젝트 혹은 여러분이 앞으로 마주치게 될 모든 인터랙션 디자인 과제에 적용해보라.

만약 여러분이 컴퓨터를 사용하던 도중 뭔가에 대해 불만이 생기게 될 때 (아마 다음번에 컴퓨터를 사용하면 그때가 오겠지만) 그 불만을 디자인 과제로서 서술해보라. 그 후 10+10 전략을 적용시켜 문제에 대한 해답을 찾고 또 개선해 나가길 바란다.

참고문헌

- Greenberg, S., Marquardt, N., Ballendat, T., Diaz-Marino, R., Wang, M. (2011) 「Proxemic Interactions: The New Ubicomp?」 ACM Interactions. http://doi.acm.org/10.1145/1897239.1897250.
- Hinkley, K. (2003) 「Synchronous gestures for multiple persons and computers」. Proceedings of the 16th annual ACM Symposium on User Interface Software and Technology(UIST'03), ACM Press. http://doi.acm.org/10.1145/964696.964713.

Sketching
User Experiences
the work book

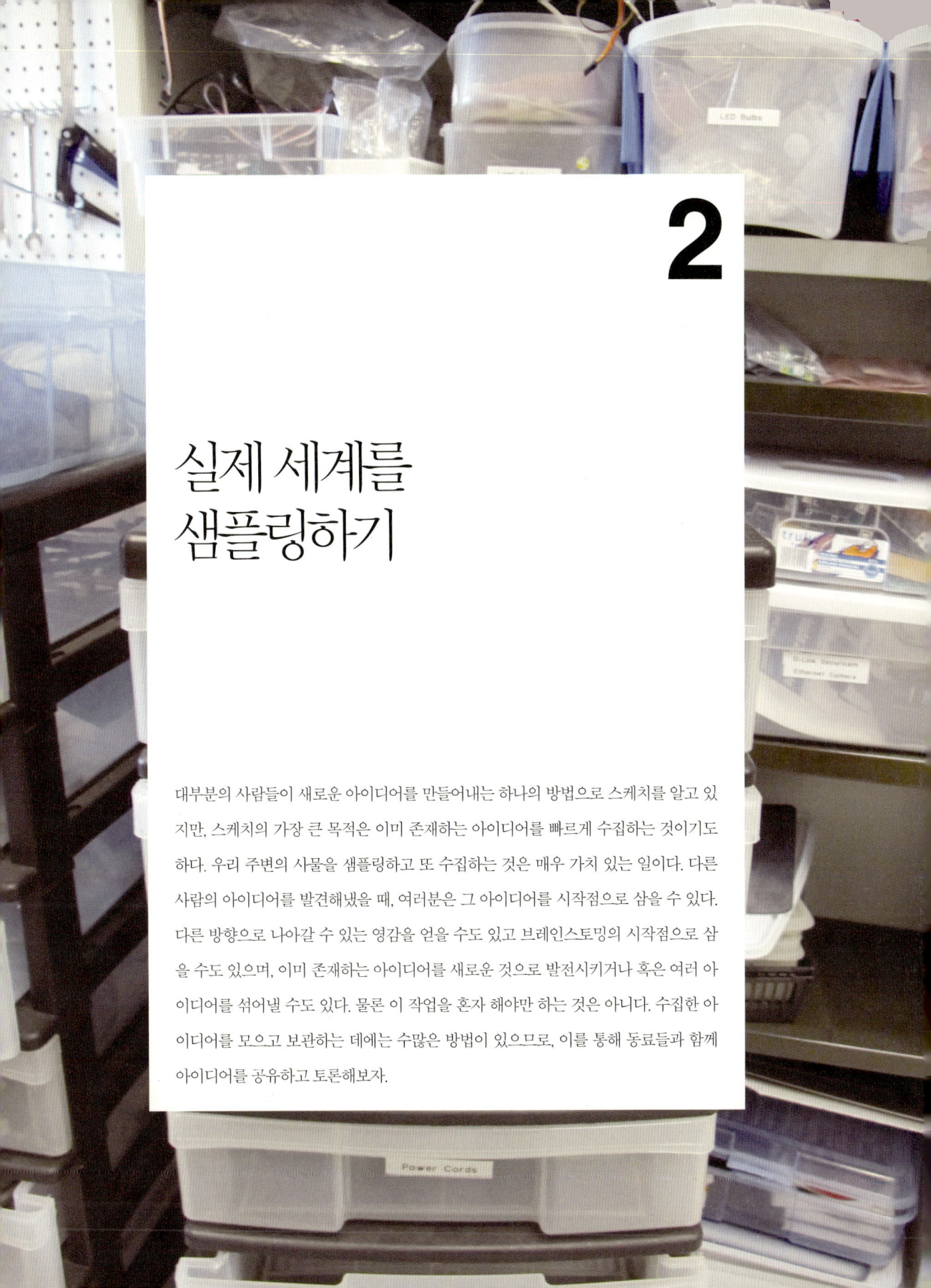

2

실제 세계를 샘플링하기

대부분의 사람들이 새로운 아이디어를 만들어내는 하나의 방법으로 스케치를 알고 있지만, 스케치의 가장 큰 목적은 이미 존재하는 아이디어를 빠르게 수집하는 것이기도 하다. 우리 주변의 사물을 샘플링하고 또 수집하는 것은 매우 가치 있는 일이다. 다른 사람의 아이디어를 발견해냈을 때, 여러분은 그 아이디어를 시작점으로 삼을 수 있다. 다른 방향으로 나아갈 수 있는 영감을 얻을 수도 있고 브레인스토밍의 시작점으로 삼을 수도 있으며, 이미 존재하는 아이디어를 새로운 것으로 발전시키거나 혹은 여러 아이디어를 섞어낼 수도 있다. 물론 이 작업을 혼자 해야만 하는 것은 아니다. 수집한 아이디어를 모으고 보관하는 데에는 수많은 방법이 있으므로, 이를 통해 동료들과 함께 아이디어를 공유하고 토론해보자.

2.1 **낙서 스케치**는 일상 생활 속에서 불현듯 떠오른 아이디어를 재빠르게 기록할 때에 유용한 방법이다.

2.2 **카메라 샘플링**은 실생활에서의 시각적 아이디어를 마주치자마자 포착할 수 있도록 한다.

2.3 **이미지 수집과 클리핑**은 사진, 잡지, 웹페이지 그리고 다른 사물로부터 영감을 받은 아이디어를 어떻게 포착, 저장, 정리하고 나중에 리뷰할 수 있는지 설명한다.

2.4 **장남감 상자와 수집품**은 실제 사물을 수집하고, 저장하며, 전시하는 행위의 유용성에 대해 알려준다.

2.5 **찾은 물건 공유하기**는 일정 수준의 사생활을 보호하면서 동료들과 서로의 수집품을 공유하는 방법에 대해 다룬다.

2.1

낙서 스케치

아이디어의 핵심을 포착하기 위해,
언제 어디서든 빠르게 스케치하기

미팅에서 대화를 나누던 중, 기록해둘 만한 아이디어가 번뜩 떠오른다. 어떤 애플리케이션을 시험 삼아 사용해보던 중에, 기억해둘 만한 인터랙션 요소를 발견한다. 또는 극장에서 영화를 관람하던 중 미래의 컴퓨터를 보고 그 아이디어를 더 발전시키고 싶을 때도 있을 것이다. 이 모든 경우에서 여러분은 이미 무언가를 하던 중이고, 따라서 아이디어를 스케치북에 담을 수 있는 시간은 매우 짧게 한정된다.

이때가 바로 **낙서 스케치**가 필요한 시점이다. 낙서는 자세한 부분에 연연하지 않고 빠르게 그리는 것에만 집중하는 것이다. 낙서 스케치도 다른 세밀한 부분은 제쳐두고 기록하고자 하는 부분에 대해서만 스케치한다는 점에서 낙서와 같다. 낙서 스케치는 모두가 반드시 지녀야 할 중요한 기술이며, 단지 많이 해봄으로써 쉽게 습득할 수 있다. 아래의 연습을 통해 낙서 스케치를 시작해보자.

준비

연필, 스케치북, 초시계

기존 시스템에서 아이디어 찾아내기

다음의 예제에서 여러분은 각각 30초의 제한 시간 안에 스케치를 수행해야 한다. 이 낙서 스케치의 목적은 인터페이스에 제시된 아이디어의 핵심을 찾아내는 것이다.

1 아래의 스크린은 마이크로소프트의 탐색기 화면이다. 아래의 화면에서 주요 아이디어를 포착하여 낙서 스케치로 담아보자. (예컨대 윈도의 구조화된 레이아웃도 주요 아이디어다.) 초시계를 사용하여 30초를 잰다.

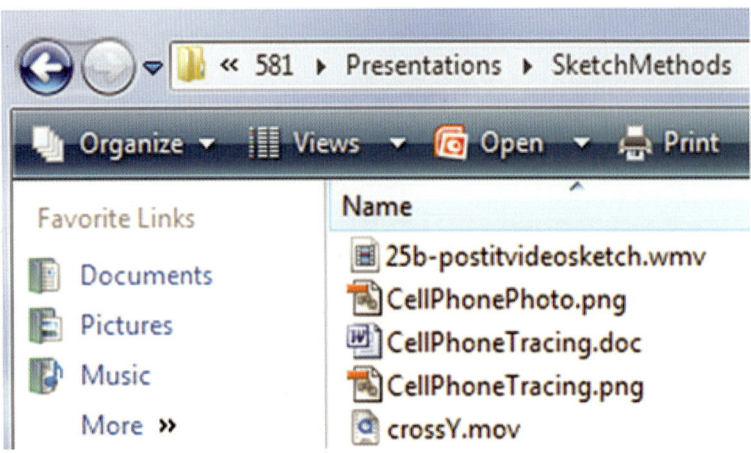

2 윈도 안의 전체적인 레이아웃과 그 안에 어떤 것이 담기는지를 강조한 낙서 스케치다. 주요 사항을 함께 체크해보자.

어떤 요소들이 상세하게 표현되었는가

스케치에 표현된 세부사항은 주요 콘셉트를 가장 명료하게 나타낸다. 위의 예시에서 주요 콘셉트는 윈도의 전반적인 구조와 몇 가지 키 버튼, 그리고 명확하게 구분된 화면의 필드 들이다.

어떤 요소를 추상화할 것인가

덜 중요한 사항은 어느 정도 생략되어 있다. 여기에서는 파일이나 폴더, 또는 명령어를 나타내는 아이콘과 라벨이 각각 박스와 휘갈긴 문자열로 표현되어 있다.

어떤 것이 버려졌는가

중요하지 않은 세부요소는 전체적으로 생략되었다. 여기에서는 장식이나 실제 텍스트들, 작은 인터페이스 컨트롤이 삭제되었다. 시각적 요소는 다른 텍스트와 마찬가지로 아예 그리지 않았다.

3 낙서 스케치는 여러분이 무엇을 강조하고 싶은가에 따라 달라진다. 아래는 30초 안에 완성된 또 다른 스케치다. 이 스케치는 다른 아이디어를 포착했다. 아래에서 찾아낸 것은 다른 폴더를 빠르게 탐색할 수 있도록 돕는 타이틀 바의 인터랙션 요소들이다. 특히 몇 가지 부분을 설명하기 위해 주석을 달아놓았다는 점에 주목하기 바란다.

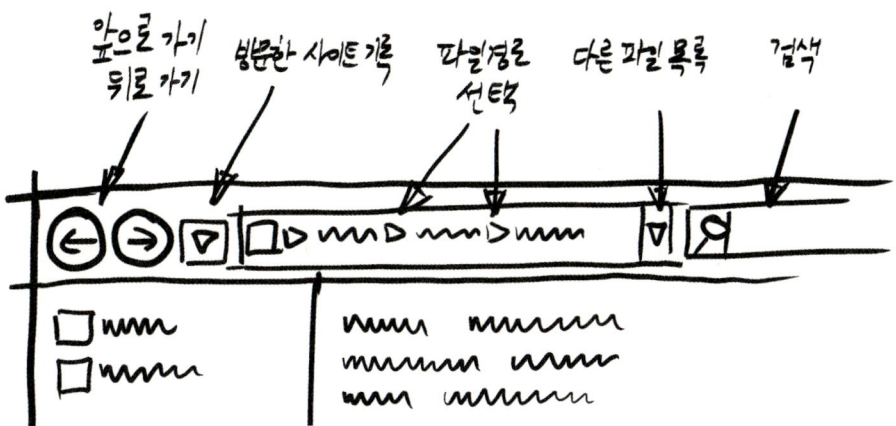

어두운 곳에서 다른 일을 하면서
낙서 스케치하기

낙서 스케치가 매력적인 것은, 연필과 그릴 종이만 있다면(스케치를 잃어버리지 않도록 가급적 스케치북에 하는 것을 권한다) 언제 어디서건 스케치를 할 수 있기 때문이다.

 아이디어는 여러 장소에서 생각지도 못한 때에 나타날 수 있다. 아래의 예는 필자가 영화 《아바타》에서 미래형 통제실을 보던 도중 그린 낙서 스케치이다. 필자가 주목했던 아이디어는 모니터를 양면으로 사용하는 방법이다. 구체적으로는 화면에 나타난 이미지를 모니터의 앞과 뒤 양면에서 모두 볼 수 있는 아이디어였다. 화면의 가시성을 더욱 발전시킨 이 아이디어를 통해 다른 흥미로운 주제를 고안해냈다. 그것은 한 사람이 현재 수행하고 있는 행동을 다른 사람에게 쉽게 보여줄 수 있는 아이디어였는데, 아래에 제시된 것이 바로 그것을 그려낸 낙서 스케치다.

나는 이 스케치를 어둠 속에서 영화를 보면서, 즉 종이를 내려다보지 않으며 그렸다. 그리고 어느 정도 시간이 지난 후에야 비로소 보았을 뿐이다. 보면 알겠지만, 이 스케치는 아주 대강 그려졌고 게다가 선을 잘못된 위치에 그리기도 했다. 나중에 꽤 괜찮은 그림인 것을 보고 놀라긴 했지만, 사실 그런 건 상관없었다. 이 낙서 스케치는 내가 그 당시에 어떤 아이디어를 떠올렸는지 충분히 상기시켜 주었기 때문이다. 양쪽에서 콘텐츠를 볼 수 있는 화면이 있고, 실제 화면을 사용하는 왼쪽의 인물과 오른쪽에서 지나가는 인물이 그려져 있다. 그리고 왼쪽과 오른쪽의 사람 모두 다 화면을 볼 수 있다는 뜻의 화살표까지 모두 있었던 것이다.

낙서 스케치는 예쁘지 않아도 되고, 다른 사람이 알아 보지 못해도 상관없다. 그저 그 스케치를 그린 사람이 그 아이디어가 무엇이었는지 상기할 수 있는 것만으로 충분하다. 예쁘게 꾸미는 작업은 나중에 언제든지 할 수 있다.

낙서 스케치 연습하기

연습과 반복 훈련은 여러분이 생각하고 있는 것이나 보고 있는 것에서 핵심 아이디어를 뽑아낼 수 있는 '비판적 시각'을 기르는 데 도움이 된다. 반복을 하면 낙서 스케치가 습관이 될 수 있다.

연습 1

컴퓨터에서 응용프로그램 하나를 선택하여 실행한다. 30초 이내로 핵심 아이디어를 찾아내어 낙서 스케치를 해보자. 그리고 그 응용프로그램에 대한 다른 아이디어를 찾아 다시 새로운 낙서 스케치를 한다. 이후 별로 익숙하지 않거나 잘 다뤄보지 않은 다른 응용프로그램을 실행하여 위 과정을 반복한다.

연습 2

유튜브와 같은 사이트에서 혁신적인 인터페이스에 관한 영상을 찾는다. 영상을 중단하지 않고 계속 보면서, 영상에서 발견한 흥미로운 아이디어를 최대한 많이 낙서 스케치로 옮긴다. 굉장히 빠르게 스케치해야 할 것이다. 아이디어를 보자마자 바로 수행하는 것이다.

연습 3

연습 2를 다시 진행한다. 하지만 이번에는 스케치를 보지 않고 그리도록 한다. 스케치를 하면서 손을 많이 움직이지 않는 것이 요령이다. 손을 많이 움직이며 스케치를 하게 된다면, 선들이 제자리를 찾지 못하기 때문이다. 이는 약간의 연습이 필요하지만, 스케치를 하고 나면 그 스케치가 얼마나 명료하게 메시지를 전달하는지(비록 메시지를 이해하는 사람이 여러분뿐일지라도) 알게 될 것이다.

이제 알게 된 것

낙서 스케치에 대해 정리해보자.

- 낙서 스케치는 단 몇 초만에, 굉장히 빠르게 이루어진다.
- 여러분이 다른 행동을 하고 있는 도중에도 핵심적인 아이디어를 잡아낼 수 있도록 한다.
- 세부사항과 정확도는 고려하지 않는다. 중요한 것은 속도다.
- 낙서 스케치를 꾸준히 연습하면 종이를 보지 않고도 할 수 있게 될 것이다.

2.2

카메라 샘플링

순간을 포착하기

우리는 일상을 통해 수많은 요소와 소통한다. 그 중 어떤 것은 영감을 주지만, 또 어떤 것은 불쾌감을 느끼게도 한다. 그러나 그것이 좋든 싫든, 그 모든 것은 현재뿐만 아니라 미래의 디자인 아이디어에도 반영할 수 있는 매우 유용한 자료다. 이미 우리는 앞에서, 낙서 스케치만으로도 어떤 대상의 디자인 아이디어를 즉각적으로 포착해낼 수 있음을 알았다. 이 섹션에서는 순간순간을 사진이나 비디오로 남길 수 있도록 카메라로 샘플링하는 법에 대해 설명한다. 항상 카메라를 갖고 다니면 이 방법에 자연스럽게 숙련될 것이다.

실제 세계를 샘플링하는 것은 사냥꾼이나 채집가가 되는 것과 같다. 샘플링은 그것이 좋건 나쁘건, 일단 여러분이 관심을 가졌던 모든 것을 수집하는 일이다. 그러한 점에서 이 작업은 일종의 사냥과도 같다. 또한 샘플링은 여러분이 어떤 부류에 관심이 있는지, 어떤 사물에 주목하는지를 찾는 것이기도 하다. 출근을 하고, 커피숍에 들르고, 백화점에서 상품을 고르고, 공원에서 산책하는 것과 같은 일상적인 생활 속에서 여러분은 계속 변화하는 풍경과 소리, 그리고 움직임들 속에 놓인다. 이 안에는 분명 여러분의 관심을 끄는 것이 있다. 그것은 사물일 수도 있고 어떤 행동일 수도 있으며 색이나 모양일 수도 있다. 아니면 여러분이 수행해야 하는 하나의 인터랙션일지도 모른다. 관심이 생기는 순간, 바로 그때 카메라는 매우 유용한 도구가 된다. 호기심을 불러일으키는 것부터 불쾌감을 자아내는 것까지 모두 사진에 담아보자.

준비

카메라

팁

샘플링을 위한 카메라를 구입하고자 한다면, 다음 사항들을 고려하라.

- 항상 휴대할 수 있어야하므로, 주머니에 들어갈 수 있는 정도의 크기가 좋다.
- 카메라를 내장하고 있는 핸드폰으로도 충분하다.
- 찍은 사물에 대한 코멘트를 남기거나 주변 상황을 함께 기록하기 위하여 비디오 기능이 내장된 카메라면 더욱 좋다.

모두가 불편해하는 사물을 샘플링하라

샘플링을 가장 쉽게 시작하는 방법은 불쾌한 상황이나 불편한 사물을 사진으로 남기는 것이다.

왜 이러한 일을 해야 할까? 그것은 바로 여러분이 좋은 디자이너 혹은, 좋은 디자인 평론가가 되기 위해서이다. 이 말인즉슨, 좋은 디자이너는 어떤 디자인이 영감을 주는지 찾을 수 있어야 하며(물론 그 디자인이 왜 영감을 주는지 또한 설명할 수 있어야 한다) 그뿐만 아니라 부적절한 디자인을 찾아내어 그 디자인이 왜 적절하지 않은지 역시 설명할 수 있어야 한다는 것이다. 형편없는 디자인을 찾아내는 것은 스스로를 불편한 디자인에 민감하게 하고, 또 그 디자인이 왜 불편한지 이해하도록 한다. 나쁜 디자인을 발견할 수 있다면, 이제 여러분은 스스로의 디자인 역시 비판적 시선으로 볼 수 있을 것이다. 이러한 기량을 쌓는 첫 걸음이 바로 실생활에서 여러분을 불편하게 하는 수많은 사물들을 샘플링하는 것이다.

팁

사진 샘플링은 전적으로 재빠른 포착에 달려 있다. 이는 대부분 추후 사용해야 할 때에, 기억을 되살릴 수 있을 정도면 충분하다.

샘플링은 예쁜 사진을 찍는 것과 다르다. 샘플링은 오로지 최소한으로, 여러분의 이목을 잡아 끈 사물의 핵심 아이디어만 제공할 수 있으면 된다.

샘플링의 대상은 디자인에 관련된 것이어야 한다. 친구나 가족, 우리가 방문했던 곳의 아름다운 자연 경관을 찍어서는 안된다.

사례 ❶ 엘리베이터의 열림/닫힘 버튼

일상 생활에서 볼 수 있는 간단한 인터랙션으로 샘플링을 시작해보자. 예를 들어 다음과 같은 상황이 있다. 여러분이 엘리베이터에 타고 있는데, 친구가 이쪽을 향해 걸어온다. 여러분은 친구를 위해 문을 열어주려고 손을 뻗지만 실수로 닫는 버튼을 눌러 문이 빠르게 닫혀버린다. 아니면 이런 상황에서 가끔 버튼 대신 버튼 모양의 기호를 누른 적이 있을 것이다. 생각해보면, 이러한 실수는 여러분만 저지르는 것이 아니다. 열림 버튼을 누르려고 할 때, 망설이는 사람들을 가끔 보았을 것이다. 열림 버튼과 닫힘 버튼을 잘못 누르게 되는 것은 무엇 때문일까? 이 버튼을 스냅 촬영해보자. 그리고 여러 엘리베이터의 사례를 모으자.

찍어온 사진을 다시 한 번 보자. 볼록 튀어나온 기호 그림이 버튼으로 보이는 것을 알 수 있다. 이러니 사람들이 버튼 대신 기호 그림을 누르는 것은 어쩌면 당연하다. 또한 버튼의 기호가 대체로 표준화되어 있지만, 해당 기호의 의미를 단번에 알아차리기는 어렵다. 왜 혼동을 불러일으키는 것일

까? 열림과 닫힘 기호가 서로 비슷해서일 수도 있고, 삼각형이 뒤집어져 보이기 쉽기 때문일 수도 있다. 아니면 추상적인 기호와 명확한 기호가 혼재된 디자인 때문일 수도 있다(예, 열림을 상징하는 선과 방향을 상징하는 화살표). 기호를 표준화시키는 것 자체는 이 문제에 대한 적절한 해결책이 아니다. 기호는 우선 명확하고 이해하기 쉬워야 한다.

그렇다면 컴퓨터의 수많은 응용프로그램은 그 많은 아이콘을 어떻게 관리할까? 이제 함께 확인해보자. 또한 그래픽 화면 디자인에서 여러분이 사용하는 아이콘과 다른 기호 역시 마찬가지로 검토해보아야 한다.

사례 ❷ 자동문 버튼

어느 날 상자를 나르고 있을 때의 일이다. 나는 자동문과 같이 디자인이 잘 된 보조물이 삶을 얼마나 편하게 만드는지 생각하면서 자동문 표시가 되어 있는 문을 향해 걸어가는데, 문득 뭔가를 알아차렸다. 내가 열어야 하는 문에 자동문 스위치가 없었던 것이다. 그래서 결국 상자를 든 채로, 곡예를 하

듯 두 개의 수동 문고리와 고군분투해야 했다. 도대체 스위치는 어디에 있었던 것일까? 이 출입구는 짧은 복도에 있었는데 대여섯 개의 방화문이 있는 복도였다. 방화문은 모두 자동이었다. 이들 가운데 세 개는 각각 문 바로 옆에 스위치가 있었다. 그러나 내가 사용하고자 했던 자동문의 스위치는 다른 문에 더 가까이 위치하고 있었다. 그곳은 3미터나 떨어진 곳이었다. 처음에는 이 문의 스위치가 없는 줄 알았다. 그런데 옆의 문에 스위치가 2개나 있다는 사실을 이상하게 여겨 살펴보고난 후에야, 드디어 이 문의 스위치를 발견할 수 있었다. 그렇다면 생각해보자. 내가 디자인한 인터페이스에는 버튼이 모두 제자리에 있을까?

사례 ❸ 백화점 셀프 서비스 무인 계산대

대형마트 계산대의 긴 줄은 어쩔 수 없이 셀프 계산대를 이용하게 한다. 그러나 셀프 계산대에도 사용하기에는 불편한 여러 문제가 있다. 하지만 셀프 계산대 앞에 섰을 때, 이미 나와 같은 사람들이 겪었던 무인 계산대의 문제를 마트의 점원이 인지하고 꾸준히 개선해왔다는 점을 알 수 있었다. 그들

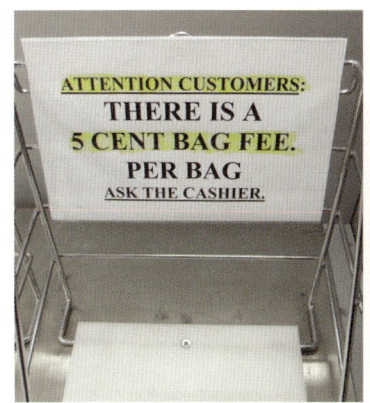  

의 해결책은 셀프 계산대 사용 안내문을 붙여놓는 것이었다. 점원의 안내문과 기계의 잦은 수리는 이 무인 계산대가 얼마나 많은 문제를 갖고 있는지를 알게 한다. 사용자뿐만 아니라 점원들까지 모두가 이 무인 계산대에 문제를 느끼고 있는 것이다. (이 무인계산대의 프로세스를 제대로 디자인했더라면 이런 일은 없었을 것이다.)

그렇다면 우리 회사의 고객상담실은 소프트웨어 사용자들이 겪는 문제를 제대로 추적하고 있을까? 그리고 그 문제를 개선하기 위한 해결책을 제공하고 있을까?

훌륭한 디자인을 샘플링하라

사진 샘플링을 할 때, 강렬한 인상이 남는 디자인을 사진으로 찍어라. 나쁜 디자인에 민감해지는 것처럼, 자신의 디자인에 응용할 수 있는 좋은 디자인이나 디자인 요소에도 역시 촉을 세워야 한다.

자석으로 된 충전 케이블

나는 애플 노트북의 충전 케이블 사진을 찍었다. 충전 케이블이 툭 튀어나오지 않아 복잡한 공간에서도 여유롭게 사용할 수 있도록 디자인한 점을 주목하자. 더욱 중요한 것은 케이블이 자석으로 되어 있어 컴퓨터에 붙어 있을 수 있다는 점이다. 어두운 곳에서도 고생하지 않고 그저 가까이 가져다 대는 것만으로도 충전기를 노트북에 연결할 수 있다. 혹 케이블에 걸려 넘어지더라도, 케이블이 알아서 노트북과 분리되기 때문에 책상에서 노트북

이 떨어질 걱정을 하지 않아도 된다. 모든 충전 케이블을 왜 이렇게 만들지 않은 것일까?

파노라마 사진을 쉽게 촬영하는 법

이 사진은 아이폰에서 마이크로소프트 포토신스Microsoft Photosynth를 사용하여 파노라마 사진을 찍고 있는 나의 모습이다. 다른 파노라마 소프트웨어를 사용할 때는 직접 이미지를 배치해야 사진들이 이어지곤 했다. 그러나 포토신스는 이 모든 작업을 소프트웨어가 자동으로 한다. 그 다음 장면으로 넘기기만 하면, 자기가 알아서 이어지는 선을 찾아내고, 이어진 여러 결과물을 미리 보여주기도 한다. 그 뿐만 아니라 화면의 초록색 선택 영역은 이미지가 배치된 상태를 보여주고, 이에 맞도록 바로 이어 사진을 촬영할 수 있도록 지원하고 있다. 여기서 사용자는 그저 파노라마 사진을 구성할 각각의 사진을 찍기만 하면 된다. 그 외의 모든 것은 포토신스가 스스로 해주기

팁

사진 샘플링하는 습관을 들여라

바로 다음 주부터 여러분을 불편하게 하거나 영감을 주는 것 혹은 관심을 끄는 사물이나 상황에 대한 사진을 매일 스무 장씩 찍어보자. 찍은 사물이나 상황이 정말로 가치가 있는지는 고민하지 않아도 된다. 완벽한 컬렉션을 만드는 것이 목적이 아니기 때문이다. 찍고 저장하고, 그리고 나중에 다시 한 번 살펴보자.

디자인 블로그를 만들어라

디자인 수집에 가장 좋은 방법은 찾아낸 스케치와 사진을 일목요연하게 보여줄 수 있는 블로그를 하나 개설하는 것이다. 지금까지 모아온 것들을 꼼꼼히 살펴보고, 그 중에 가장 흥미로운 것을 선별하여 코멘트와 함께 블로그에 게시해보자. 이런 블로깅은 흥미로운 사물을 검색

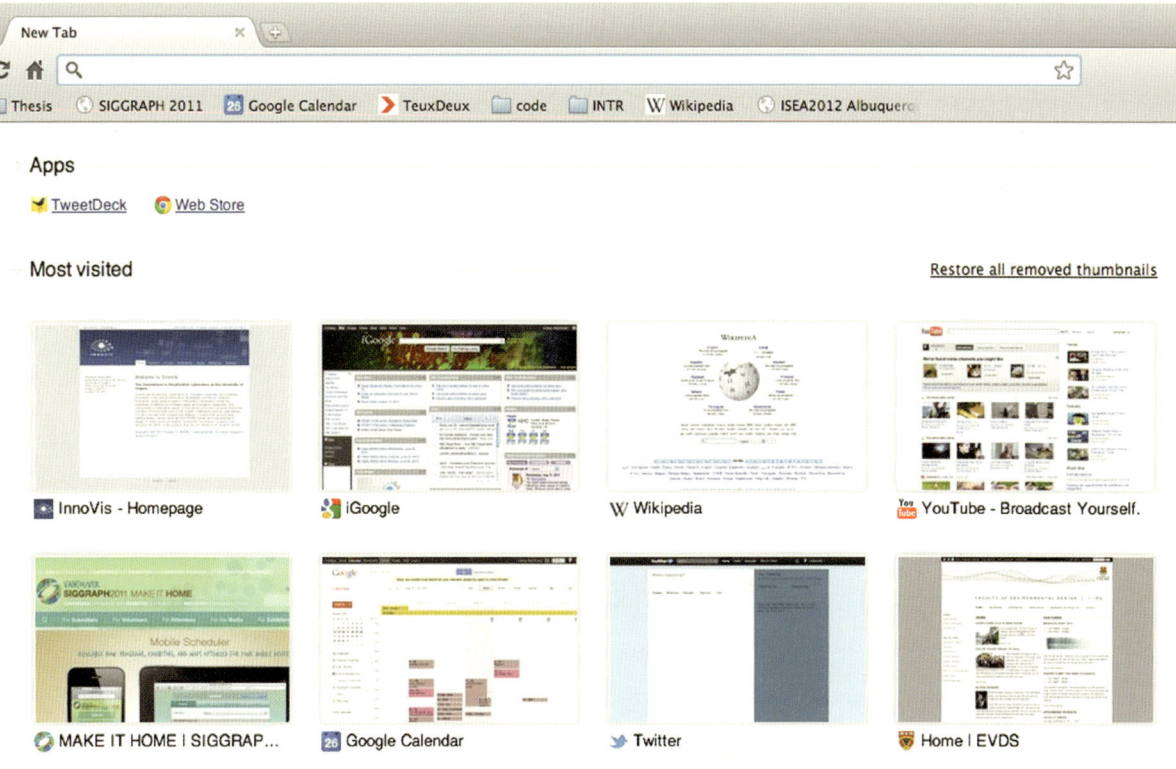

때문이다. 이 얼마나 경이로운 일인가!

가장 많이 방문한 웹페이지

구글 크롬의 웹 브라우저는 사용자가 가장 많이 방문한 웹페이지를 브라우저의 가장 첫 번째 페이지에서 보여준다. 표시되는 웹사이트들은 일반적으로 내가 브라우저를 열었을 때, 가장 먼저 접속하고자 하는 곳들이다. 크롬의 이 기능은 나의 즐겨찾기 목록에 쉽게 접속할 수 있는 최상의 방법이다. 굳이 자주 방문하는 사이트를 책갈피에 저장하고 또 찾아가야 하는 수고를 덜어주기 때문이다. 또한 다시 URL을 타이핑할 필요도 없을 뿐더러, 사이트의 섬네일은 알아보기 쉽게 구성되어 있다. 왜 이런 기능은 내 PC의 파일 탐색기나 애플 파인더에는 없는 것일까?

하고 수집하도록 하며, 어떤 것들이 다른 사람과 공유할 만한 가치가 있는지 심사숙고하게 한다. 'DESIGN, INTERFACE, FOUND OBJECTS, BLOG'와 같은 단어들을 검색하여 이와 유사한 유형의 다른 블로그들은 어떻게 되어 있는지 살펴보라. 예컨대 Interface Hall of Shame / Hall of Fame(http://hamepage.mac.com/bradster/iarchitect/)은 인터페이스 디자인의 좋은 예와 나쁜 예를 모두 수집하고 각각 코멘트를 달아놓고 있다. 조금 오래되기는 했지만, 다른 사람들이 보고 비평할 만한 컬렉션을 보유하고 있다.

영감을 주는 사물을 샘플링하라

사진 샘플링을 할 때에는 인터페이스 디자인에 직접적인 관련이 없는 것이더라도 무엇인가 영감을 주는 대상이 있다면, 주저 말고 스냅 사진을 찍자. 일상 생활 속에서 흥미를 불러일으키는 대상들은 유용한 아이디어를 제공할 뿐 아니라, 아이디어 간의 상호교류도 가능하게 한다. 여기에서는 이러한 대상들을 자기 자신의 디자인에 어떻게 활용할 수 있을지 심사숙고하는 것이 가장 중요하다. 이러한 과정을 통해서 우물 안에서 벗어나 생각의 범위를 넓힐 수 있다.

1 사진을 찍어라!

어떤 방식으로든 일단 마음을 사로잡은 대상과 상황을 포착하라. 피사체는 가지각색의 사물이나 모양, 질감 혹은 레이아웃일 수도 있다. 정리정돈이 잘 되어 있는 컴퓨터 바탕화면의 폴더와 무질서한 것 같지만 일상에서 꽤 유용한 물건 더미 간의 차이점이 궁금하다면, 책상 위에 쌓아 놓은 물건 더미를 사진으로 남길 수 있다. 그 사물과 상황이 정말 가치가 있는지 어떤지는 걱정할 필요가 없다. 올바른 것을 찍는다고 생각하지는 말자. 스스로 생각하기에 흥미로운 것이라면 충분하다. 일단 찍고 저장하고, 나중에 사진을 다시 살펴보라.

2 사진 샘플 한 장의 질을 높여라

지금까지 모은 샘플 중 한 장을 선택하라. 사진을 집어들었을 때, 그 사진을 왜 찍었는지 정확히 알 수도 있지만 한편으로는 그 이유를 잊었을 수도 있다. 사진 속의 어떤 것이 여러분에게 영감을 주었는지도 확실하게 알지 못할 수 있다. 그때는 그것을 추측해보자. 추측이 옳았다거나 틀렸다거나 하는 것은 중요하지 않다. 어떻게 추측하건 흥미로운 아이디어로 싹트게 될 것이다. 그리고 그 아이디어를 가지고 다른 20가지의 샘플을 찾아라.

예를 들어 여러분이 아래 사진을 찍었지만, 그 이유를 알지는 못한다고 가정해보자.

여러분은 이 아이디어를 동그란 모양 때문에 수집했을 수 있다. 그렇게 추측했다면, 다음과 같은 샘플 사진들이 모인다.

아니면 밝은 색을 수집하려고 찍었을 수도 있다. 아래는 그 추측을 통하여 구성된 샘플들이다.

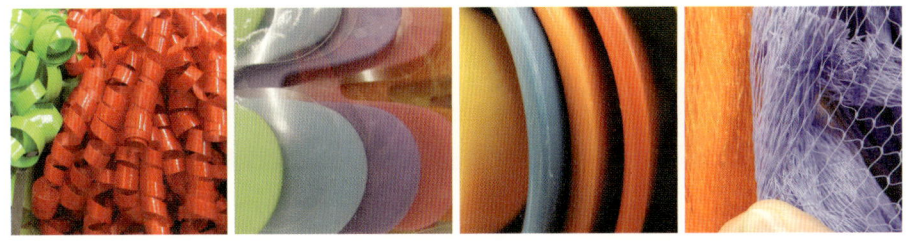

다른 방식으로 접근하자면, 여러분이 포착한 것은 흥미로운 질감이었을 수 있다. 아래는 그로부터 가능한 샘플들이다.

지금까지 본 것과 같이, 샘플 사진을 보고 어떤 추측을 하든 재미있는 샘플 세트를 만들어낼 수 있다. 또한 모양과 색, 질감들은 모두 기발한 영감으로 이어질 수도 있다. 예컨대 색색의 그릇들이 모여 있는 모습을 통해 회전하며 먹을 수 있는 음식에 대한 영감을 받을 수도 있다. 위 사진에서 손가락으로 늘린 보라색 그물망은 어떤 인터페이스 요소의 확장도에 대한 시각적 단서visual cue를 얻을 수 있을 것이다.

3 세상에 질문 던지기

사진을 찍고 그 사진에 대해 질문을 하는 것도 좋은 방법이다. 예를 들어 다음과 같은 물음을 스스로 던져보자. 어떻게 하면 서로 다른 모양들을 조화롭게 할 수 있을까? 나는 작은 상가에서 이런 질문을 스스로에게 던져보고, 이 질문을 여러 가지 방법으로 답할 수 있을 만한 대상들의 사진을 찍어보았다.

 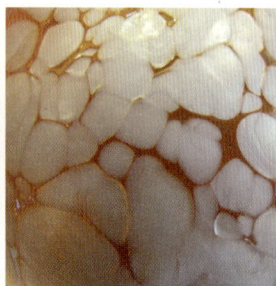  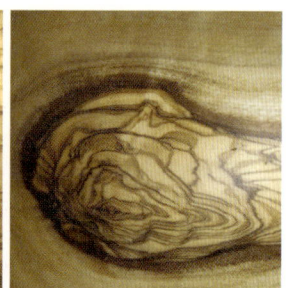

이제 알게 된 것

❶ 사진 샘플링은 풍부한 아이디어 자료를 제공한다.
❷ 수집한 샘플 가운데 어떤 것은 디자인에서 무엇을 피해야 하는지를 알려주고, 또 어떤 것은 흥미로운 영감을 제공한다.
❸ 사진 샘플링을 습관으로 만들자. 사진 샘플링은 여러분 주위의 모든 것을 관찰할 수 있는 좋은 습관이다.

2.3 이미지 수집과 클리핑

보다 숙련된 사냥꾼/채집가가 되는 법

요즈음은 잡지, 책, 포스터, 웹사이트, 소프트웨어 등 어디서나 이미지를 발견할 수 있다. 이미지를 수집하고 클리핑clipping하는 것은 일상 속에서 발견할 수 있는 이미지를 풍부하게 활용하여 상상력 넘치는 디자인을 할 수 있게 하는 또 다른 원동력이다.

먼저, 매일 할 수 있는 방법은 찾아낸 이미지를 복사하여 저장하는 것이다. 잡지에서 찾은 이미지를 가위로 잘라 보관하거나, 이미지를 자를 수 없다면 스캐너나 카메라로 책과 포스터의 이미지를 따올 수도 있다. 또는 컴퓨터에서 이미지 클립핑 프로그램을 사용하여 흥미로운 인터페이스나 웹 이미지의 사진을 찍을 수도 있다.

이러한 행위들은 일종의 인지 훈련이다. 이 훈련을 통해 여러분은 인터페이스와 인터페이스 디자인을 위한 이미지를 수집할 수 있다. 또한 시각적 커뮤니케이션 혹은 디지털 커뮤니케이션에 사용되는 이미지도 수집 대상이다. 여러분이 좋아하는 것뿐만 아니라 좋아하지 않는 것도 모두 수집해보자. 그리고 다른 사람들이 여러분의 의견과는 다르게 반응한 대상을 수집하는 것도 좋은 방법이다. 나로선 견딜 수 없는 인터페이스인데 왜 사람들은 좋아할까라는 물음에 대해 곰곰이 생각해보라.

기억할 것

❶ 대상이 긍정적이든 부정적이든 상관없다. 어떤 대상이든 모두 유용하다.

준비

이미지 포착
가위, 스캐너, 카메라, 이미지 클립핑 소프트웨어, 스크랩북

정리
디지털 아카이브(기록 보관) 소프트웨어, 종이 상자(신발 박스와 같이 커다란 것), 파일 폴더, 스케치북 또는 스크랩북

❷ 여러분은 사냥꾼이다. 주위 환경에 언제나 주의를 기울여 포착할 대상을 찾아내자.

❸ 또한 여러분은 채집가이다. 수집은 여러분의 스케치를 더욱 풍요롭게 만들 것이다.

❹ 대상에 확신을 가질 필요는 없다. 일단 주의를 끌었다면, 그것을 수집하라.

컬렉션 발전시키기

두툼해진 컬렉션을 유용하게 사용하려면 지금까지 수집한 것을 정리하는 습관을 길러야 한다. 수집한 이미지를 정리하는 데에는 일반적으로 세 가지 방법이 있다.

1 컴퓨터를 사용하기

대부분의 이미지들은 이미 디지털화 되어 있으므로 컴퓨터에 저장하는 것이 가장 자연스러워 보인다. 하지만 주의해야 할 점이 있다. 컴퓨터에 저장하게 되면 매우 쉽게 잊는다는 점이다. 주기적으로 저장된 이미지들을 살펴보고 이미지마다 메모를 달아놓지 않으면 이 작업은 의미를 잃게 될 것이다.

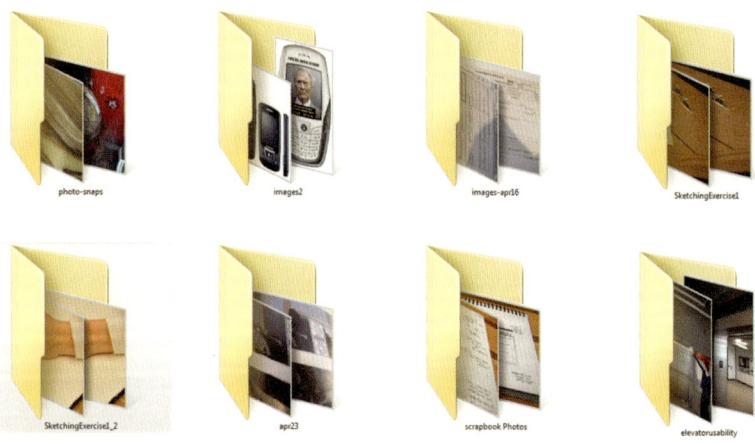

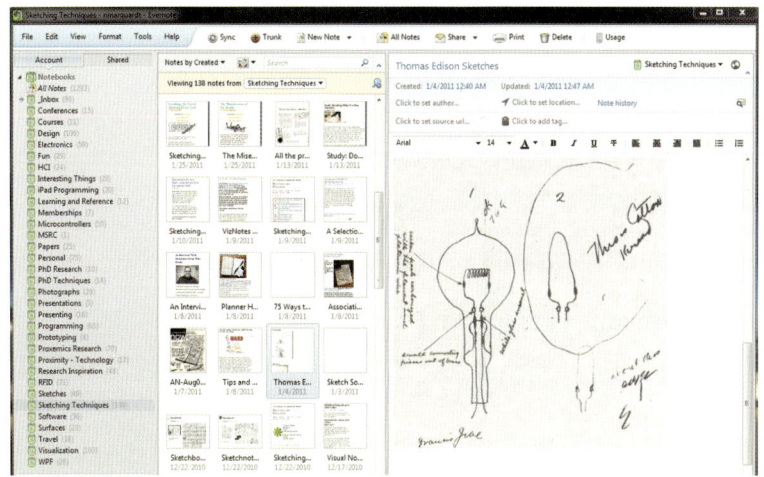

팁

디지털 아카이브를 유지하는 법

수집한 이미지를 정리하고 기록하는 데에 유용한 소프트웨어가 있다. MS의 온노트OneNote와 에버노트EverNote 같은 디지털 메모 소프트웨어가 그것이다. 아래의 스크린샷은 어떤 디자이너가 에버노트를 사용하여 보관한 기록이다. 사진들을 각각의 주제에 맞게 분류하고, 또한 키워드로 태그를 달아 놓으면 후에 이미지를 다시 찾기도 매우 쉽다. (키워드 혹은 메모 내용으로도 이미지를 검색할 수 있다.)

2 종이 상자와 파일철을 활용하기

이미지를 복사한 출력물이나 잘라낸 이미지를 종이 상자나 파일철에 수집하는 것은 가장 간단한 방법이다. 이를 **클리핑 파일**이라고 부른다. 컴퓨터 파일과 마찬가지로 빠르고 쉽게 수집할 수 있다는 데에서 장점을 지니지만, 찾고자 하는 대상을 쉽게 찾을 수 없다는 단점도 있다. 이는 컬렉션에 가장 일반적으로 접근할 수 있는 방법이다.

3 스케치북 또는 스크랩북 만들기

또한 스케치북에 이미지를 수집할 수도 있다. 아니면 스케치북 대신 독립적인 스크랩북으로 비주얼 저널을 만들 수도 있다. 여러분의 이목을 끈 이미지를 잘라내어 스케치북이나 스크랩북에 붙인다. 출처가 어딘지와 같은 짧은 설명이나 메모를 적을 수도 있다. 찾아낸 것이 디지털 이미지라면 출력하여 붙이도록 한다.

이 방법을 추천하는 이유는 아래와 같다.

❶ 이미지를 인쇄하고 잘라 붙이는 행위는 매우 단순하지만, 이미지에 대한 보다 깊은 성찰을 가능케 한다. 또한 왜 내가 이 이미지를 후에 다시 보고 싶은지에 대한 이유도 생각하게 한다.

❷ 이미지를 수집한 당시에는 매우 단순해보였던 메모가 이후에 다시 보았을 때 매우 유용해질 수도 있다.

❸ 이미지를 항상 갖고 다니는 스케치북에 수집했다면, 나중에 이미지를 다시 살펴보기가 수월하다.

메모에는 다음과 같은 정보를 적도록 한다.

- 이미지의 출처를 기입한다. 아이디어의 출처를 표시하는 것은 언제나 중요하다는 사실을 잊지 마라. 이미지에서 느꼈던 좋은 점과 싫은 점을 기입한다.
- 필요하다면 이미지에 직접 스케치하거나 관련 글을 적어놔도 좋다.
- 이미지의 유용한 점이나 개선해야 할 점 혹은, 필요없어 보이는 요소 등을 기입한다.

매일매일 이미지를 추가하면, 이후에는 매우 훌륭한 비주얼 저널이 될 것이다. 아래의 사진들은 비주얼 저널과 같은 스케치북의 샘플 페이지다. 여러 이미지 조각들과 스케치, 그리고 수많은 메모에 주목하라.

컬렉션 사례

컬렉션 사례를 더 자세히 살펴보자.

   아래 그림에는 색깔이 각기 다른 세 가지의 직사각형이 사진 위에 있다. 이 스케치북의 주인은 아마 이 사진이 주석 달린 레이어에 색을 입힌 후, 겹쳐 보여주는 방법을 설명하고 있기 때문에 이 이미지를 수집했을 것이다.

아래 그림은 위의 아이디어를 자신이 작업하고 있던 인터페이스 디자인에 적용해본 것이다.

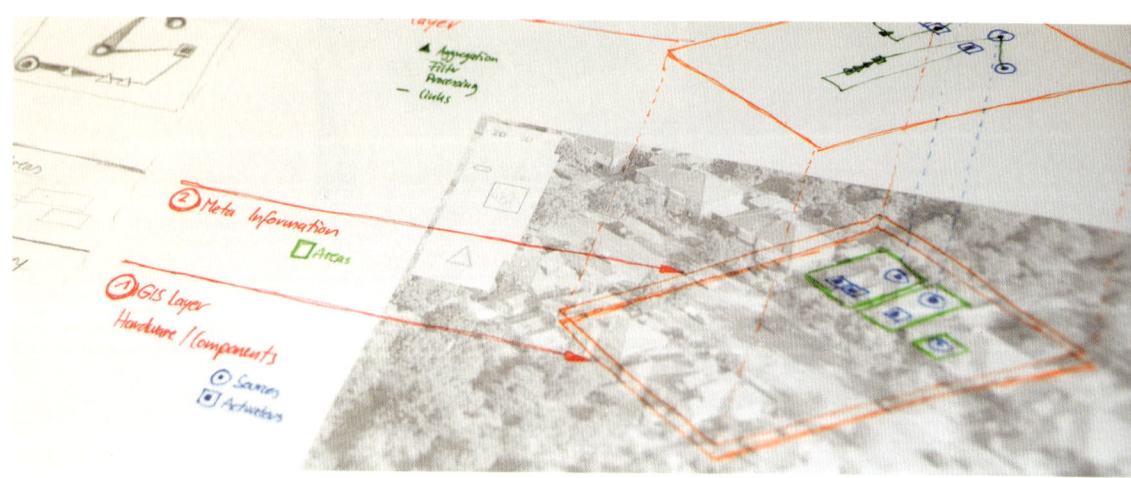

이 그림에는 데이터의 흐름을 시각화한 두 개의 사진이 보인다. 이런 이미지들은 새로운 리서치 프로젝트에 영감을 주기도 한다.

이 그림은 특정 프로젝트에 관련된 리서치 업무 전반의 이미지를 모아둔 것이다. 수집한 이미지에서 중요한 점을 메모로 강조하였다.

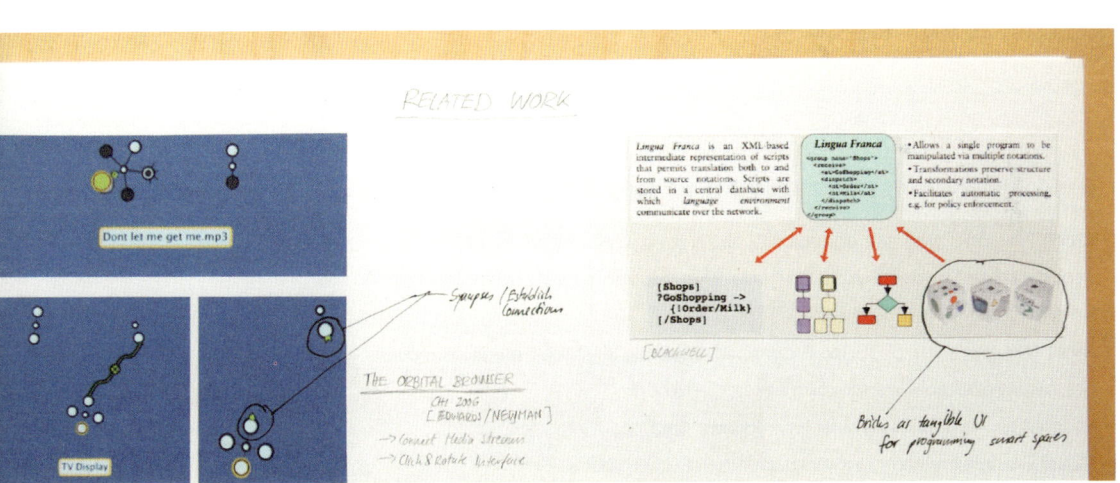

이 마지막 그림은 책에서 스캔한 이미지들이 모여 있다. 이미지를 스캔하면 사본의 질을 높일 수 있지만, 이미지를 디지털 카메라로 찍어두고 나중에 인쇄만해도 충분하다.

이제 알게 된 것

❶ 이미지 사냥과 수집은 끊임없이 이어져야 하는 활동이다.
❷ 작업 시간뿐만 아니라 여가 활동 중에 접하는 모든 이미지에 관심을 가져야 한다.
❸ 자기 자신의 컬렉션을 만들고 정리하는 습관을 길러야 한다.
❹ 대상을 계속적으로 수집하고 규칙적으로 검토하고 있다면 이 모든 것이 순조롭게 되어 가고 있는 것이다.

참고문헌

다음 웹사이트에서 이미지와 코멘트의 컬렉션을 볼 수 있다.

- Jacob Nielson's web site on usability http://www.useit.com
- Jacob Nielsen's AlertBox full of interface bloopers http://www.useit.com/alertbox
- Jacob Nielsen's list of 10 most common interface mistakes made in movies http://www.useit.com/alertbox/film-ui-bloopers.html
- Information Aesthetics. Where form follows data http://infosthetics.com
- Visual Complexity http://www.visualcomplexity.com/vc

2.4

장난감 상자와 수집품

실제 물건을 수집하기

이전 섹션에서는 사냥꾼과 채집자로서의 기술을 발전시키기 위하여 낙서 스케치를 했고, 스냅 사진을 찍었으며 또한 수집된 이미지들을 클리핑하고 스캔했다. 이렇게 시작하는 것은 매우 바람직하며, 지금까지 따라온 여러분도 이러한 연습을 계속 해나가는 것이 매우 가치 있다고 느낄 것이다. 그러나 지금까지 수집했던 것은 이미지일 뿐이다. 실제 우리 세상은 3D로 되어 있고, 실제적인 모양과 생김새, 촉감을 갖고 있는 흥미로운 대상들로 가득 차 있다. 자, 이제 여기부터는 여러분에게 실물 수집을 권하고자 한다. 사냥꾼과 채집가로서 여러분은 새로운 아이디어를 구현하거나 혹은 이전의 아이디어를 재작업하기 위하여 실물을 수집할 수 있다. 수집 행위를 디자인 연습의 초석으로 삼도록 하자.

이미지를 수집했을 때 작업했던 것과 같이, 실물 수집품으로도 여러 작업을 할 수 있다. 메모를 기록할 수도 있고, 다른 이에게 보여줄 수도 있으며, 또 아이디어를 형성하거나 두 가지의 다른 아이디어를 섞는 데에도 사용할 수 있다.

그러나 실물은 그것보다도 더 많은 것을 제공한다. 실물로 작업하는 것은 새로운 아이디어의 창조와 이전 아이디어의 재작업을 보다 풍요롭게 한다. 디자이너의 작품과 그 안에 녹아들어간 제작 과정을 통해 새로운 시각을 얻을 수 있을 뿐만 아니라, 이전 디자이너들이 여러분에게 전하는 교훈까지 함께 수집하게 되는 것이다.

준비

상자, 용기, 선반, 캐비넷과 같이 무언가를 담을 수 있는 수납 상자, 수납 상자를 놓을 수 있는 장소

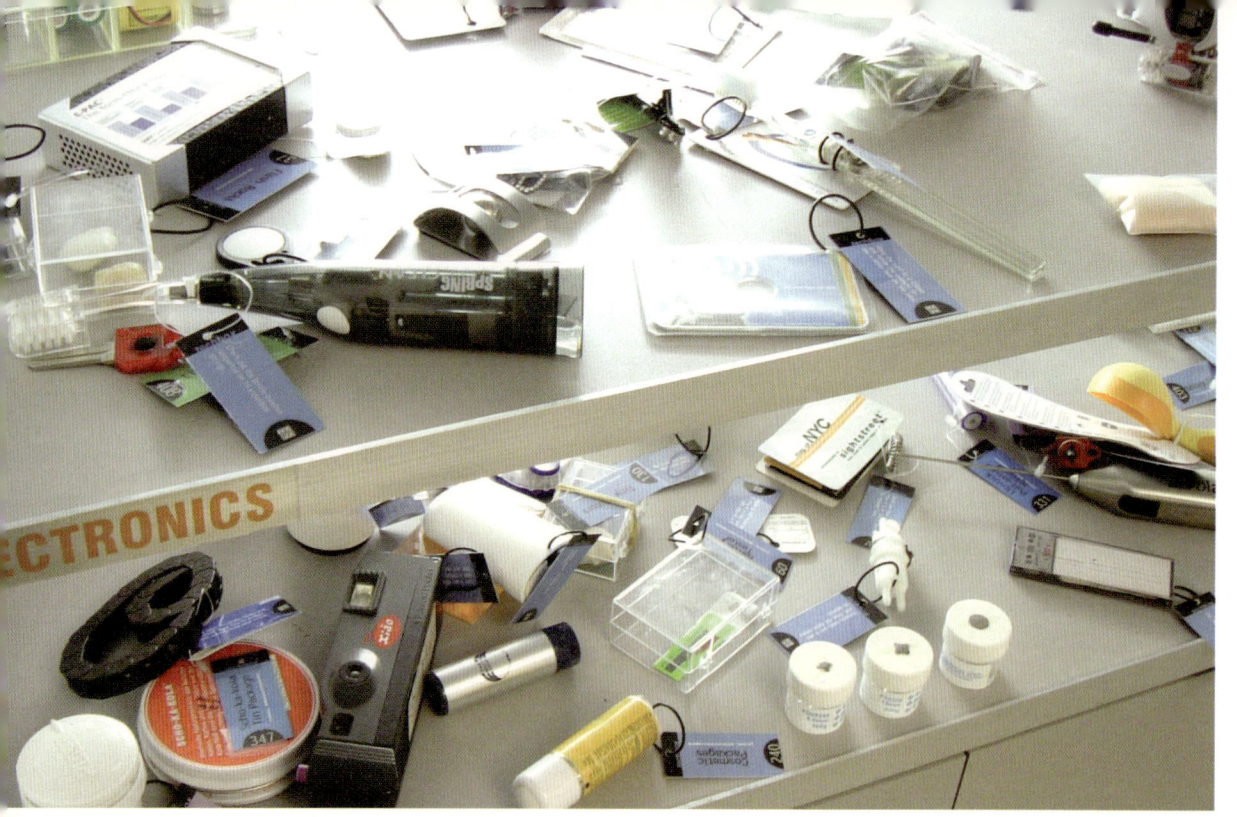

　실물은 또한 분해하거나 다시 합칠 수도 있다. 하나의 실물을 여러 조각으로 분해하는 것은, 실제 디자이너가 어떠한 사고 과정을 통해 그 조립 과정에 이르렀는지를 실제로 경험하게 한다. 또한 물체를 분해하는 것은 새로운 방법으로 조립할 수 있는 여지를 제공하기도 한다. 하나의 물체를 분해하여 다시 섞거나, 아니면 여러 물체의 각기 다른 부분들을 조립하여 새로운 것을 만들 수도 있다.

　또한 3D 물체로 새로운 것을 만들 수도 있다. 즉 3D 물체가 스케치 과정의 일부가 될 수 있다는 것이다. 실물을 조립하여 새로운 하이브리드 물체를 만들어 냄으로써 아이디어와 콘셉트를 시연할 수 있는 것이다.

　여기서 우리는 실물 수집에 관하여 이야기할 것이다. 나만의 저장소를 만드는 방법과 더불어 수집품 관리 도구 그리고 어떻게 보관할 수 있는지에 대해 설명하려고 한다. 그리고 나만의 수집품뿐만 아니라 다른 사람의 수집품 역시 어떤 방식으로 전시하고 공유할 수 있는지에 대해서도 다루고자 한다.

파트 1: 아이디어가 떠오르자마자 수집하기

앞 장에서 제시했던 이미지와 사진 수집을 위한 가이드라인을 여기에도 적용해보자.

❶ **영감을 주는** 대상을 수집하라.
❷ **흥미로운** 디자인을 수집하라.
❸ **불편함을 주는** 사물을 수집하라.
❹ 여러분이 **개선할 수 있는** 대상을 수집하라.
❺ 여러분을 **즐겁게 하는** 것을 수집하라
❻ 여러분이 특별히 관심 있어 하는 것과 **연관된** 것을 수집하라.

수집품을 당장 쓸 수 있을지 아닐지에 대해서는 걱정하지 않아도 된다. 수집품이 관심 분야의 것이라면, 나중에 유용하게 사용될 것이다. 비디오, 오래된 컴퓨터, 기기 혹은 독특한 입력 장치를 가진 게임기 같은 오래된 물건을 찾아보자. 아니면 구입하여 실험해보라. 물건을 완벽히 알아보려면 직접 본인이 실험해봐야 한다.

이런 물건을 찾을 수 있는 장소는 매우 많다. 여러분은 그저 그것들을 제대로 알아보는 법만 알면 된다. 집중하라. 그리고 주위를 관찰하라.

❶ 집, 사무실, 연구소, 스튜디오, 창고, 차고 등에 쌓여 있는 물건들을 훑어 보라.
❷ 벼룩시장에 가보라.
❸ 이베이ebay, 크레이그리스트craiglist와 같이 사람들이 오래된 물건을 파는 웹사이트를 살펴보라. 무슨 물건이든 대부분 누군가에 의해서 사고팔린다.
❹ 달러 스토어나 하드웨어 스토어에도 가보라. 그곳에서 찾을 수 있는 것에 대해 깜짝 놀랄 것이다. 또한 대부분 가격도 저렴하다.

만들기를 위한 물건 수집하기

지금까지 새로운 아이디어를 떠올리는 데에 도움을 주는 물건 수집에 대해 알아보았다. 하지만 그뿐 아니라, 아이디어를 실제로 구체화시킬 수 있는 물건도 수집해야 한다. 이 세상에는 연필만 있는 것이 아니다. 아래에 몇 가지 예가 있다.

1 어릴 적 좋아하던 물건을 수집하기
어릴 적 좋아하던 물건은 이미 수년 동안 사용하는 법을 배워왔던 것들이다. 이런 것을 활용해보자.

2 문구점, 카탈로그 등을 통해 사무용품 수집하기

종이, 포스트잇, 투명한 물건, 풀, 두께가 다른 펜만을 전문적으로 생산하는 분야도 있다. 섹션 3.7에서는 사무용품으로 스케치하는 법에 대해 다룬다.

3 어떤 것을 만드는 데 사용되는 도구와 재료 수집하기

실제 목업 mockup을 만들 수 있는 도구와 재료를 보관하라. 찰흙, 나무, 폼 코어 foem core 등이 이에 속한다. 섹션 3.11에서 이것들의 쓰임새를 다룰 것이다.

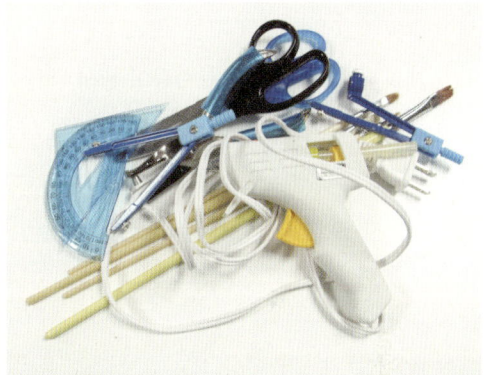

4 컴퓨터 하드웨어를 만들기 위한 전자부품 수집하기

몇 년 전까지만 해도, 전자 하드웨어로 프로토타입을 만들 수 있는 것은 전자공학자나 극소수의 마니아뿐이었다. 그러나 지난 십 년간 많은 변화가 있었다.

예컨대 레고 마인드스톰Lego Mindstorms은 만 7~16세를 겨냥한 로봇 조립 세트다. 여기에는 장난감 로봇을 만들 수 있도록 프로그래밍된 센서와 모터들이 포함되어 있다. 우리는 레고 마인드스톰으로 멀리 떨어진 연인들이 서로를 느낄 수 있는 쥬얼리 프로토타입을 만든 적이 있었다. 한 사람이 쥬얼리를 만지면 먼 곳에 떨어져 있는 다른 파트너가 자기 쥬얼리의 움직임을 느껴 상대에게 반응할 수 있다.

프로그래머는 사람들에게 피젯Phidget이나 아두이노Arduino와 같은 하드웨어 툴킷을 조립시키고 고급 프로그래밍 언어를 이용하여 전자 프로토타입을 개발하게 한다. 피젯은 사람이 센서, 작동기, 스위치를 꽂기만 하면 되는 블랙박스다. 즉 전자 장비에 대한 어떠한 사전 지식도 필요치 않다. 반면 아두이노는 사용자에게 기본적인 전자 지식을 요구한다. 그러나 온라인에서 관련 강좌를 찾을 수 있어 관련 지식 습득이 가능하다. 쉽고 유연하게 접근할 수 있다.

5 다시 사용하고 또 재활용하기

갖가지 훌륭한 물건들이 그냥 버려지고 있다. 어떤 과정에서는 쓰레기였던 것이 어떤 때에는 디자인의 소스를 제공하는 좋은 원천이 될 수도 있다. 목재/철물점, 직물가게, 타일가게, 바닥/카펫 가게 등에 가보면 항상 자투리 부분이 버려진다. 여러분이 얻고자 하기만 하면, 그 가게들은 여러분에게 기꺼이 주거나 혹은 매우 저렴한 가격에 판매할 것이다.

파트 2: 수집품 보관하기

이미지와는 다르게 3D 물체들은 크기가 있기 때문에, 저장할 자리가 필요하다. 아래에서 여러분이 고려할만한 저장소와 보관함을 설명하고자 한다.

1 판지 박스

처음에는 간단하게 박스를 사용해보자. 어디나 박스는 항상 있고, 또 구하고자 한다면 바로 구할 수도 있다. 하지만 판지 박스가 이상적인 저장소는 아니다. 박스가 닫혀 있거나 쌓여 있을 경우, 무엇이 안에 있는지 들여다 볼 수 없기 때문이다. 또 작은 물건들을 상자에 넣으면 상자의 가장 밑바닥으로 떨어져 다시 찾기도 매우 어렵다. 물건이 크면 순식간에 상자더미가 만들어지기도 하고 여러 번 사용하면 망가지기도 한다.

2 책상 서랍

책상 서랍을 사용하는 것도 좋은 방법이다. 책상 서랍도 판지 박스처럼 장점과 단점을 골고루 갖고 있다. 가장 좋은 장점은 바로 사용할 수 있다는 것이다. 지금 당장 사용할 수도 있고, 손에서 가장 가까운 곳에 있는 것도 또한 장점이다. 하지만 상자와 마찬가지로, 작은 물건을 찾기 어려울 뿐만 아니라 공간 또한 한정되어 있다는 단점도 지니고 있다.

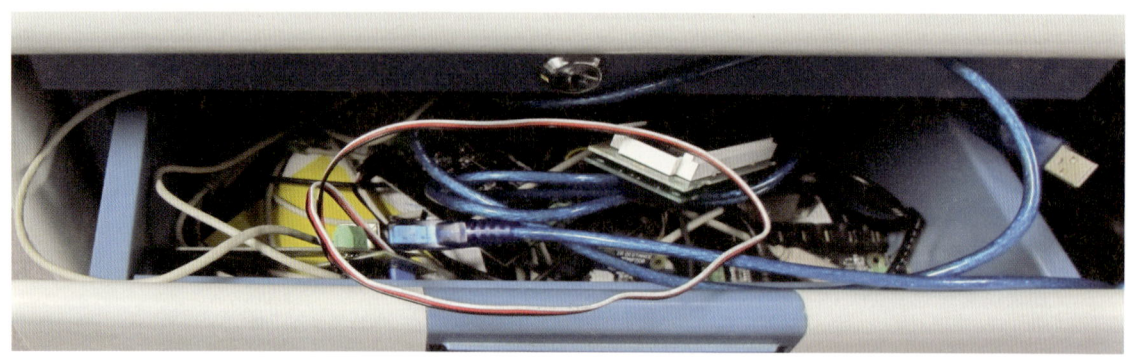

3 취향을 반영할 수 있는 튼튼한 궤짝

궤짝의 질이나 겉모양은 얼마든지 원하는 대로 바꿀 수 있다. 어떤 궤짝을 고르는가에 따라 수집품에 기품을 더할 수도 있다. 예컨대 아이들의 장난감 상자도 가능하고, 여행용 트렁크도 수집 보관소로 사용할 수 있다.

4 공구함을 만들자

만약 여유 공간이 있다면, 모든 물건을 한눈에 볼 수 있도록 만드는 것이 좋다. 공구함과 비슷하게 만드는 것도 하나의 방법이다. 공구함은 시각적인 측면에서 많은 장점을 제공하지만, 구성할 때에 많은 것을 준비해야 한다. 여러분이 가장 좋아하고 영구적으로 쓰는 물건을 보이게 하는 것이 좋다. 하지만 물건들이 항상 제자리에 있어야 하기 때문에 공구함 안의 대상들이 자주 바뀌는 경우에는 적절하지 못하다.

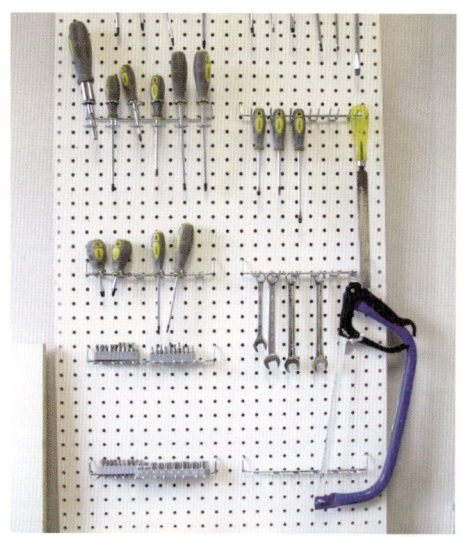

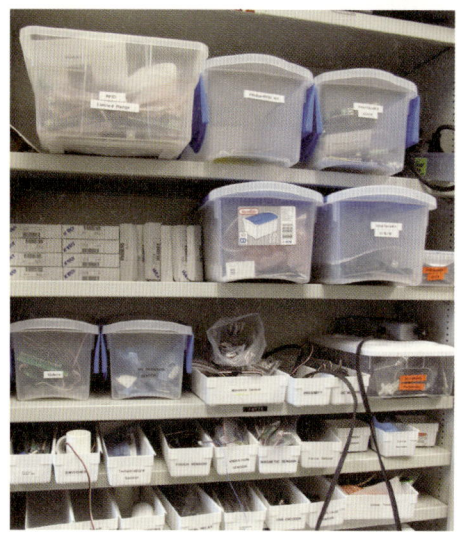

5 안을 볼 수 있는 선반장을 만들자

선반 형식의 장은 수집품 보관에 있어 최적의 장소이다. 모든 것에 쉽게 접근할 수 있고, 또한 모든 것을 볼 수 있다. 정리되지 않았거나 반쯤만 정리된 수집품들은 언제나 흥미로워 보이고 궁금증을 자아내며, 헤집어 찾아낼 수 있다. 각 선반마다 선택적으로 각기 다른 종류의 물건을 올려둘 수도 있다. 이러한 형태의 선반장은 그 자체가 엄격한 정리를 필요로 하지는 않기 때문에 유지하는 데에도 편하다. 아래 그림과 같이 IDEO라는 세계적 디자인 회사는 선반을 도구 상자로 사용한다. 이러한 장면은 세계적인 스튜디오라면 어디에서든 볼 수 있는 광경이다.

팁

정리/보관하기 위해 선반장을 고려하는 것도 좋지만 뭐든지 결정을 미루어서는 안 된다. 일단은 가장 가까이에서 구할 수 있는 판지 박스를 사용하도록 한다. 지금 당장 물건 수납을 시작할 수 있어서 매우 좋은 방법이다.

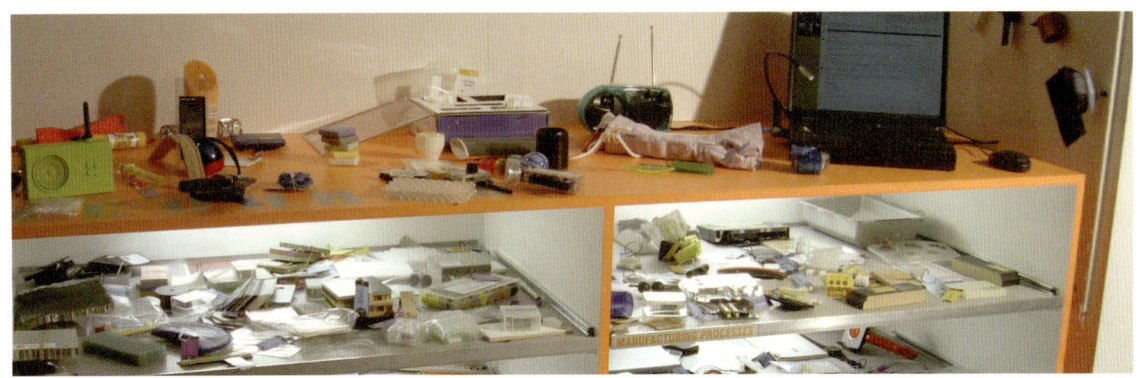

파트 3: 수집품 관리하기

개인적으로 수집한 물건들은 오직 여러분에게만 의미를 갖는 것일 수 있다. 물건을 수집하는 것은 영감을 주는 사물을 모으는 작업이면서 동시에 세상을 주의깊게 바라볼 수 있게 한다. 이렇게 모아둔 수집품들이 많아질수록, 이제 관리의 필요성이 대두된다. 수집품을 제대로 모으고 관리하는 것은 스스로에게도 좋지만, 이후 수집품을 다른 이들에게 공유할 때에도 역시 필요한 작업이다.

수집품을 정리한다는 것은 **수집품 큐레이션**을 하는 것이다. 수집한 물건 하나하나에 추가 정보를 기입해놓은 태그를 달고 또 수집품들을 카탈로그화 해보자. 특히 다른 이들과 공유해야 하는 수집품이라면 이 작업이 매우 중요하다. 왜냐하면 수집품을 보는 사람이 수집한 당사자가 아니라면, 대상에 대한 정보를 알 수 없기 때문이다. 이러한 작업들은 부담이 매우 크기 때문에 비교적 영구적인 수집품들에 대하여 수행하는 것이 좋다.

관리된 수집품 가운데 필자들이 가장 좋아하는 것 중 하나는 빌 벅스턴의 컬렉션이다. 벅스턴 컬렉션은 역사적인 입력장치를 모은 것들이다(참고문헌 참조). 원래 빌은 인터랙션의 역사에 흥미를 느껴, 입력장치와 기타 장치들 중 유용하고 중요한 것들을 따로 모아두었다. 그는 수집품을 상자에 넣어 집안 구석구석에 놓아두고, 책을 집필할 때 이런저런 영감을 얻기 위해 사용하곤 했다.

수집품을 정리하는 방법 가운데 하나는 수집품의 사진을 찍고 웹사이트에서 정리하는 것이다. 이를 위한 가장 쉬운 방법은 수집품의 사진을 찍고 중요 정보들과 연결시키는 것이다. 다시 말하지만 이 작업은 부담이 크기 때문에, 비교적 영구적인 수집품을 대상으로 해야 한다. 다음 쪽의 사진은 벅스턴의 입력장치 컬렉션이다. 첫 번째 사진은 수집품들의 전체 사진, 입력장치를 종류별로 필터링하여 보여주는 기능, 수집품들이 만들어진 각각의 날짜, 가격, 제조사, '자유도degree of freedom'를 보여주는 개요 페이지다.

사례 연구: 벅스턴 컬렉션

벅스턴 컬렉션은 개인이 관리한 수집품 가운데 가장 흥미로운 사례다(참고문헌 참조). 빌은 필요없어 보이는 것을 모으는 사람이었다. 또한 그는 인터랙션의 역사에 흥미를 느껴 입력장치와 기타 장치들 중 유용하거나 중요해보이는 것들을 수집했다. 그는 이 수집품 상자를 집안 곳곳에 두었고, 이를 통해 입력 장치에 대해 글을 쓸 때 여러 영감을 얻어냈다. 이렇게 영감을 받아 만든 작품들은 이전에 수집한 수집품과 함께 두었다.

수년 후, 그는 수집품을 좀 더 전문적으로 관리하여 자기 컬렉션을 많은 사람들이 볼 수 있도록 큰 컨퍼런스(ACM CHI Conference, 2011)에 전시하고자 했다. 또한 사람들이 자유롭게 쉽게 접근할 수 있는 아카이브를 만들고 싶어했다. 그리고 최종적으로는 그의 컬렉션이 다른 단체에 의해 인수되어 계

속 전시되는 영구적인 수집품이 되기를 바랐다.

그래서 그는 종류별로 분류되어 있는(예컨대 키보드, 터치스크린, 타블릿 등과 같은 분류) 선반 캐비닛부터 시작했다. 그리고 모든 물건에 메모를 적어 달았다. 메모에는 그것들을 식별할 수 있는 관리 태그들이 포함되어 있어서, 사람들이 그것을 핸드폰 사진으로 찍으면 더 많은 정보를 볼 수 있게끔 만들어졌다. 사람들은 전시품을 즐겁게 탐사하면서 주변을 걸어다녔다. 빌은 관객에게 다가가 이야기를 건네고 내용을 설명하거나, 특정 기기에 흥미를 느끼는 관객들과 대화를 나누었다.

또한 빌은 실물 수집품에 적합한 관련 웹사이트를 제작했다. 수집품의 사진을 찍어, 컬렉션을 인터랙티브하게 재구성했다. 각각의 대상에 걸맞는 중요한 정보들을 서로 연결할 수 있게 했다. 예컨대 다음 쪽의 사진을 보자. 다음 쪽은 벅스턴 컬렉션 중 입력장치와 관련한 스냅숏이다.

첫 번째 사진은 수집품들의 전체 사진, 입력장치를 종류별로 필터링하여 보여주는 기능, 수집품들이 만들어진 제조날짜, 가격, 제조사 그리고 각각의 자유로움의 정도를 보여주는 개요 페이지다.

이 가운데 하나의 아이템을 클릭하면 해당 아이템에 관련한 요약본이 나타난다.

　마지막으로 장치에 관련한 세부사항을 클릭하면 더 많은 정보가 제공된다. 터치인식 손목시계에 대하여 그가 스캔한 광고, 시계와 함께 제공된 사

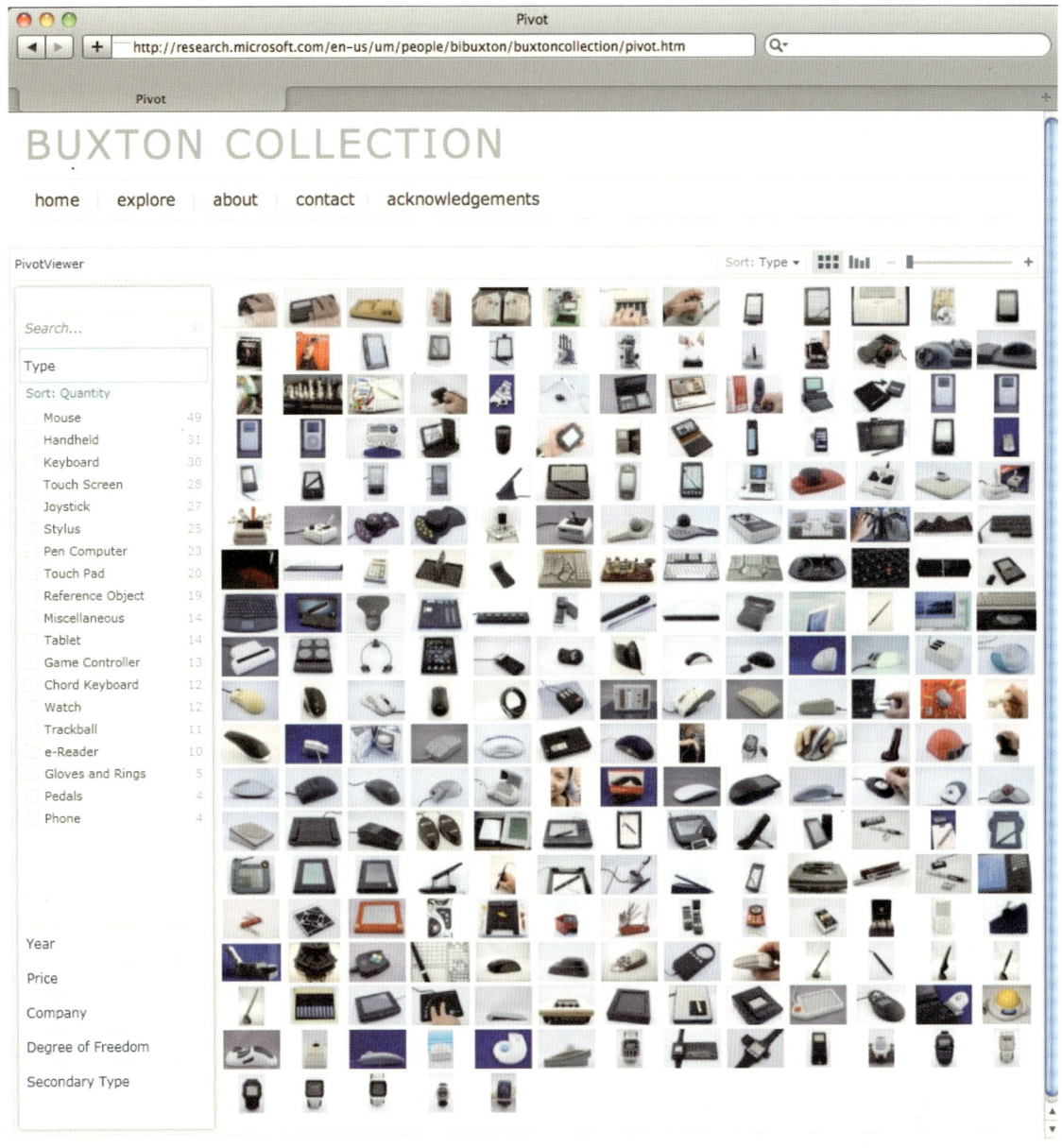

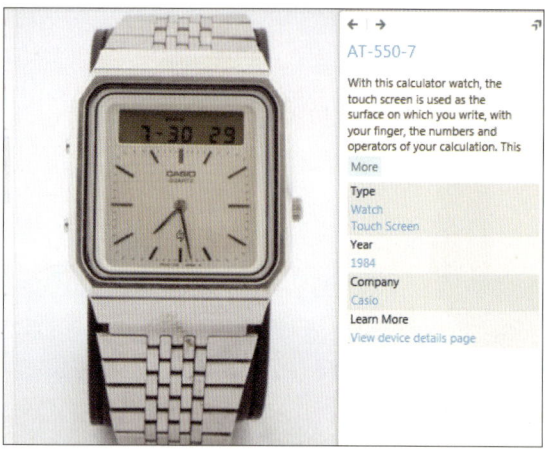
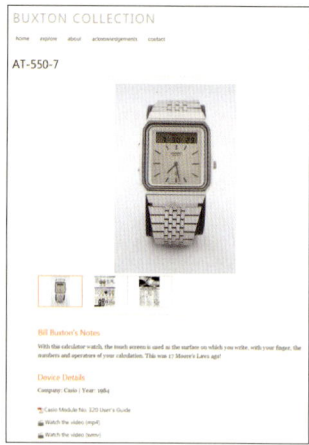

용설명서, 터치인식을 통해 시계에 입력한 수치들을 더하는 작업에 대한 동영상까지 첨부해두었다. 이 얼마나 좋은 자료인가!

이제 알게 된 것

❶ 수집은 디자인 작업의 기본이다.
❷ 실물을 모으는 습관은 아이디어와 토론을 촉발시킨다.
❸ 실물은 분해할 수도 있고, 새롭게 조립을 하는 데에도 사용할 수 있다.
❹ 수집품을 어떻게 저장하고 정리하는가를 통해 더 많은 것을 배울 수 있다.
❺ 수집품이 늘어날수록 더 적극적으로 관리한다면 수집품의 유용성이 크게 늘어날 것이다.

참고문헌

- **The Buxton Collection** http://research.microsoft.com/en-us/um/people/bibuxton/buxtoncollection
- **Phidgets** http://www.phidgets.com
- Greenberg, S. and Fitchett, C. (2001) 「Phidgets: Easy Development of Physical Interfaces through Physical Widgets.」 Proceedings of the ACM Symposium on User Interface Software and Technology – ACM UIST'01. ACM Press, pages 209~218, November 11~14.
- **Arduino** http://www.arduino.cc

2.5

찾은 물건 공유하기

대화하기 위해 서로의 수집품을 관찰하기

준비

스케치, 사진, 수집품. 여러분의 수집품을 관람할 친구와 팀원

이쯤 되면 여러분은 실제 세계의 활동적인 사냥꾼이며 샘플러다. 여러분은 낙서 스케치, 사진과 스냅숏, 오려 붙이거나 스캔된 이미지, 또 다른 여러 물건의 수집가다. 여러분은 이제 어느 정도의 물건들을 모을 수 있을 것이다. 여러분은 스케치, 사진, 클립, 메모가 적힌 이미지, 그리고 스케치를 보관할 스케치북, 스크랩북, 폴더, 박스는 물론 선반까지 보유하고 있을지도 모른다. 그렇다면 이제 여러분의 팀 동료에 대해 궁금한가? 그들이 수집한 건 무엇일까?

여러분이 다른 사람들의 수집품을 보게 된다면, 여러분이 수집한 것과 매우 다르다는 것을 알게 될 것이다. 종종 다른 사람들의 수집품이 너무 마음에 들고 또 명쾌하여 놀랄지도 모른다. 대화가 시작될 것이고, 공유를 통해 무언가를 확실히 얻게 될 것이다.

❶ 친구들의 수집품은 새로울 것이며, 또 여러분에게 새로운 영감을 줄 수 있는 소스가 된다.
❷ 여러분이 수집한 수집품들에 대한 친구들의 견해는 새로운 각도에서 수집품을 바라볼 수 있게 한다.

물론 자신만의 컬렉션은 다른 목적을 위해 만들어졌을 수도 있겠지만 공유의 관점에서 보는 것이 중요하다.

예컨대, **일기**는 전통적으로 다른 사람이 보기 원치 않는 굉장히 사적인 것들과 생각들에 대한 기록이다.

저널은 종종 반+개인적인 기록으로 시작하지만 보통, 일부 혹은 전체를 공개할 대단히 중요한 목적을 가지고 있다.

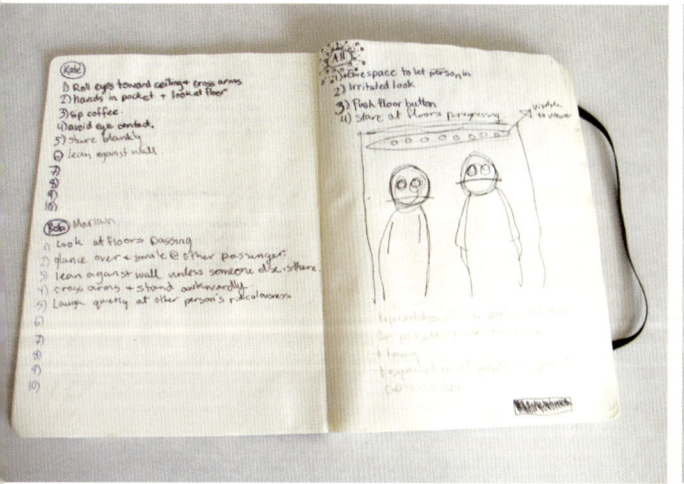
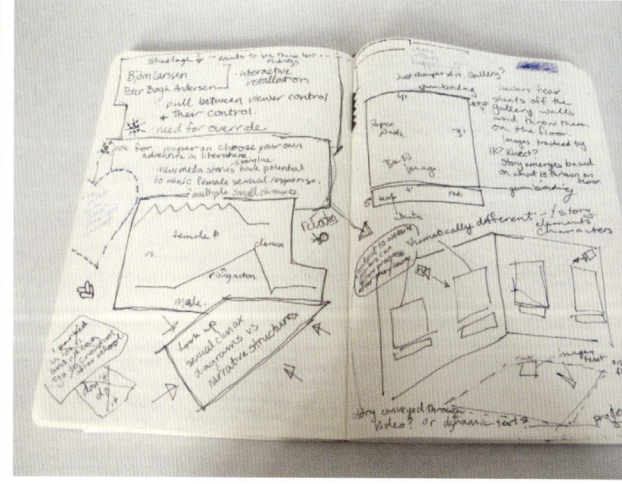

스크랩북은 대체로 다른 이에게도 보여주고, 또 말하기 위해 제작된다. 스크랩북은 개인적 친분이 있는 동료들과 공유하기 위해 제작된 쇼케이스이며, 종종 더 잘 표현하기 위해 꾸밈이나 주석을 포함하기도 한다. 그래서 여러분이 발견한 물체에 대한 다른 사람의 행동을 그려넣기도 한다.

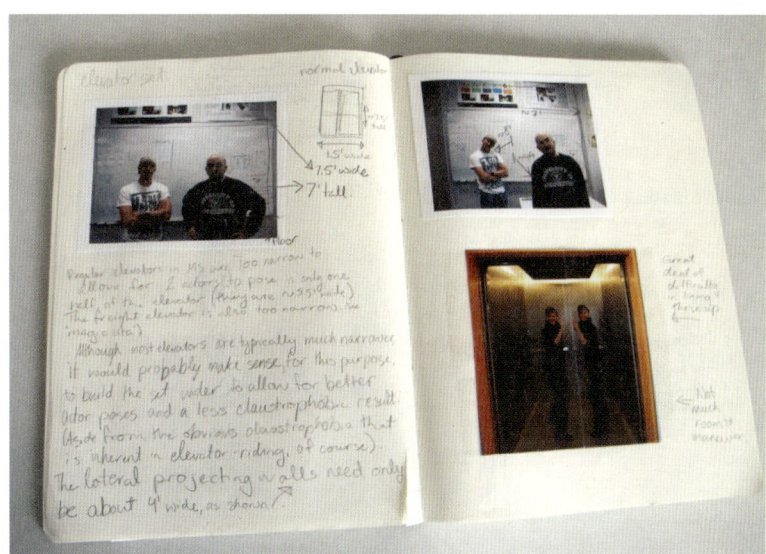

노트

수집품을 공유하지 않고 개인적으로 소유하기

이 섹션에서는 공유의 이점을 설명했지만, 우리는 여러분이 스케치나 수집품을 공개하지 않고 사적인 영역으로 지키고 싶어하는 것에 대해서도 동의한다. 이는 전혀 문제될 것이 없다. 때때로 아이디어를 공개하게 되면 저작권을 침해받을 수도 있다. 이러한 문제들은 매우 민감하기 때문에 아마 여러분은 아이디어를 타인에게 보여주기 전에 그 아이디어를 발전시킬 시간을 갖기 원할 수도 있다. 그리고 스케치나 수집품들이 다른 사람의 디자인에 반영될 수도 있기 때문에 여러분의 것을 공유하는 일이 매우 치명적으로 느껴질 수도 있다. 그러므로 사적인 아이디어는 따로 스케치 일기 형식으로 분리 보관하고, 공유할 만한 아이디어들은 저널이나 스크랩북으로 보관하는 것이 좋을 것이다. 어떤 방식으로 보관하든 간에, 그것은 여러분에게 자유로운 스케치와 수집 행위에 도움을 줄 것이다. 특정 아이디어를 공유하는 것은 부차적인 것이므로, 공유 행위가 가장 우선적인 목적을 방해해서는 안 된다.

디스플레이 케이스, **스케치보드**, **웹 컬렉션** 외 몇 가지 수집품은 원래부터 공개를 목적으로 한 것이다. 함께 보고 토론할 수 있도록 내용을 명확하게 정리해야 하며, 또 관련된 메모를 기록해야 한다.

스케치와 수집품의 공유 여부 관리하기

여기에서는 스케치와 수집에 있어 사적인 것과 공유해야 할 것, 그리고 협업해야 할 것 사이의 균형을 맞추기 위해 갖춰야 할 몇 가지 단순하고도 유용한 단계들을 설명하고자 한다.

1 만약 어떠한 것이 사적이어야 한다고 느낀다면, 당장 스케치, 혹은 스크랩북 다이어리를 만들어라. 사적으로 진행하는 것을 망설이지 말고 쑥스러워서 스케치를 중단하는 일도 없어야 한다. 특히 활동적이고 다작을 하는 스케처나 수집가가 되기 위한 공부를 할 때에는 모든 것을 사적 영역에 두는 것이 좋다.

2 다른 사람들과 공유할 스케치, 스크랩북 저널을 만들어보자. 그리고 그것을 계속해서 유지해나가는 것에 도전해보자. 이것을 첫 번째 단계로서 다른 작업과 함께 시작할 수도 있고, 아니면 그 이후에 같이 할 수도 있다. 하루에 몇 분씩 생각할 시간을 내어 어떠한 것이 저널에 포함되어야 할지 결정하고, 그것들을 옮겨놓아라. 여기에는 몇 가지 긍정적인 효과들이 있다.

- 무엇을 공유할 것이고, 공유를 한다면 좋은 점이 무엇인지에 대해 자신과 지속적인 대화를 할 것이다.
- 공유된 저널로 스케치를 옮길 때에는, 스케치를 복사하는 것보다는 다시 그리는 것이 좋다. 다시 그리는 과정이 자신의 아이디어를 확인하고 다른 사람의 아이디어를 조정해 나가는 중요한 재고의 순간이라고 느낄 것이다. 재 스케치는 사실 가장 적극적인 스케치 연습법의 일부다.

이제 알게 된 것

- 공유는 아이디어를 활성화하는 데에 있어 매우 좋은 방법이기 때문에, 여러분은 적극적인 공유를 위해 일하기를 원하게 될 것이다.
- 스케치를 공유하지 않고 사적으로 소유하는 것에 망설이지 말라. 공유건 사유건, 어느 것이든 모두 다 좋다.
- 공유를 하기 위해 다시 그리는 작업은 많은 장점을 갖고 있다.

Sketching
User Experiences
the work book

3

개별 이미지

이 장에서의 스케치는 여러분 머릿속에서 아직 완전히 구체화 되지 않은 사용자 경험을 하나의 장면으로 표현하는 것이다. 여기서 알려주는 것은 예술가가 되는 법이 아니라 스케치를 하는 다양한 방법이다.

3.1 스케치 준비하기는 연필로 종이 위를 산책하는 훈련이라 할 수 있다. 자신을 표현하고 다른 사람의 스케치를 비평하기 위한 드로잉 준비 활동이다.

3.2 보고 있는 것을 스케치하기는 여러분이 보고 있다고 생각하는 것이 아닌, 실제로 보고 있는 것을 드로잉하는 훈련이다.

3.3 스케치 어휘는 다양한 목적에 맞게 만들고 활용할 수 있는 기본적인 스케치 구성 요소를 소개한다.

3.4 스케치 기본 요소는 드로잉, 주석, 화살표, 노트와 같이 스케치를 구성하는 기본 요소를 다룬다.

3.5 공동 스케치는 소규모 공동 디자인 작업의 일환으로서 스케치의 역할에 관해 이야기한다.

3.6 드로잉을 위한 슬라이드웨어에서는 디지털 드로잉 도구의 강점과 한계를 알아본다.

3.7 사무용품으로 스케치하기에서는 간편하게 수정 가능한 디자인을 하기 위해 사무용품을 활용하는 법을 보여준다.

3.8 템플릿은 스케치에서 변경 없이 계속 등장하는 부분을 미리 배치하고 또 사용 후 재사용하는 방법을 소개한다.

3.9 포토 트레이스는 전문적으로 보이는 스케치 요소를 재사용 가능한 형태로 만들고, 편집하는 법을 알려준다.

3.10 하이브리드 스케치는 스케치와 사진을 겹쳐서 스케치에 세부적인 부분을 추가하거나, 혹은 지나칠 수 있는 부분을 강조하여 보여준다.

3.11 폼보드를 사용해 스케치하기에서는 폼보드 시트를 몇 장 가지고 물리적 제품 모형을 간단하게 만들어볼 수 있도록 한다.

3.1

스케치 준비하기
언제든지 배울 수 있는 스케치 훈련

지금부터 배워 볼 스케치는 매우 간단하지만 스케치를 쉽게 할 수 있도록 도와줄 수 있다. 또한 사물을 관찰하고 비평하는 능력을 길러줄 것이다. 하지만 드로잉 능력을 향상시키는 '어떻게 그리는가'에 관한 연습이 아니다. 그보다는 유연하고 자유롭게 스케치하는 능력을 배양시켜 언제든지 배우고 얻을 수 있게 하기 위함이다. 스트레칭과 같이 달리기 하기 전에 하는 준비운동이라고 생각할 수 있다.

준비
종이, 연필, 표면이 평평한 작업대, 편안하게 앉을 수 있는 곳, 이야기 해줄 사람, 이야깃거리, 드로잉을 할 최소한 한 명 이상의 사람(몇 명 더 있으면 좋음)

다양한 선 그리기 훈련

이 훈련은 파울 클레Paul Klee가 말한 "드로잉은 종이 위에서 산책을 하고 있는 선이다"라는 내용을 응용한 것이다. 이 훈련을 할 때 여러분은 이야기를 해줄 한 사람이 필요하고, 이 이야기를 듣고 연필로 드로잉할 한 명 혹은 그 이상의 사람이 필요하다. 파트 1은 여러분이 '연필로 종이 위를 산책하는 것'에 대한 내용이다. 이것의 목적은 의미 있는 드로잉을 하기보다는 다양한 형태의 선을 그려보는 데 있다. 두 번째 파트는 여러분이 그린 다양한 선들의 차이점이 무엇인지를 발견하는 내용이며, 이는 평가 능력 향상을 위한 간단한 훈련이라 할 수 있다.

파트1: 연필로 종이 위를 산책해보기

1 종이, 연필 그리고 드로잉 판(간단한 클립 보드가 적당함)을 준비한다. 어떤 연필이든 가능하나 상대적으로 부드러운 연필(2B, 3B, 4B)이 다양한 두께의 선을 쉽게 표현할 수 있으므로 더 좋다.

2 드로잉을 하기에 편안한 자세를 취한다. 드로잉하는 손을 자유롭게 움직일 수 있어야 한다. 잘 깎인 연필을 쥐고 종이 위에 스케치를 시작한다.

3 여러분이 스토리텔러라면, 드로잉 할 사람들에게 무엇을 이야기해줄지 알고 있어야 한다. 자연스럽게 이야기를 끌고 갈 수 있다면 그 자리에서 이야기를 꾸미는 것도 가능하다. 혹은, 문서에서 읽은 실제 이야기를 활용하는 것도 가능하다. 구체적이지 않은 느낌이나 감정, 그리고 액션이 풍부하게 담긴 동화를 추천한다. 액션이 꽉 찬 감성적인 이야기를 선택하라. 예를 들면 카누를 타고 급물살을 헤쳐나갈 때 노를 놓쳐버린 이야기라든지, 혹은

산에서 길을 잃고 우연히 곰을 만난 이야기 같은 것들 말이다.
　스토리텔러는 드로잉하는 사람이 준비가 되었는지 확인하고 이야기 시작을 알린다. 처음부터 끝까지 감정을 잘 표현하며 이야기하거나 읽는다.

스토리텔링은 대략 15분 정도면 충분하다. 스토리텔러는 자유롭게 걸어다닐 수 있다. 이야기를 지속하는 데에 도움이 되기 때문이다. 단, 스토리텔러는 드로잉하는 사람이 의식하지 않도록 그리는 것을 바라보지 말아야 한다.

4 드로잉하는 사람은 종이에 잘 깎인 연필을 대고 아래와 같은 규칙을 따르면서 훈련을 시작하도록 한다.

- 훈련하는 동안 연필을 종이에서 떼지 않는다.
- 드로잉하면서 그린 것을 지나치게 살펴보지 말라.
- 선의 위치는 중요하지 않다. 마음껏 종이 전체를 앞뒤로 가로지르며 돌아다녀라.
- 이야기를 듣는 데에 집중하여 그 이야기를 반영해 선을 그리도록 하고, 이야기 속의 액션이나 감정이 변화함에 따라 선을 그리는 방식을 바꾸어 보라.

5 이야기가 끝나면 드로잉도 끝낸다. 이때 각자 연필 스케치 결과물을 하나씩 가지게 될 것이다. 여기서 몇 가지 연필 스케치 예시를 보자. 모두 다르다. 결과물에는 잘한 스케치도, 못한 스케치도 없기 때문에 평가해서는 안 된다. 사람들이 소묘를 하려 했던 것이 아님을 기억하라.

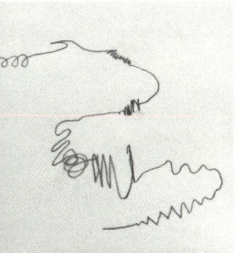   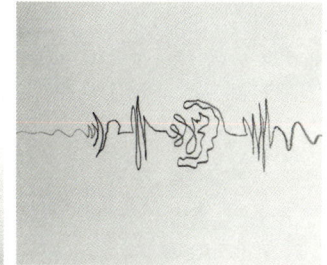

파트 2: 다양한 형태의 선 발견하기

여기에서 여러분은 관찰자가 된다. 스토리텔러와 드로잉하는 사람 모두 같다. 스케치를 한데 모으고, 각 스케치에 다음 파트를 적용한다. 스케치에 대한 '소유권'은 무시하도록 한다. 즉, 스케치를 그린 사람이 누구인지 모르는 것이 더 낫다. 이것을 평가하는 것이 아니다. 이미 언급하였듯이 잘한 스케치나 못한 스케치는 있을 수 없다. 이는 중요하다. 이 책에서 여러분은 관찰하고 발견하는 법을 배울 것이기 때문이다. 선을 이용해 어떤 것을 할 수 있는지에 대한 자신만의 어휘를 습득하는 것이다. 또한 긍정적인 발견의 한 과정으로서 평가하는 법을 배울 것이다.

1 테이블이나 벽에 스케치를 붙인다.

2 붙여둔 스케치를 자세히 관찰해본다.

3 관찰한 선에 대해 토론해보라. 어떤 부분에서 성급함이나 두려움이, 또 어떤 부분에서 흥분이나 환희가 보이는가? 여러분이 들은 이야기에 이러한 부분이 있었는지에 대하여는 걱정할 필요가 없다. 여러분은 지금 보고 있는 것이 무엇인지, 동료들이 여러분의 해석에 대해 어떤 의견을 가지고 있는지, 서로 의견이 다른 부분이 어딘지를 서로 찾고 있는 것일 뿐이다.

4 스케치에 대한 다른 사람들의 해석과 반응을 이해하려고 노력하는 데 시간을 들여라. 여기서 여러분은 많은 것을 배울 것이다. 만약 누군가가 내가 한 스케치를 비평하더라도 방어하려 하지 마라.

5 스케치를 여러 각도(위-아래, 측면 등)로 돌려서 보고 다시 관찰해보라. 생각한 것들이 바뀌는가? 그것은 늘상 바뀌곤 한다.

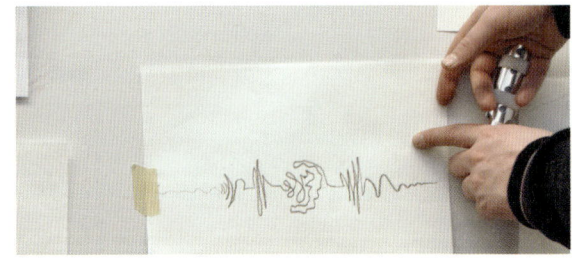 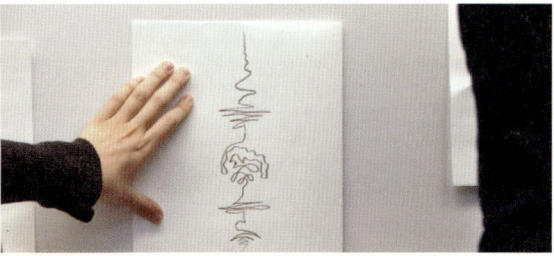

이 훈련을 통해 여러분은 즉흥적이고 자연스럽게 그리는 법을 배울 수 있게 될 것이다. 여기서 중요한 것은, 여러분은 그저 연필을 움직이는 것이지, 그림을 그리는 것은 아니라는 점이다.

또한 이 훈련은 비평하는 법을 상대적으로 좀 더 쉽게 배울 수 있도록 한다. 다시 말해, 이 훈련에서 비평은 발견의 한 과정이다. 비평은 여러분이 의도한 것이나 다른 사람들이 보고자 하는 것을 보는 대신, 실제로 무엇이 보이는지 정확히 보는 법을 배우는 과정이다. 이 훈련은 그러한 발견의 과정을 경험하도록 도울 것이다.

응용하기

각기 다른 종류의 연필, 펜, 드로잉 재료를 사용해보라. 다른 크기와 종류, 재질의 종이를 사용해보는 것도 재미있을 것이다.

드로잉하는 사람과 스토리텔러 모두 드로잉이 어떻게 전개되는지 볼 수 없도록 가려보자. 연필을 잡는 방식도 다양하게 바꾸어보자.

 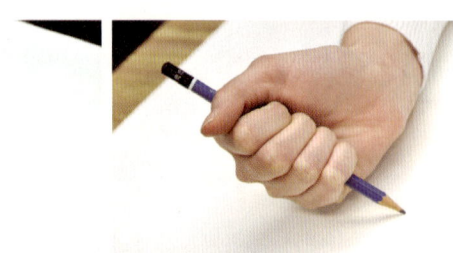 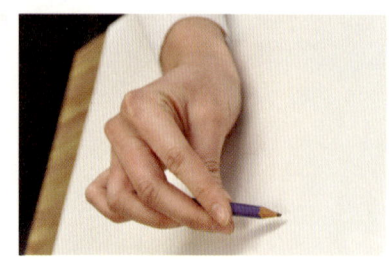

이제 알게 된 것

❶ 단순한 선도 표현에 따라 엄청 달라질 수 있다.
❷ 드로잉하는 사람의 의도가 보는 사람의 해석과 항상 일치할 수는 없다.
❸ 비평은 발견의 한 과정이다.
❹ 비평은 정직한 관찰에 관한 것이다.

참고문헌

몇몇 웹사이트는 이러한 훈련 방식에 대한 다양한 아이디어를 소개하고 있다. 이와 같은 준비 훈련을 여러 번 반복할 것이기 때문에, 여러 아이디어를 혼합해보기 위해서라도 좀 더 다양한 방식을 시도해보리라 생각한다. 다음과 같은 문장으로 검색하면 몇 가지 자료들을 찾을 수 있을 것이다.

- Taking your pencil for a walk
- Taking a line for a walk

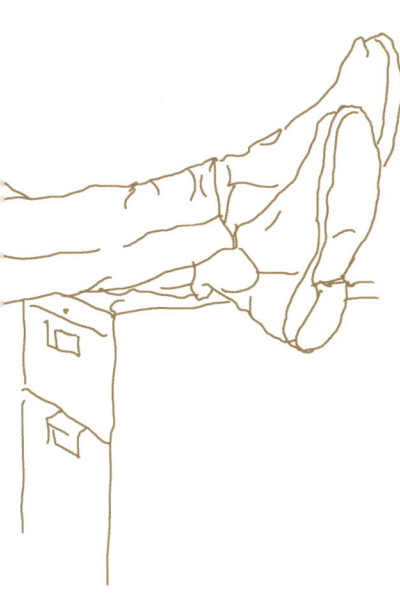

3.2

보고 있는 것을 스케치하기

정확하게 그리는 법 훈련하기

드로잉을 배우는 과정의 대부분은 현재 보고 있는 것을 종이 위에 그대로 재현하는 연습이 차지한다. 그러나 이는 대다수의 사람들에게 어려운 일이다. 그중 가장 큰 어려움은 무엇을 보았든지 본 것을 그대로 기억하지 못하는 데 있다. 우리의 기억은 늘상 실제 본 것에서 많은 세부사항을 배제하거나 왜곡하기 때문이다.

  예를 들면, 한 사람을 쳐다보고 그 사람의 눈이 머리에서 어느 정도 위치에 있는지를 빠르게 파악해보라. 대부분의 사람들은 위에서 3분의 1 지점에 위치해 있다고 말 할 것이다. 그러나 실제 눈은 보통 중간에 위치해 있다. 눈이 위에서 3분의 1 지점에 있다는 생각으로 한 드로잉은 왜곡되어 보일 것이다.

준비

종이, 연필, 보고 그릴 드로잉 이미지, 드로잉하기 위한 평평한 도구(테이블, 보드, 이젤), 앉기에 편안한 곳 (만약 이젤을 사용한다면 서 있기에 편안한 곳)

  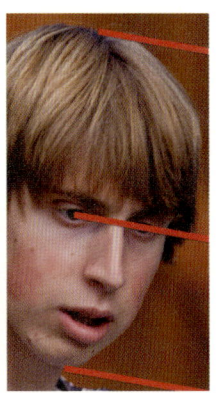

스케치를 잘하는 사람은 그가 보고 있다고 '생각하는 것'을 그리지 않고 그가 '실제 보고 있는 것'을 그릴 것이다.

보고 있는 것을 그대로 그리는 훈련

이 간단한 드로잉 훈련에서 여러분이 보고 있다고 생각하는 것을 그리기보다 여러분이 보고 있는 것을 그리는 법을 배우게 될 것이다. 이 훈련의 목적은 실제로 여러분 앞에 있는 것을 그리는 것과 좋은 드로잉을 하는 것이 서로 어떤 상관관계가 있는지에 대하여 이해하는 것이다. 실제로 보고 있는 것을 세심하게 그리면서 여러분은 드로잉 능력이 빠르게 향상되고 있구나 하고 깨닫게 될 것이다. 수십 년간 비예술가들에게 드로잉을 가르쳐 온 베티 에드워즈Betty Edwards는 그의 멋진 책 『Drawing on the Right Side of the Brain』(『오른쪽 두뇌로 그림 그리기』 나무숲, 2000)에서 드로잉 스킬을 소개하기 위해 이 훈련을 사용한다. 특히, 그는 드로잉을 거꾸로 뒤집어서 보는 것이 명확한 관찰을 하는 데 도움이 된다고 말한다. 드로잉에 대한 좋은 지침서가 될 수 있기에 이 책을 권한다.

이 훈련은 세 파트로 나뉘지만 그릴 대상은 여러분에게 익숙한 것들이다. 사람들은 보통 다른 어떤 대상보다 사람에 대한 이미지를 명확하게 알고, 익숙하게 그릴 수 있기 때문에, 베티 에드워즈의 방식과 같이 사람을 그릴 것을 추천한다.

첫 파트에서는 여러분이 상상하는 사람을 그릴 것이다. 이를테면, 마음의 눈으로 보는 것들 말이다. 두 번째 파트에서는 특정한 사람의 그림을 보고 그대로 그릴 것이다. 세 번째 파트에서는 이 그림을 거꾸로 뒤집어서 그릴 것이다. 그림을 거꾸로 뒤집어 봄으로써 여러분은 드로잉을 단지 선들의 연속으로 인식하게 될 것이다. 여러분이 알아야 할 것은 머릿속에 있는 것을 그리는 것과 드로잉에 대해 해석한 것을 그리는 것, 그리고 여러분이 실제로 보고 있는 것을 그리는 것 간의 명확한 차이를 아는 것이다.

파트 1: 상상하여 그리기

1 종이와 연필 그리고 드로잉 판을 준비하라. 조금 움직이며 그리기를 원한다면 단순한 클립 보드가 사용하기에 편할 것이다. 부드러운 연필(2B, 3B, 4B)을 쓰는 것이 상대적으로 좋지만 어떤 연필이든 상관없다.

2 자유롭게 손을 움직이며 드로잉하기 위해 편안한 자세를 취한다.

3 사람을 한 명 그려라. 우리는 매일 사람들을 만나며, 그들이 어떻게 생겼는지에 대한 이미지를 가지고 있다. 그중 한 사람을 상상해보라. 그리고 그 사람을 그려보라. 이러한 훈련이 어려울지도 모르나 한번 시도해보라.

4 모두 끝냈다면 그린 그림을 반드시 가지고 있어라. 파트 2에서 이 그림이 필요하게 될 것이다. 아래는 위와 같은 간단한 지시사항들을 듣고 예술가가 아닌 일반 사람이 그린 그림이다.

파트 2: 인체 드로잉 보고 그리기

두 번째, 세 번째 파트에서 여러분은 선으로 그려진 사람을 보고 따라 그리게 된다. 여기서 대상을 사람이라고 인식하지 말고 형태가 있는 선이라는 점에 집중해야 할 것이다. 처음 시작하는 분들은 린제이 맥도널드Lindsay MacDonald의 '션의 오후Sean's Afternoon'라는 아래 그림을 사용하라.

1 시작하기 전, 드로잉 도구을 준비하고 편안한 자세를 취하라.

2 바로 앞에 '션의 오후' 그림을 둔다. 그림 속 사람을 보고 그 사람을 그려보라. 그림을 그대로 그리되, 사람의 이미지를 그린다기보다는 보고 있는 선의 집합을 그대로 옮겨놓는다고 생각하고 그리도록 하라.

여러분은 그리면서 수정하지 않고 그대로 계속 이어 그리는 것이 얼마나 어려운지 깨닫게 될 것이다. 어떻게 그리든 결과적으로 선은 틀어지기 때문이다.

하지만 이러한 훈련은 체계적으로 그림을 그리는 데 도움을 줄 것이다. 한쪽 끝에서 시작하여 반대편으로 그려나가라. 눈으로 선을 따라가라. 각 선의 길이를 생각하고 어떻게 구부러졌는지, 혹은 어떤 방식으로 뻗어나가는지 생각하며 그려라. 선이 주변 선들로부터 얼마나 떨어져 있는지를 확인하고 해당 위치와 동일한 곳에 그리도록 한다. 다리, 몸, 머리 혹은 의자라는 이미지가 아닌 여러분이 보고 있는 선만을 따라 그려라. 몸의 각 부분을 나누고 구별하여 그리지 않아야 한다. 손이나 발을 구분해 그리지 마라. 이 그림은 단순히 선의 집합일 뿐이다. 모두 잘 마쳤다면 이 그림을 가지고 있는다.

파트 3: 실제로 보고 있는 것을 그대로 그리기

세 번째 파트에서도 여러분은 같은 그림을 보고 따라 그릴 것이다. 그러나 이번에는 대상을 사람으로 인식하는 것이 아니라 선이라는 사실을 인식하도록 하기 위해, 따라 그릴 그림의 방향을 바꿀 것이다. 방향을 바꿈으로써, 선이 시각적으로 특별한 의미를 담지 않게 되고 여러분은 스스로 선에 집중하게 됨을 느낄 수 있을 것이다.

3.2 보고 있는 것을 스케치하기

　이미지 방향을 거꾸로 뒤바꿔 선에만 집중할 수밖에 없도록 함으로써, 각각 선이 시각적 의미를 담지 못하도록 하는 이러한 학습 방법은 사람들이 드로잉하는 동안 자신이 관찰한 것에 좀 더 집중하게 한다.
　베티 에드워즈가 강조했듯, 이미지를 다른 각도로 돌려서 보는 방법으로 대부분의 사람들은 자신이 보고 있는 것을 좀 더 면밀하게 관찰하게 되었다.
　거꾸로 방향이 바뀐 그림을 따라서 그려보자.

1 '션의 오후' 그림을 자신의 앞에 둔다. **이미지를 돌려** 상, 하가 바뀌도록 놓는다. 이렇게 이미지의 방향을 바꿔서 그림이 한 사람의 이미지가 아닌 선의 집합으로만 보이도록 한다. 중요한 점은 이 방법을 통해 여러분이 이미지를 관찰하는 법을 바꿔야 한다는 점이다. 이미지를 한 번에 그려진 선의 집합으로 보는 것이 매우 중요하다.

101

2 그림을 그대로 따라 그려라. 단 여러분이 사람의 이미지를 보고 그리는 것이 아니라 선의 집합을 그대로 옮겨 그린다는 점에 주목하라. 이 방법은 어렵지만 신선한 방법이다. 여러분은 선을 식별 가능한 어떤 것으로 바꾸려는 마음속의 시도를 무시해야 할 것이다. 이를 위한 가장 좋은 방법은 이미지의 세부요소에 집중하여 그리는 것이다. 예를 들면 한 번에 하나의 선만 그리는 것이다. 이 방법이 어렵다면 현재 여러분이 따라 그리고 있는 그림의 일부분만 볼 수 있도록 그림을 가려도 된다. 드로잉이 끝나면, 이 그림도 가지고 있는다.

결과 비교하기

파트 1, 2, 3에서 그린 세 개의 그림을 나란히 배치하여 관찰해보라. 여러분이 상상하여 그린 것과 나머지 그림 간의 차이는 매우 확실할 것이다. 그러고 나서 두 개의 그림을 비교해 보라. 두 개의 그림이 표면적으로는 유사하나 상, 하를 바꿔 그린 그림에서 드로잉의 명확성과 구체성이 훨씬 향상되었다는 것을 알 수 있을 것이다.

우측 그림은 비 예술가가 그린 두 개의 드로잉 사례다. 왼쪽은 파트 1 드로잉이며 오른쪽은 '션의 오후'를 그린 그림이다.

그다음 쪽의 그림은 파트 2와 3의 차이를 명확히 하기 위해 그림에서 의자가 드로잉 된 일부분만을 보여주고 있다. 상, 하를 바꾸어 그린 그림인 두 번째 드로잉에서 향상된 부분을 명확히 볼 수 있다. 의자의 디테일이 훨씬 잘 표현되었고 팔꿈치의 모양이 보다 자연스럽다는 것을 알 수 있다.

중요한 점은 여러분이 몇 시간 동안 연습을 하여 드로잉 능력이 향상된 것이 아니라, 단순히 세상을 관찰하는 방식만 바꿨는데도 향상되었다는 점이다.

3 개별 이미지

이것은 그림을 바로 보고 그린 그림이다.

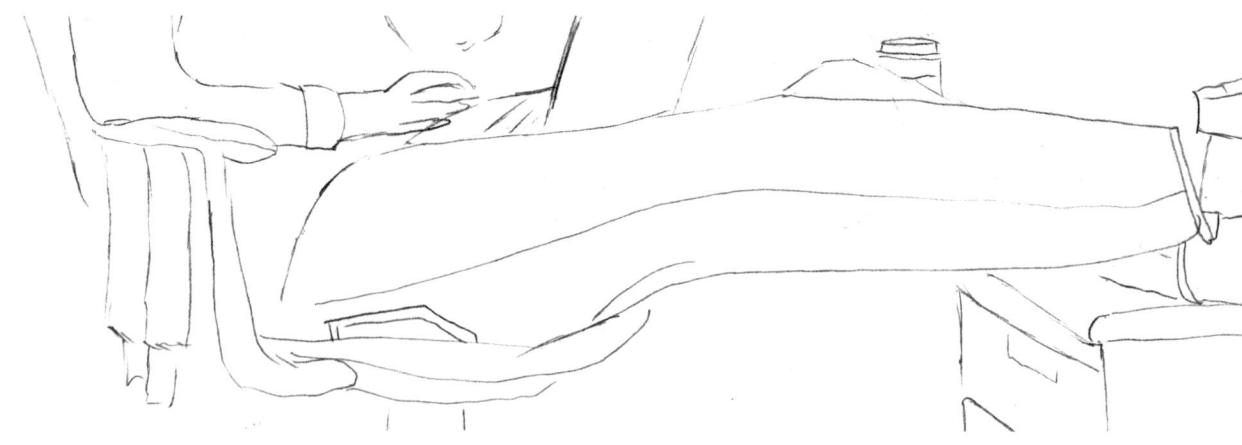

이 그림은 상, 하를 바꾸어 보고 그린 그림이다.

동일한 학생이 이 두 개의 그림을 그렸다. 하나를 그린 후 바로 다음 그림을 그린 것이다. 첫 번째 그림은 의자에 앉은 사람이라는 것을 알아볼 수 있는 수준인 반면 상, 하를 바꾸어 보고 그린 두 번째 이미지는 훨씬 향상되었음을 알 수 있다. 그림이 원본 이미지와 완벽하게 같지 않을 수 있으나 매우 흡사하다 할 수 있다.

시도해 보기

이 훈련을 여러 번 반복하라. 베티 에드워즈는 다음 파트에서 여러분이 활용해볼 수 있는 훌륭한 드로잉 두 개를 추천하고 있다. 온라인에서 아래 문장을 검색하면 확인할 수 있다.

- **Portrait of Igor Stravinsky** by Pablo Picasso
- **A Court Dwarf** (c. 1535) from the Fogg Art Museum

지루한 시간을 채우는 취미생활로 드로잉을 활용해보라. 대기실에 앉아 있거나 비행기를 탔다면 잡지책에서 따라 그릴만한 이미지를 찾아본다. (당연히 스케치북과 연필은 있어야 한다)

선 드로잉부터 시작하라. 그런 다음 여러분이 가장자리 선을 따라 그릴 수 있을 정도로 또렷한 대비가 있는 사진을 그려보라. 다음은 실생활에서 볼 수 있는 것들을 그대로 따라 그리도록 시도하는 것이다. 단순하고 딱딱한 물체(의자와 같은)에서 시작하여 좀 더 부드러운 물체(인체의 손과 같은)를 그려보도록 한다. 딱딱한 물체를 그릴 때에 가장자리 선을 찾으려 할 것이다. 부드러운 물체에서는 가장자리와 함께 도드라지는 특징(손의 주름과 접힌 부분과 같은)을 살펴볼 것이다. 그러고 나서 여러분은 더 어두워 보이는 부분을 짙게 만들기 위해 연필로 명암을 줄 방법을 연구할 것이다.

적당한 양의 훈련을 통해서도 크게 향상될 수 있다. 예를 들자면 이 책의 저자 중 한 명(이전에 드로잉을 해보지 않은)은 위 훈련을 하루 코스로 수행하였다. 그는 훈련 시작 시점과 마지막 시점에 그의 손을 그리도록 지시받았다. 다음 쪽에 보이는 두 개의 스케치는 초기 스케치(좌)와 이후 스케치(우)로, 차이점을 드러내고 있다. 초기 드로잉과는 달리 두 번째 드로잉에서 그는 손의 가장자리를 형성하는 선과 주름과 힘줄을 나타내는 선, 그리고 손의 그늘진 표면에 따라 밝고 어두운 부분을 표현하는 데 집중하였다.

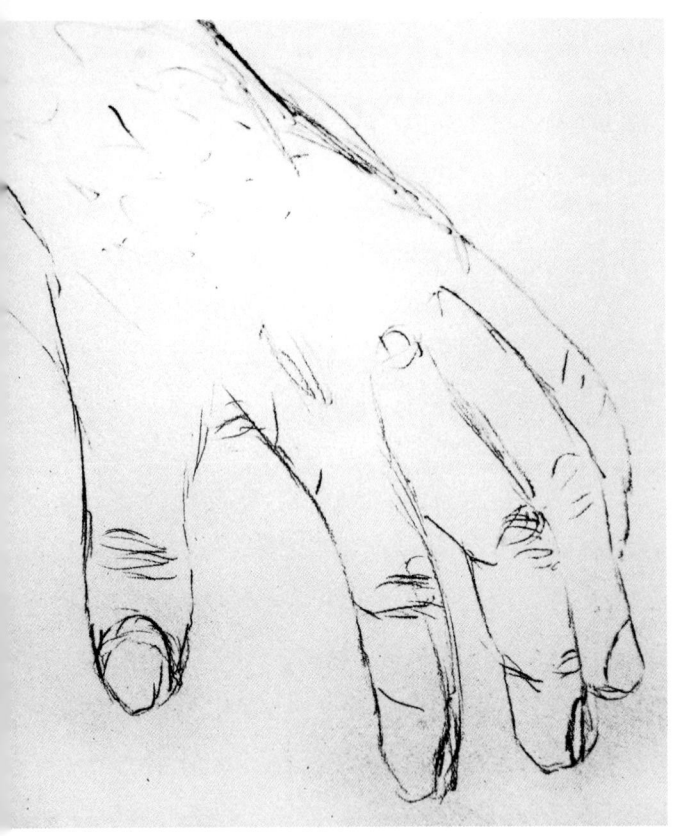 

이제 알게 된 것

1. 대상이 어떻게 생겼는지 미리 가정한 후 스케치를 하게 되면, 드로잉이 더 어려워진다.
2. 드로잉은 관찰을 어떻게 하느냐에 따라 달라질 수 있다.
3. 여러분이 객관적으로 관찰하려 한다면 생각보다 드로잉을 더 잘 할 수 있다.
4. 관찰과 드로잉은 여러분이 연습하고 배울 수 있는 기술이다.

참고문헌

- Edwards, Betty 『The New Drawing on The Right Side of the Brain』. Penguin Putnam.

스케치 어휘

사물, 사람 그리고 행동 그리기

여러분이 그린 많은 스케치들은 비슷한 요소(모양을 표현하는 스케치 어휘)를 포함하고 있을 것이다. 이 스케치 어휘는 스케치의 기본 요소로 활용된다. 여러분이 이 어휘를 만들어내는 연습을 한다면, 스케치를 빠르게 구성할 수 있을 것이다. 이 섹션에서는 기본적인 스케치 어휘의 몇 가지 요소를 검토해볼 것이다. (사물, 사람, 행동, 감정 그리고 자세)

1 스케치의 기본 요소

선과 사각형, 삼각형, 원은 대부분의 스케치에서 필수적인 시각요소일 것이다. 스케치와 드로잉 수업은 종종 이러한 기본 도형의 집합을 한 페이지에 그려넣는 '준비 훈련'으로 시작하곤 한다. 이러한 다양한 도형들과 친해져라. 선의 두께와 음영을 달리해보고, 빗금을 그려보기도 하며 여러 가지 형태로 스케치해보라.

팁

컴퓨터로 스케치하는 사람들을 위하여

스케치 요소 라이브러리
디자이너는 스케치할 때 가끔 종이 대신 태블릿을 사용한다. 원한다면 스케치 요소들을 라이브러리로 저장하고 재사용할 수 있도록 하는 소프트웨어를 이용하라. 예를 들면, 클립아트와 같이 다양한 요소로 만들어 파워포인트 슬라이드에 저장할 수 있다. 그리고 나서 그것을 복사해서 재사용하거나 다른 특정 스케치에서는 거기에 맞게 고쳐 사용할 수 있다.

오브젝트
대부분의 드로잉 소프트웨어는 많은 종류의 요소를 기본적으로 포함하고 있다(사각형, 원, 화살표, 말풍선 등). 스케치용 소프트웨어를 선택할 때는 이런 요소들이 스케치하는 데 충분한지 여부를 고려해야 한다.

클립아트
스케치를 하기 위해 컴퓨터를 사용한다면, 여러분은 많은 종류의 클립아트나 그에 상당하는 양의 다양한 이미지를 사용할 수 있다. 예를 들어 'stick man'을 웹에서 찾으면 원하는 많은 이미지를 찾을 수 있을 것이다.

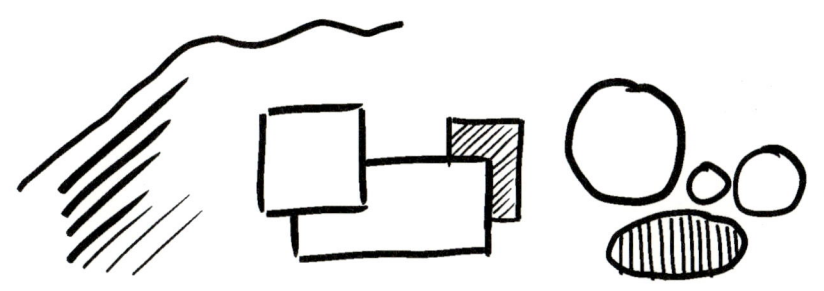

2 오브젝트 구성하기

이러한 기본 스케치 요소를 조합하여 스케치 어휘로 활용할 수 있는 다양한 모양과 오브젝트를 구성할 수 있다. 아래는 이와 같이 구성된 오브젝트의 조합이다. 몇 개는 단순한 이차원적 선으로 그려졌으며 나머지는 원근법이 적용됐다. 단순하게 그리는 것이 해결책임을 기억하라. 스케치를 할 때 구체적이고 세밀하게 묘사하는 것보다 단순한 모양으로 그리는 것이 낫다. 아래 스케치 사례를 보면 대부분의 스케치들이 사실상 몇 개의 사각형과 원, 선으로 구성되어있다. 이는 어찌보면 매우 단순한 도형들의 조합이지만, 각 스케치에서 표현하고자 하는 오브젝트의 기능, 예를 들면 핸드폰이나 사진의 기능을 보여주기에 충분하다.

도구
연필, 펜, 돋보기, 스패너, 가위

디지털 기기
카메라, 전화기, 휴대폰, 컴퓨터, 마우스

도큐먼트
낱장의 종이와 여러 장 쌓아둔 종이, 책, 사진

물체

탁자, 의자, 박스, 전구, 시계

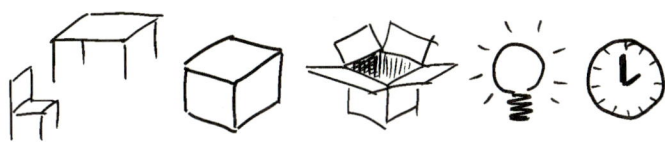

추상적 형태

화살표, 신호

3 사람

인터랙션 디자인 스케치에서는 보통 정보기술과 인터랙션하는(움직이거나 활동을 하는) 사람을 표현하고 있다. 사람을 그리는 기술은 단순한 선 형태에서부터 세밀하고 사실적인 사람의 형태까지 매우 다양하다. 보통 단순한 선으로 그려도 사람과 다양한 상황에서의 움직임을 묘사하는 데 충분하다.

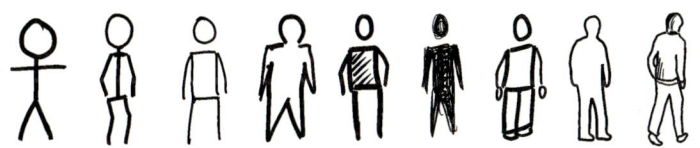

다른 방법으로는 만화 같은 스케치나 추상적 혹은 상징적인 형태로 사람을 표현할 수도 있다. 드로잉 스타일은 여러분의 취향이나 스케치 종류에 따라 선택하면 된다. 예를 들어 사람이 있다는 사실을 나타내기 위해서는 상징을 그려넣는 것만으로도 충분하다. 그러나 탁자 위에서의 사용자들 간 인터랙

> **팁**
>
> **스케치하는 법 배우기**
>
> 이 장에서는 여러분에게 여러 가지 스케치 기법을 소개할 뿐 그것을 가르치진 않는다. 드로잉 스킬을 향상시키기를 원한다면 많은 책과 강좌를 참조하라. 예를 들어 베티 에드워즈의 책이나 커트 행크스와 래리 벨리스턴Kurt Hanks & Larry Belliston 의 『Rapid Viz』는 드로잉과 스케치 기법을 배울 수 있는 좋은 기본서다.

션을 스케치할 때에는 인터랙션 기술을 묘사해야 하기에 사람들의 자세를 세부적으로 묘사하는 것이 중요할 수 있다.

4 행동

사람의 자세를 다양하게 그리며 여러 가지 움직임을 표현해낼 수 있다. 예를 들면 아래 스케치들은 사람의 행동을 보여주고 있다(달리기, 가리키기, 박스 들기). 두 개의 스케치에서 사람의 움직임을 표현하기 위해 액션 라인을 어떻게 활용했는지를 확인하라. (스콧 맥클라우드Scott McCloud의 『만화의 이해Understanding Comics』 참고)

5 신체와 감정

다양한 자세로 놀람, 어리둥절함, 언짢음 같은 사람의 상태를 표현할 수 있다. 여기서는 사람의 자세를 그린 후 상태를 알려주는 부가적인 표시로 머리 위에 기호를 그려넣었다.

팁

만화 스토리텔링
만화가들은 스토리를 전달하는 감정이 담긴 스케치를 하기 위해 이와 같은 방식 외에 다른 많은 기법을 활용한다. 스콧 맥클라우드의 책 『만화의 이해』(1993) 『만화 만들기Making Comics』(2006)는 만화에서의 스토리텔링 기법에 대한 많은 통찰을 주고 있다. 만화 그리는 방법을 알려주는 유사한 책을 많이 찾아보라(특히 아동 서적도 함께).

6 얼굴과 감정

단순히 얼굴을 다양하게 변형시켜 그려만봐도 (특히 사람들의 입이나 눈썹) 사람들의 감정을 표현해낼 수 있다. 이 9칸의 그림은 각각 6개의 눈썹과 입 모양을 조합하는 방식으로 다양한 얼굴 모습을 보여주고 있다. 그 결과로 행복, 안도, 슬픔, 분노, 혼란, 놀람 등과 같은 표정을 나타내고 있다.

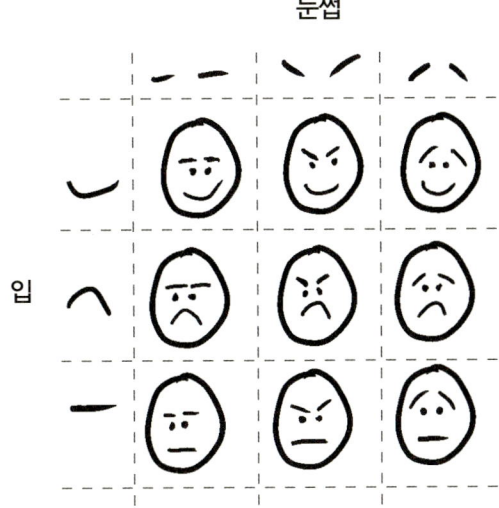

7 자세와 얼굴 조합하기

사람의 표정에 어울리는 자세를 추가하는 것은 그 사람의 현재 감정 상태를 효과적으로 전달할 수 있게 한다. 예를 들어 오른쪽 그림은 행복할 때 손을 흔드는 모습, 화가 나서 팔을 드는 모습, 혼란스러울 때 머리를 긁적이는 모습 등 각기 다른 감정 상태를 보여주고 있다.

8 상황 묘사를 위한 다양한 스케치 요소 조합하기

특정한 상황과 행동을 묘사하는 스케치를 하기 위해, 사람의 자세와 오브젝트들을 조합할 수 있다. 예를 들면 아래 스케치는 통화하면서 즐거워하는 모습, 지도를 보며 혼란스러워하는 모습, 잃어버린 물건을 찾기 위해 복도를 뒤지며 슬퍼하는 모습 등과 같이 다양한 상황에서의 감정 상태를 묘사하고 있다.

연습해보기

세 가지 서로 다른 상황에서 태블릿 컴퓨터를 사용하는 사람을 그려보자. 예를 들어 여러분은 한 사람이 의자에 앉아 태블릿으로 책을 읽는 장면, 옆 사람에게 태블릿으로 문서를 보여주는 장면, 글을 쓰기 위해 태블릿을 탁자 위에 두고 있는 장면을 그릴 수 있다. 사람의 자세나 표정을 다양하게 바꾸어 보라.

사례

이제 알게 된 것

여러분은 사람, 모양, 오브젝트와 같은 스케치 어휘를 만드는 법을 배웠다. 자세와 표정을 변경하면서 사람들의 다양한 모습을 묘사할 수 있다. 스케치 어휘는 사람과 기술 사이의 인터랙션을 스케치할 때 기본적으로 필요하다. 그러나 여기서 멈추면 안된다! 스케치 기법을 소개하는 기본서들, 특히 아이들을 위한 책이나 만화책을 찾아보라. 반복해서 언급하지만, 여러분은 스케치를 하기 위해 대단한 예술가가 될 필요가 없다. 그러나 몇 가지 기본적인 사항만 익혀 연습하면 얼마나 도움이 되는지 매번 느끼게 될 것이다.

참고문헌

- **Edwards, B.** (1999) 『The New Drawing on the Right Side of the Brain: A Course in Enhancing Creativity and Artistic ConDence』. Tarcher. (『오른쪽 두뇌로 그림 그리기』 나무숲)
- **Hanks, K., Belliston, L.** (2006) 『Rapid Viz: A New Method for the Rapid Visualization of Ideas』. 3rd Edition, Course Technology PTR. (『발상과 표현기법』 교문사)
- **McCloud, S.** (1993) 『Understanding Comics: The Invisible Art』. Harper. (『만화의 이해』 비즈앤비즈)
- **McCloud, S.** (2006) 『Making Comics Storytelling Secrets of Comics, Manga and Graphic Novels』. Harper. (『만화의 창작』 비즈앤비즈)

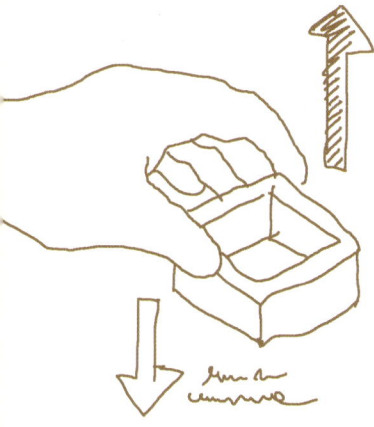

3.4

스케치 기본 요소

스케치의 기본 요소:
드로잉, 주석, 화살표와 노트

스케치를 만들어 내는 방법은 무한하게 많다. 그러나 이 중 가장 간단한 스케치는 주석과 노트가 포함된 그림이라 할 수 있다.

드로잉

드로잉은 스케치를 한 결과물이라고 정의할 수 있다. 예를 들어, 아래 그림은 오직 드로잉으로만 표현된 인터랙티브 쇼핑 시스템의 메인 스크린을 스케치한 것이다.

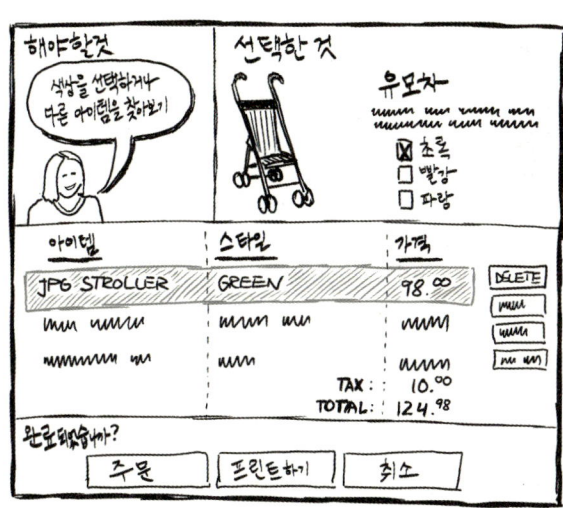

주석

주석은 스케치의 특정 부분에 대한 설명을 더하기 위해, 근처에 적혀 있는 이름이나 레이블 혹은 설명 노트이다. 그 자체를 드로잉으로 볼 수 있는 각종 시각적 표시들 또한 주석이라 할 수 있다. 때로는 주석의 위치를 통해 주석이 설명하고자 하는 스케치가 무엇인지 알려줄 수 있다. 또 어떤 때에는 화살표, 선, 또는 대괄호 표시가 공간적 관계성을 명확히 할 수 있다. 예를 들면, 아래 스케치는 현재 주석을 포함하고 있다. 이 스케치에는 다양한 레이블과 설명 노트가 기록되어 있다.

팁

어떤 이들은 드로잉에 노트나 주석을 거의 사용하지 않고 시각적으로만 표현한다. 또 어떤 이들(특히 비 디자인, 비 예술 쪽)은 드로잉을 거의 사용하지 않고 텍스트로만 표현한다. 만약 여러분이 이 두 부류 중 한쪽에 해당한다면 가능한 드로잉과 주석, 노트가 조화롭게 구성된 스케치를 하도록 노력해보라.

- 영역 표시를 통해 스케치의 각 부분들을 구분해 주고 있다. (예. 1~4, 7번이 표시된 부분)
- 하나 이상의 화살표를 통해 특정 요소들을 가리킨다. (5, 6번)
- 캐리커처 바로 옆에 설명 라벨 같은 주석을 둔다. (8번)

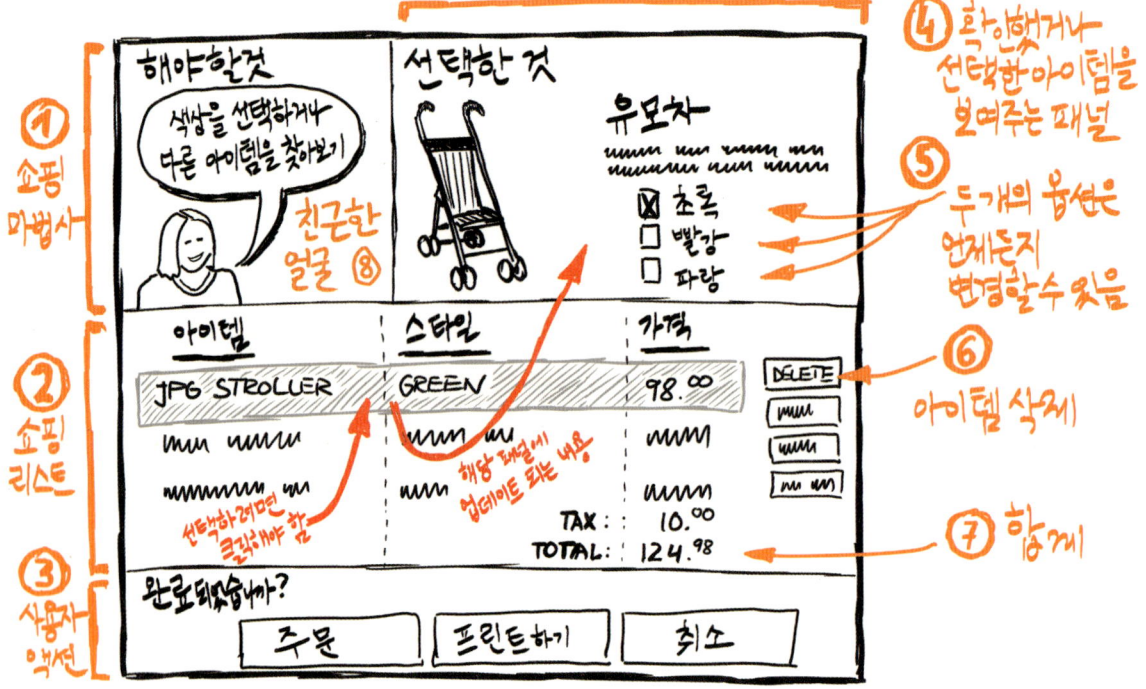

- 각 요소의 움직임이나 지속적인 인터랙션을 표시한다. (그림 중앙에 그려진 화살표들)

주석으로서의 화살표

화살표는 주석의 한 요소로서 특별히 언급될 필요가 있다. 우리는 화살표가 드로잉 영역에서 어떻게 사용되는지 이미 이전 스케치를 통해 보았다. 화살표는 서로 다른 드로잉 영역을 연결하고, 방향성을 표시하며, 움직임을 보여주고, 이벤트의 연속성을 알리며 인터랙션의 흐름을 표시하는 데 사용할 수 있다.

    예를 들면 왼쪽 하단의 이미지는 상자를 여는 법에 대한 안내로서, 화살표가 인터랙션 흐름과 움직임을 확실하게 알려주고 있다. (마익세나와 베스텐도르프Mijksenaar & Westendorp의 저서에서 발췌, 1999)

3 개별 이미지

오른쪽 이미지는 암벽을 타는 사람의 사진에 주석을 단 것으로, 행동의 흐름에 따라 번호를 붙이고 화살표와 주석으로 방향과 세기, 움직임을 표시하고 있다.

노트

드로잉과 관련된 내용의 위치가 크게 중요하지 않은 경우, 노트는 스케치 위에 적힌 모든 텍스트를 가리킨다. 예를 들어 아래 보이는 세 번째 버전의 스케치는 왼쪽 면에 노트가 적혀 있다. 노트는 무엇이든 가능하다. 드로잉에 포함되지 않은 디자인 요소에 관한 아이디어(상단의 노트), 다른 디자인 대안(중앙에 적힌 노트), 문제점(하단의 노트), 설명, 아직 스케치로 표현되지 않은 대안에 대한 아이디어, 특이점, 의문점 등. 이는 문단, 단어, 문장, 목록으로 표시할 수 있다.

노트

마익세나와 베스텐도르프가 쓴 책 『Open Here』에서 추가적인 정보를 얻을 수 있을 것이다. 이 책에서는 소개되었던 박스 여는 순서 이미지를 포함하여 사람들을 가르치면서 사용되었던 무수히 많은 이미지 사례를 확인할 수 있다. 대부분 화살표가 중요하게 사용되었다. 또한 책에서 사용된 대부분의 시각 디자인은 주석을 포함하고 있다.

섹션 2.3에서 언급된 컬렉션과 같이, 우선 자신만의 이미지 컬렉션을 만들어 연습해보라.

3.4 스케치 기본 요소

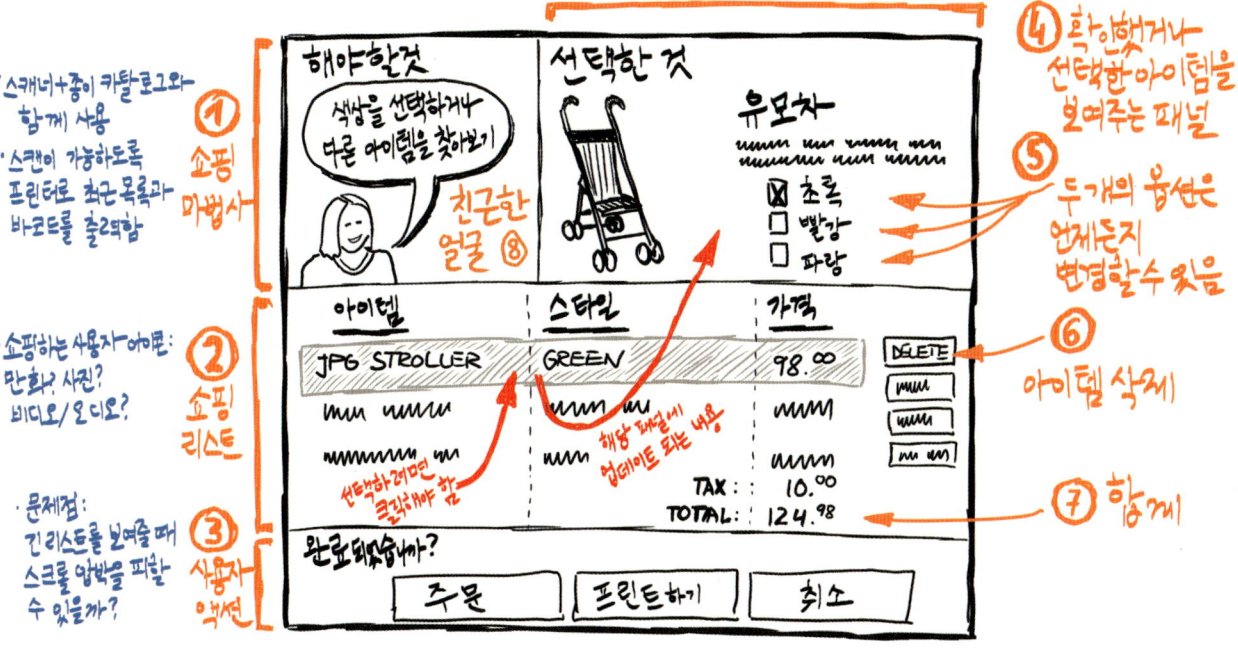

주석과 노트는 모두 드로잉 아이디어를 명확히 표현하는 데에 도움을 준다. 특히 주석과 노트를 표시하면 나중에 기억할 때도 도움된다. 드로잉을 정교히 하기 위해 주석을 자유롭게 사용하라. 특히 몇몇 단어는 다양한 드로잉 요소를 설명하는 데 도움이 될 것이다. 전체 드로잉에 대한 생각을 정리하기 위해 노트를 자유롭게 활용하라. 스케치가 텍스트로 가득 메워지더라도 걱정하지 마라. 만약 스케치한 자료가 여러분에게 도움을 줄 수 있다면 이는 목적을 달성한 것이다.

이제 알게 된 것

드로잉만 스케치인 것은 아니다. 드로잉과 연관된 주석이나 메모 역시 스케치에 포함된다. 또한 화살표는 강력한 표현력을 지닌 특별한 주석이라고 할 수 있다.

참고문헌

- **Mijksenaar, P., Westendorp, P.** (1999) 『Open Here: The Art of Instructional Design』 Joost Elffers Books, New York.

공동 스케치

브레인스토밍과 아이디어의 표현,
상호소통을 위한 스케치

준비

3~5명의 사람들, 테이블, 큰 종이, 각 멤버가 사용할 수 있는 연필과 화이트보드 펜, 화이트보드, 테이프

스케치는 혼자 할 수도 있지만, 앞서 언급했듯 다른 사람과 함께할 수도 있다. 이제 곧 알게 되겠지만 공동 스케치 작업은 혼자 하는 스케치와는 조금 다른 목적으로 수행한다.

내용을 읽기 전에, 다음 연습을 해보라. 사람들과 테이블 위에 큰 종이 한 장을 두고 그 주변에 모여 앉는다. 종이의 크기는 되도록 크고 테이블은 비교적 작아야 한다. 각 사람들이 가깝게 마주앉아 서로를 방해하지 않는 선에서 스케치할 여유 공간을 확보해야 하기 때문이다. 지금부터 약 10~15분 간 팀원들과 함께 아래 디자인 문제를 풀어보라. 이 작업을 하는 동안은 팀원으로서 스케치를 중심으로 상호작용 하는 자신과 서로의 스케치 방법을 살펴보라. 다시 10분 간 계속 이 연습을 진행하되 이번엔 스케치한 종이를 벽에 붙인다(혹은 화이트보드를 이용해도 좋다).

공동 스케치 활동과 기능

위의 경험에 비추어볼 때, 공동 스케치가 스케치 자체를 만들기 위한 것일 뿐 아니라 스케치를 중심으로 그룹 간 상호소통에 관한 것임을 알게 되었을 것이다(예. 브레인스토밍과 각자의 아이디어에 대해 의견 나누기). 실제로 스케치 자체는 그에 관한 대화보다 덜 중요하다고 할 수 있다. 우리가 그룹으로 공동 스케치를 하게 되는 경우, 일반적으로 어떻게 협업하는가에 대해 알아보자.

제스처: 다른 사람과 스케치하기

1991년, 존 탕John Tang은 큰 종이를 가지고 함께 디자인(스케치)하는 사람들에 관해 연구하였다. 그는 아래 목록과 같이 액션과 기능에 따라 사람들의 활동을 분류하였다.

액션

- **목록 만들기**는 드로잉의 위치와는 관계 없이 글자와 숫자를 섞어 표기하는 것이다.
- **드로잉**은 시각적 오브젝트를 만드는 것이며 특히, 2차원 스케치에 텍스트 주석을 적은 것을 말한다.
- **제스처**는 특정 정보를 전달하기 위한 의도적인 몸 동작이다.

기능

- **정보 저장하기**는 나중에 내용을 기억하기 위하여 어떤 형식으로든 정보를 보존하는 것이다.
- **아이디어 표현하기**는 다양한 방식으로 서로의 아이디어를 표현하는 것이다. 보통 사람들의 참여를 독려하기 위하여 진행된다.
- **의사소통 조정**은 그룹의 공동 작업을 가능케 하며, 서로의 대화와 집중을 돕는다.

연습해보기

인터랙티브 냉장고

한 가전업체는 전면에 터치 모니터와 카메라가 부착된 냉장고를 생산하고 있다. 업체는 여러분에게 고객이 모니터에서 쇼핑 리스트를 작성할 수 있도록 하는 인터페이스를 디자인해줄 것을 원하고 있다. 해당 인터페이스는 쇼핑 리스트를 수정하고, 출력하고, 다른 사람에게 메일로 발송할 수 있다. 또한 냉장고에서 작성한 리스트를 기반으로 온라인 쇼핑 사이트를 탐색하거나 주문할 수 있다. 이 시스템은 제품의 바코드를 인식할 수 있는 (완벽하지는 않더라도) 소프트웨어를 가지고 있으며, 기본적인 쇼핑 아이템을 바로 찾아 저장할 수 있는 데이터베이스를 갖추고 있다. 디스플레이의 경우 메뉴나 버튼을 터치하여 선택할 수 있다.

위에서 언급되었듯, 존 탕은 공동 스케치에도 마찬가지로 개인 스케치에서의 드로잉 스케치, 주석 그리고 노트를 할 수 있다고 말했다. 또한 저장 가능하고 후에 재사용이 가능한 스케치를 만드는 것이 공동 스케치의 주된 기능이라고 보았다.

또한 탕은 또 다른 스케치 요소에도 주목했는데, 바로 공동 스케치 작업에서 흔히 간과되곤 하는 제스처가 그것이다. 제스처는 모든 행동의 35%를 차지하고 있으며 참여자들이 아이디어를 표현하고 의사소통을 하거나, 자기 차례임을 표시하고 사람들의 이목을 집중시키기 위해 사용된다.

이것이 중요한 이유는 작업 공간 내에서 어떻게 위치하는가가 팀원 간 의사소통을 표현하고 조정하는 데 도움이 될 가능성이 있기 때문이다. 예를 들어, 여러분이 평소에 테이블에서 어떻게 작업했는지를 떠올려보라. 존 탕이 확인한 바에 의하면 보통은 테이블 위 종이를 중심으로 주변에 둘러앉은

사람들이 작업에 열심히 참여하는 경향이 있고, 스케치 상태를 중심으로 지속적으로 제스처한다고 한다.

그러나 종이가 화이트보드에 붙어있다면 서로가 방해될 수도 있다. 이렇게 되면 한 명이 스케치를 '주도하고' 다른 사람들은 멀리 떨어져서 스케치를 관찰하며 이와 관련해 이야기하는 상황이 되기 때문이다. 몇몇 사람들은 심지어 화이트보드에서 비교적 먼 위치에 앉게 될지도 모른다. 지속적인 인터랙션을 하는 대신, 차례대로 이야기하거나 한 사람이 마치 '서기'처럼 행동하는 것에 더 가깝게 될지도 모른다. 겉으로 보기에는 작아 보이나, 이러한 차이가 공동 스케치에서 사람들이 상호소통 하는 데 영향을 줄 수 있기 때문에 문제가 될 수 있다.

이외 다른 사항도 사람들이 공동 작업을 하는 데 영향을 미칠 수가 있다. 예를 들어 연필과 종이를 사용하는 대신 드로잉 소프트웨어를 사용하는 것은 참여와 지속적인 인터랙션에 부정적인 영향을 줄 수가 있다. 이는 입력 기기(마우스)가 하나인 점과 각 팀원의 소프트웨어에 대한 지식 정도가 다른 점, 그리고 드로잉과 직접적인 관계는 없으나 소프트웨어에서 사용하는 인터페이스(스크린 움직이기, 다이얼로그 박스 확인, 메뉴나 팔레트에서 선택하는 것)를 배우는 데 투자하게 되는 시간 때문이다.

이제 알게 된 것

스케치가 완성된 경우, 어떻게 하면 참여자들이 그 스케치에 쉽게 접근하고, 실시간으로 자신의 생각을 그려 넣을 수 있도록 할 것인지, 또한 드로잉을 중심으로 계속해서 대화하고 제스처할 수 있도록 할 것인지에 대해 생각해 보아야 한다.

참고문헌

- **Tang, J. C.** (1991) 『Findings from observational studies of collaborative work』 International Journal of Man Machine Studies, 34(2), 143~160, Greenberg, S. (1991) Computer Supported Cooperative Work and Groupware, Academic Press.

3.6

드로잉을 위한 슬라이드웨어

스케치 드로잉에 디지털 프레젠테이션 도구 활용하기

종이와 펜은 매우 좋은 스케치 도구다. 싸고 휴대하기 편하고 언제든 사용 가능하기 때문이다. 현재로선 최고라 할 수 있다. 여러분과 친구들은 어릴 적부터 펜을 사용하는 법을 훈련하고 줄곧 경험해왔다. 그러나, 디지털 드로잉 도구는 종이와 연필이 가지지 못한 힘을 지니고 있다. 특히, 디지털 드로잉 도구로 그린 스케치의 경우 쉽게 스케치를 수정할 수 있고, 여러 개를 복사하거나 반복적으로 출력할 수 있다. 다시 언급하겠지만, 스케치를 템플릿으로 사용하거나 애니메이션을 통해 인터랙티브한 시퀀스를 만들어 이를 연결할 수도 있다. 또한 여러분의 드로잉 실력이 좋지 못하다면, 디지털 드로잉 도구를 이용해 더 나아 보이는 스케치를 만들어낼 수도 있다.

그러나 디지털 드로잉 도구를 사용하면 펜과 종이를 사용할 때보다 많은 대가를 치뤄야 할지도 모른다. 예를 들어 생각나는 아이디어를 즉시 간단하게 그려내는 것이 어려울 수 있다. 여러분이 펜마우스 기반의 컴퓨터나 이와 유사한 기기를 가지고 있는 것이 아니라면, 마우스를 이용해 프리-핸드 스케치를 하는 것은 무척 힘들다. 또 도구의 새로운 기능과 관련한 사용법을 배우고 기억해야 할 것이다. 전체 페이지 시퀀스가 보이지 않고 일일이 파일을 찾고 열고 닫고 해야 하는 과정이 생기면 스케치 리뷰가 무척 성가시게 된다. 시장에는 다양한 디지털 드로잉 도구가 있고 몇몇은 스케치 작업을 위해 전문적으로 개발되었다. 이 장에서 우리는 프레젠테이션 슬라이드를 만드는 데 사용되는 소프트웨어인 **슬라이드웨어**만을 살펴볼 것이다.

준비

파워포인트나 이와 비슷한 슬라이드웨어, 직접 시간을 측정하기 위한 시계, 크기가 큰 종이와 테이블, 연필이 소프트웨어를 사용하는 이유는 좋은 스케치 기능이 많고 많은 사람들이 개인 컴퓨터에 설치해 쓰고 있어 이미 사용법을 알기 때문이다.

슬라이드웨어에서 스케치하기

프리젠테이션 제작용 소프트웨어는 매우 흔하다. 가장 일반적인 소프트웨어는 마이크로소프트 파워포인트와 애플의 키노트다. 모두 강력한 드로잉 기능과 조작 도구를 가지고 있으며 쓸만한 이미지도 접근 가능하다. 이 챕터에서 우리는 드로잉 기능을 중점적으로 다룰 것이다. 또한 이후 섹션에서는 흐름을 보여줄 수 있는 슬라이드쇼 기능과 애니메이션, 하이퍼링크의 유용성에 대하여 다루도록 하겠다.

우리는 기본적으로 마이크로소프트의 파워포인트를 슬라이드웨어 도구로 사용할 것이다(다른 프레젠테이션 도구도 대부분 비슷하다). 우리는 파워포인트에서 제공되는 기본적인 드로잉 기능(오브젝트를 생성, 이동, 복사하고 속성을 조정)을 간단히 리뷰할 것이다. 아마도 이러한 방법은 이미 알고 있을 것이다. 이

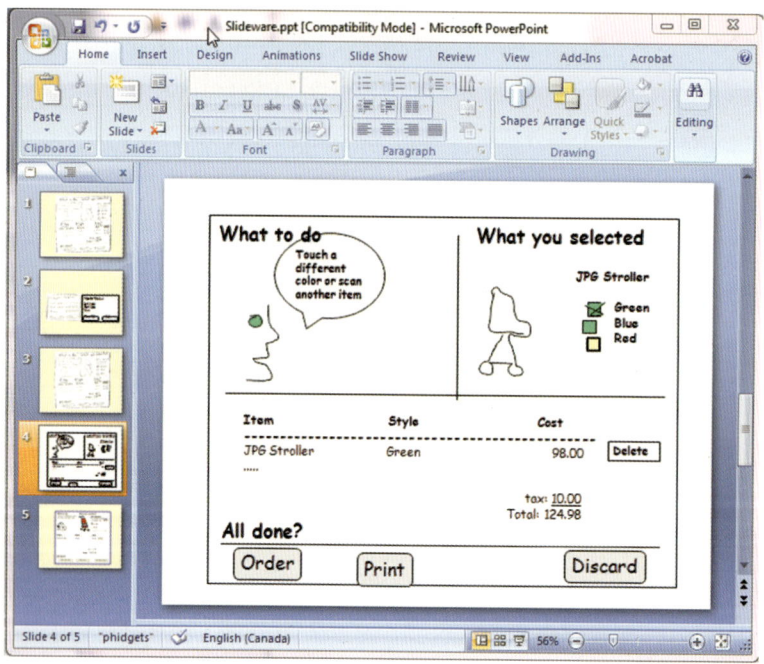

섹션의 주된 목적은 디지털 드로잉 도구와 종이를 사용하는 것 사이의 장점과 단점을 비교해보는 것이다.

슬라이드웨어 패키지는 보통 속성 조정이 가능한 도형을 다양하게 제공한다. 또한 변형된 형태의 도형도 포함하고 있다. 예를 들어, 오른쪽 하단에 보이는 파워포인트의 도형 팔레트는 드로잉 하는 데 충분히 활용될 수 있는 정도의 많은 도형을 제공하고 있다. 도형 팔레트에 포함된 하위 팔레트인 **선**의 종류도 무척 많다. 화살표가 있는 직선, 끝에 사각형이나 원이 달린 선, 곡선 그리고 자유 곡선까지도 제공된다. 이미 그린 선에 대한 속성은 이후에 수정할 수도 있다. 예를 들면 두께를 바꾸거나, 다른 종류의 화살표로 교체하거나, 색상, 그라데이션, 무늬를 변경할 수 있다. **기본 도형**은 여러 가지 사각형, 텍스트 박스, 원, 삼각형, 평행사변형, 틀 등이 있다. 스마일, 전구, 순서도 심벌, 블록 화살표, 버튼과 같이 좀 특별한 모양도 있다. 심지어 드로잉 주석을 입력하기에 매우 좋은 다양한 형태의 **설명선**도 제공한다. 이러한 도형의 속성은 본인 의지에 따라 변경할 수 있다. 색을 채울 것인지, 선 형태로

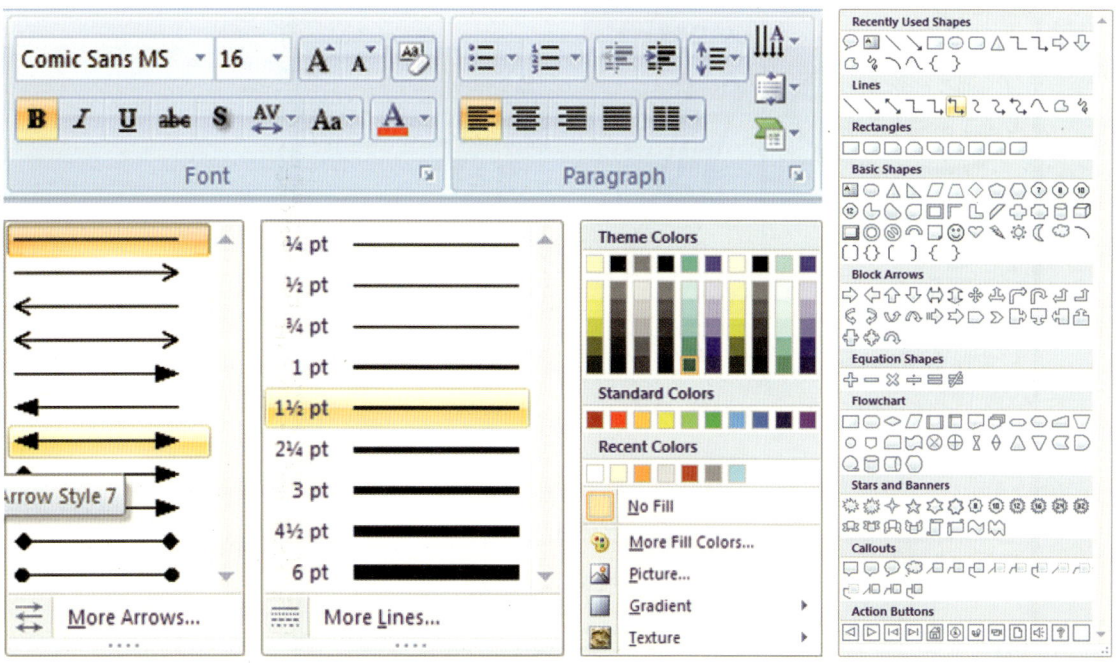

만 그릴 것인지. 물론, 프레젠테이션 패키지는 무수히 많은 텍스트 옵션도 제공한다. 글자 모양, 크기, 정렬, 색상, 들여쓰기, 문자와 선 여백 등이 있다.

디지털 vs 종이 스케치

배운 것을 살려 아래 내용을 따라해보자. 먼저, 종이와 연필을 사용해서 오른쪽의 쇼핑 시스템 스케치를 빠르고 간단하게 그려보라. 시간이 얼마나 소요되었는가?

다음으로, 슬라이드웨어 소프트웨어로 가능한 빨리 같은 쇼핑 시스템을 다시 만들어보자. 시간이 얼마나 소요되었는가? 다음 쪽 그림은 내가 파워포인트로 만든 버전이다. 연필로 스케치한 버전보다는 오래 걸리기는 했으나, 완성하는 데 그리 오랜 시간이 소요되지는 않았다. 그러나 연필 스케치와 달리 파워포인트 버전은 완전히 잘못되어 보인다. 이렇게 잘못되어 보이는 이유는 지나치게 정갈한 박스 형태, 타이핑된 텍스트, 직선, 모서리가 스케치처럼 보이지 않기 때문이다. 대부분의 인터페이스 요소가 불규칙한 선,

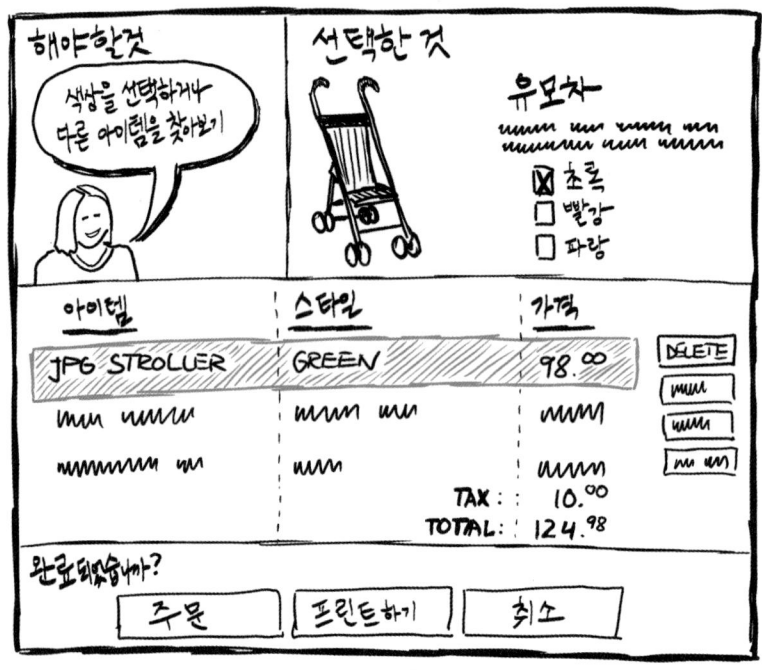

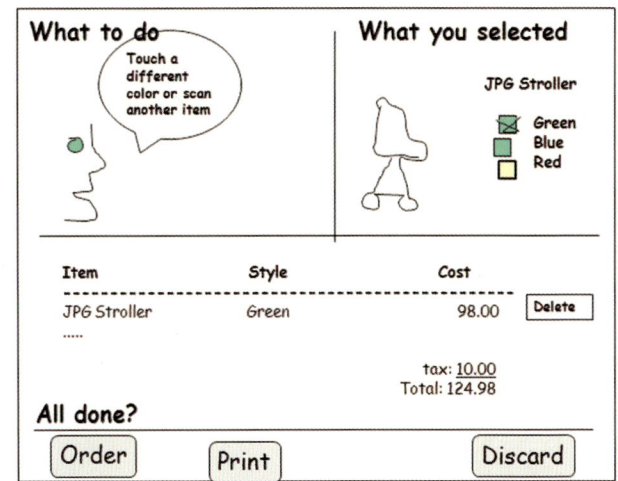

엉성한 배열, 대충 그려진 그림(얼굴과 유모차), 각기 다른 크기, 어설픈 공간 배치와 같이 스케치처럼 보이는 요소와 상충되기 때문이다. 지금부터 왼쪽의 스케치를 다시 해보자. 대신 객관적으로 좀 더 타당한 형태로 보이도록 만들어본다. 내가 만든 버전은 하단 오른쪽에 있다.

 이 작업은 좀 더 오래 걸렸다. 이번에는 배열과 글자, 색상, 음영, 그래픽 요소의 배치, 공간적 레이아웃, 그리고 비율에 좀 더 집중하였다. 아직도 완벽하지는 않지만 두 번째 버전이 더 나아 보이는 이유이다.

 누가 보아도 명확한 것은 두 번째 버전의 작업물이 훨씬 수준이 높아 보인다는 점이다. 그러나 포함된 정보는 다소 알아보기 어렵다. 외견상 좋아 보이는 것이 장점이 될 수 있지만(특히 섹션 1.4에서 언급되었던 깔대기 모양의 디자인 프로세스 이후 단계에서), 너무 이른 단계에서 이러한 방식으로 작업할 경우 문제가 발생한다. 보다 잘 만들기 위해, 글자 크기, 배열, 버튼 모양, 공간적 구성 등과 같은, 오히려 방해될 수 있는 일에 더 많은 시간을 투자한 것이다. 빠르게 스케치한 기본 디자인 아이디어는 그대로 묶어둔 채로 말이다.

디지털 협업

앞에서 이미 공동 스케치에 대해 자세히 언급하였다. 컴퓨터 소프트웨어를 이용해 공동으로 스케치하는 것이 종이와 연필로 공동 스케치 하는 것과 다르다는 점을 기억하는 것이 중요하다.

위에서 한 연습을 반복해보라. 단 이번에는 다른 사람들과 함께 ⓐ 테이블에 앉아 큰 종이 위에 연필로 스케치하고, ⓑ 컴퓨터 앞에서 디지털 스케치를 하도록 한다. 스케치 방법만 다른 두 개의 사진을 볼 때, 역동성이 변화했음을 알 수 있다. 컴퓨터로 작업할 때에 여러분은 다른 사람보다 소프트웨어를 좀 더 잘 알고 있었다면 '서기'가 될 것이고, 사람들은 여러분이 스케치하는 것에 대해 제안하고 지시를 내리게 될 것이다. 작은 화면 앞에 많은 사람들이 앉아 있으면 복잡해지기 때문에 여러분이 스케치하는 데 방해가 될 수 있다(특히 세 명 이상이 있을 경우). 한 개의 마우스와 키보드는 지속적인 상호소통을 방해하게 되는데 한 번에 한 사람씩만 행동하게 되기 때문이다.

3.6 드로잉을 위한 슬라이드웨어

또한 스케치보다 인터페이스 컨트롤을 선택하고 탐색하는 데 많은 시간을 쓰게 될 수도 있다. 이러한 행동은 스케치에 대해 대화하는 시간이 줄어들거나 힘들게 되고, 심지어 다른 사람이 작업을 하고 있을 때는 할 일이 별로 없다고 느끼게 할 것이다.

이제 알게 된 것

일반적으로 사용 가능한 슬라이드웨어 애플리케이션은 디지털 스케치를 위한 매우 좋은 드로잉 기능을 제공하고 있다. 디지털 도구가 이러한 강력한 힘을 가진 반면, 스케치하는 데 시간과 노력이 더 필요하고, 공동 스케치 협업을 방해하는 것과 같은 비용을 치르게 한다.

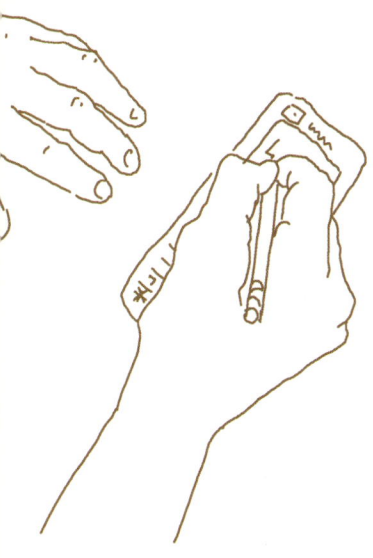

3.7

사무용품으로 스케치하기

사무용품을 활용해 수정할 수 있는 스케치 만들기

빠른 스케치를 하는 가장 좋은 방법은 종이와 연필을 사용하는 것이지만, 도중에 자주 수정이 예상되는 디자인을 할 때에는 다른 일반 사무용품들을 사용할 수도 있다. 이에 대한 기본적인 내용은 레팅Retting의 1994년 논문인 「Prototyping for Tiny Fingers(손으로 할 수 있는 간편한 프로토타이핑)」에서도 언급된 것이다. 다양한 형태와 크기의 포스트잇을 그래픽 유저 인터페이스 요소로 사용할 수 있다. 레이아웃을 짤 포스터 보드에 적용하면 된다. 인터페이스의 실제 구현 사항을 포스트잇 위에 적는다. 만약 마음이 바뀌어 뭔가를 수정하고 싶다면, 그저 포스트잇을 떼어내고 새 것으로 교체하면 된다. 혹 다른 형태의 레이아웃을 시도해보고 싶으면 포스트잇의 위치를 변경하면 된다. 이러한 방법은 전통적인 매체를 활용하면서도 디지털 도구가 지닌 장점인 유연성을 갖고 작업할 수 있다는 이점이 있다.

오른쪽의 준비물 목록은 여러분이 손쉽게 구할 수 있는 사무용품을 예로 들고 있다. 가장 활용도가 높은 것은 다양한 크기의 포스트잇, 종이(일반 용지, 색상지, 투명지 등), 어떤 종류의 종이라도 포스트잇으로 만들어 줄 수 있는 포스트잇용 접착제, 종이를 자르기 위한 가위 그리고 다양한 크기의 노트, 인터페이스를 쉽게 적용할 수 있는 적당히 단단하고 넉넉한 크기의 포스터 보드다. 물론, 오른쪽 목록에 포함되지 않았으나 충분히 활용 가능한 다른 사무용품도 많다. 사무용품 판매점에 들러 적당한 물품을 찾아보라. 마크 레팅Marc Rettig과 마이클 뮬러Michael Muller는 논문에서 이러한

준비

다양한 크기의 포스트잇, 다양한 크기의 포스터 보드, 접착력이 약한 포스트잇용 접착제, 가위, 투명/아세테이트 용지, 흰색, 색상지, 수용성 마커, 연필, 컬러 연필, 연필깎이, 품질 좋은 지우개, 스테이플러, 준비물을 담을 케이스

사무용품을 찾을 수 있는 곳이나 스케치를 위해 활용할 수 있는 다른 용품들을 제안하고 있다.

다용도 포스트잇

포스트잇은 다양하다. 물론, 여러분이 포스트잇을 잘라 다른 사이즈로 변경할 수도 있다. 이는 포스트잇을 버튼, 다이얼로그 박스, 메뉴, 아이콘, 도움말, 폼의 개별 입력 필드, 레이블 컨테이너나 다른 고정 텍스트 외 다양한 것들로 빠르게 활용할 수 있음을 의미한다.

직접 해보기

이러한 사무용품을 이용해 연필 스케치 몇 장과 온라인 쇼핑 시스템을 다시 구성해보자. (책에서 제시된 결과물은 보지 않은 채로 하자.)

3.7 사무용품으로 스케치하기

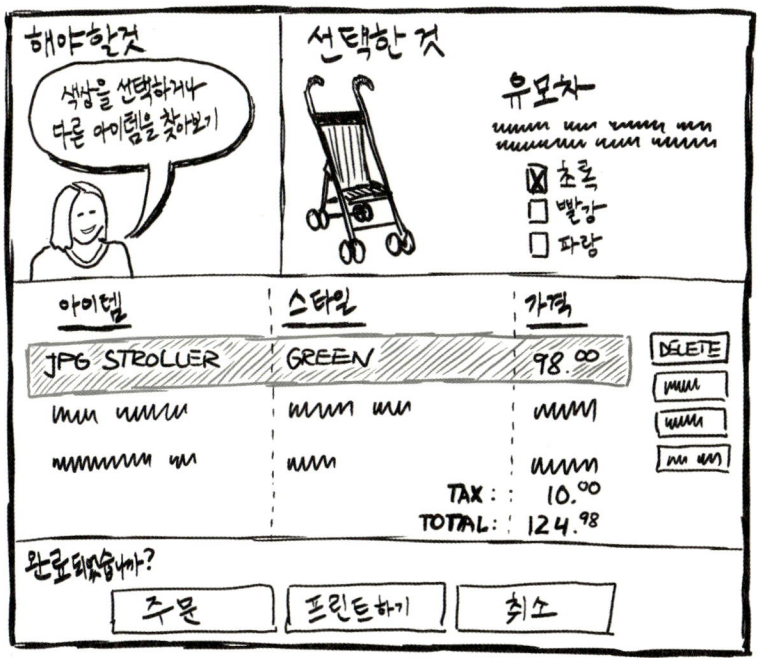

팁

특정한 종류의 시각적 요소를 반복해서 사용할 것이면, 그에 대한 포스트잇을 미리 만들어 둘 수 있다. 예를 들어 여러분이 메뉴를 많이 만들 것이라고 가정해보자. 메뉴를 하나씩 만들기보다는, 메뉴 시트 하나를 만들어서 그 시트를 복사한 후 메뉴들을 잘라 쓸 수 있다. 메뉴 뒤에는 포스트잇용 접착제를 발라 자신만의 '메뉴 패드'를 만들 수 있다(아래 그림 참고). 물론 버튼이나 다이얼로그 박스 패드와 같은 다른 여러 가지 시각적 요소에 대해서도 이러한 방식을 적용할 수 있다. 이러한 패드는 스케치를 좀 더 빠르게 완성할 수 있도록 도와줄 것이다.

여러분은 먼저 몇 개의 포스트잇을 붙일지 결정해야 한다. 마치 블록 쌓기할 때 적합한 유닛을 고심해 찾는 것처럼 최상의 결정을 위해 스스로에게 물어보라. 이는 여러분이 시각적 요소의 콘텐츠나 위치를 어떻게 바꿀 것인지, 그리고 각 요소가 인터페이스의 기본적인 시각 요소와 어떻게 조화를 이룰 것인지에 따라 다를 수 있다.

다음 쪽 그림은 내가 사무용품을 활용해 온라인 쇼핑 시스템 스케치를 다시 한 사례이다. 내가 포스트잇 유닛을 결정할 때는 이후에 변경할 것을 염두에 둔다. 텍스트 레이블, 사용된 이미지, 지시 내용, 예시로 사용된 아이템, 내가 원하는 종류의 버튼과 같은 것들이다.

스케치를 자세히 보면, 몇 가지 평범하지 않은 부분을 찾아낼 수 있다. 첫째, 쇼핑 리스트에서 첫 번째 아이템을 선택하고 있는 손가락 포스트잇이다. 둘째, 사람이 아이템을 선택했을 때 그 주변에 하이라이트 되는 부분은 기다란 투명 아세테이트 용지에 그려 표현했다. 나는 투명지 뒤에 포스트잇용 접착제를 살짝 발라 손가락 이미지를 스케치 위에서 자유롭게 붙일 수 있도록 하였다. 이는 스케치를 벽에 두었을 때 떨어지지 않게 하기 위해서도 중요하다.

　물론, 이번 스케치를 만드는 데 지난번의 연필 스케치보다 더 많은 시간이 소요됐다. 그러나 이러한 방법은 스케치를 바로 수정할 수 있다는 장점이 있다. 예를 들어, 스케치를 다시 할 필요가 없이 특정 포스트잇만을 교체하면 되는 것이다.

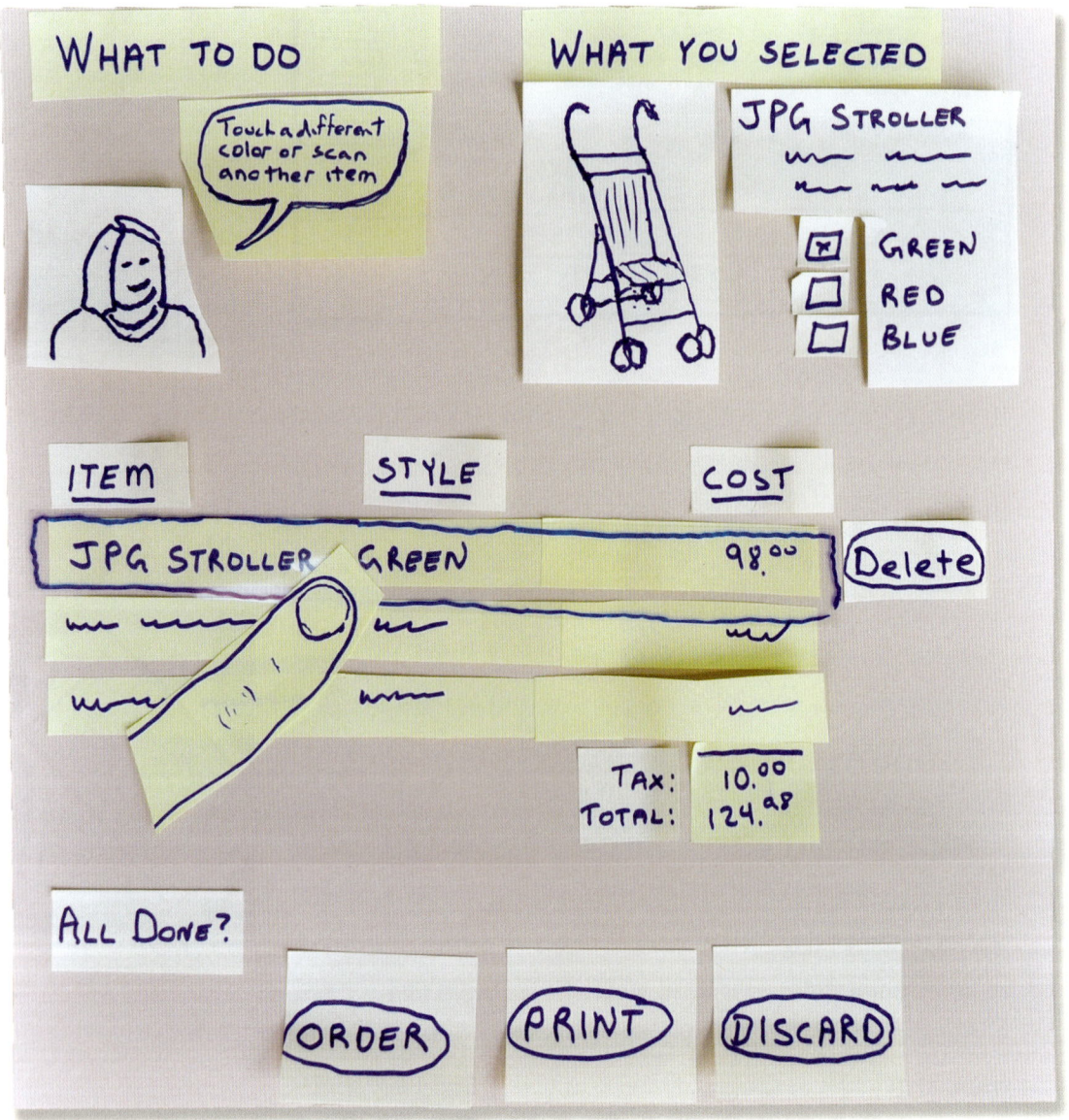

사무용품을 이용하면서 인터랙션하기

이러한 방법이 지닌 가장 큰 장점은 인터랙션을 동작시켜 볼 수 있다는 점이다. 또한 사람들이 디자인 안을 탐색하면서 인터랙션 시퀀스를 직접 만들 수도 있다. 우리의 예를 들면, '삭제하기' 버튼을 눌렀을 때 나타나는 결과를 만들어 볼 수 있다. 유모차 아이템이 실린 포스트잇을 제거하고, 다른 가격과 부가세가 적힌 새로운 포스트잇을 만들면 된다. 또한 피드백 제공을 위해 마련한 '점원' 아이콘에 무엇이 제거되었는지 알려주는 말풍선을 달 수도 있다. 이러한 과정은 수많은 상호소통을 진행될 것이다. 문제는 나중에 디자이너가 내용을 떠올리려면 작업한 종이와 기억에 의존해야 한다는 점이다. 이러한 문제를 풀기 위해, 모든 과정을 카메라로 캡처(섹션 4.4)하거나 비디오카메라로 녹화(섹션 5.5)할 수도 있다. 이 방법은 다양한 인터랙션 시나리오를 검증하는 데에도 사용된다. 예로 든 인터페이스에서 사용자가 '주문하기' 버튼을 눌렀을 때 나타날 상황에 대해서 디자인 해보며 스스로 연습하라.

사무용품을 활용하여 다른 이들과 소통하기

모두에게 친숙한 종이를 도구로서 활용하는 것은, 팀 내 다른 멤버들이 스케치를 통해 쉽게 협업할 수 있다는 것을 의미한다. 마이클 뮬러Michael Muller가 1991년 PICTIVE(Plastic Interface for Collaborative Technology Initiative through Video Exploration)에 관해서 언급했던 바와 같이, 모든 디자인 팀원은 특별한 기술적 훈련을 받지 않고도 모든 작업에 참여할 수 있다. 이는 디지털 드로잉 시스템과 전혀 다른 점이다.

모두가 포스트잇을 작성하고, 탐색하고, 바꿀 수 있다. 작업은 병렬적으로 진행될 것이다. 만약 많은 사람들이 같은 파트를 작업하고 있다면, 서로의 디자인을 비교해볼 수 있고, 혹은 각 디자인의 장점을 조합하여 새로운 디자인을 만들어 낼 수도 있다. 각자의 포스트잇을 움직이면서 말이다. 각각의 멤버들은 한 개, 또는 그 이상의 인터페이스에 관하여 작업을 할 수 있다. 앞의 협업 디자인 세션을 다시 보라. 한 사람이 'What to do' 세션에서 작업하면 또 한 사람은 'What you selected' 세션에서 작업을 하거나 같은 인터페이스 요소라도 분리시켜 작업할 수 있다. 각자가 자신만의 버전을 만들어 서로 보여줄 수 있는 것이다. 인터페이스를 평가할 때도 대안이 서자마자 모든 사람이 재빠르게 디자인 솔루션을 만들어 낼 수 있고, 인터페이스 변경 과정을 서로 볼 수 있다. 이러한 유연성을 가리켜 뮬러가 '플라스틱 스케치'라고 말한 것이다.

이제 알게 된 것

사무용품들, 특히 포스트잇은 수정 가능한 종이 인터페이스를 만드는 데 매우 유용하다. 각각의 포스트잇에 인터페이스 요소를 표현함으로써, 다른 포스트잇으로 대체하거나, 이동시키거나, 혹은 내용을 바꿔가며 인터페이스를 수정할 수 있다. 이렇게 하면 종이와 연필과 같은 전통적 도구를 가지고 일을 하면서도 디지털 도구가 주는 유연함을 느낄 수 있다.

참고문헌

- **Rettig, M.** (1994) 「Prototyping for Tiny Fingers」. Communications of the ACM, 37(4), ACM Press.
- **Muller, M. J.** (1991) 「Pictive: An exploration in participatory design」. In Proceedings of the ACM Conference on Human Factors in Computing Systems, 225~231, ACM Press.

3.8

템플릿

스케치에서 변경되지 않을 부분과
내용을 다시 사용할 수 있는 템플릿으로 미리 만들기

작업을 하다보면 이미 만들어진 시각적 인터페이스를 부분적으로 수정하게 되는 상황을 맞이하게 될 수 있다. 그렇다 하더라도 어떤 부분은 사전에 결정되어 고정되어 버렸을 것이다. 예를 들면 하드웨어 제품의 형태(핸드폰 외형, 버튼과 스크린 사이즈)나 시스템을 호스팅하는 애플리케이션(웹브라우저 프레임), 혹은 윈도 화면에 뿌려질 정보를 제어하는 애플리케이션이 미리 장착된 경우 또는 화면의 내용물이 어떠한 레이아웃(다이얼로그 박스, 특정 웹페이지들)을 따라야 하는지를 알려주는 레이아웃/스타일 시트 등이다.

물론 이러한 고정된 부분을 각각의 스케치에서 반복적으로 그릴 수도 있지만, 곧 지루해질 것이다. 고정된 부분을 새로 그리지 않고 그대로 둘 수도 있으나, 그러한 경우에는 스케치의 맥락적 요소가 떨어질 수 있다. 대안은 바로 **템플릿**을 만드는 것이다. 템플릿은 시스템의 고정된 부분을 표현함과 동시에 쉽게 복사하여 붙여 쓸 수 있도록 만든 것이다. 또한 그 위에 드로잉할 수 있는 공간이 있어서 새로운 인터페이스를 그릴 수도 있다.

적절한 사진 사용하기

이번에는 특정 핸드폰의 외형 템플릿을 만들어보기로 하자. 스크린 부분은 스케치 영역으로 사용하기 위해 비워둘 것이다.

준비

사진, 스크린 캡처 이미지, 혹은 실제 이미지를 수집한 것, 자르기, 색칠하기, 레이어링(겹장)이 가능한 이미지/비트맵 에디터, 프린터 그리고/혹은 트레이싱지, 연필, 포토 복사/스캐너, 스크린 캡처 도구

3 개별 이미지

1 원하는 핸드폰 이미지 소스를 찾는다. 실제 핸드폰을 사진 촬영할 수도 있고, 웹에서 이미지를 검색할 수도 있다. 아니면, 잡지나 전단지에서 스캔하여 이미지를 얻을 수도 있다.

2 원하는 이미지를 이미지나 비트맵 편집 프로그램에 복사한다. 예제에서는 포토샵에서 휴대폰 이미지를 불러온 것이다.

3 스케치 영역으로 활용될 스크린 부분을 흰색으로 처리한다. 포토샵의 페인트 브러시 도구가 스크린 이미지를 흰색으로 바꾼다.

4 비트맵 에디터를 사용하여 이미지의 복사본 위에 아이디어를 스케치한다. 또는 이미지 복사본을 출력하여 연필로 드로잉할 수도 있다.

팁

마우스를 이용해 그리는 것은 꽤 어렵다. 이런 경우 펜을 이용하는 태블릿 제품을 구입하면 훨씬 그리기 쉽다. 현재 적당한 가격대의 다양한 제품들이 판매되고 있다. 마우스를 꼭 이용해야 하는 상황이라면, 사진을 확대하여 사용해보라. 사이즈가 크면 트레이싱이 더 쉽다. 그러나 곡선의 경우 확대된 사진이더라도 드로잉이 어려울 것이다. 그런 경우에는 짧은 선과 선을 이어 그려보라. 선을 이어 나갈 때에는 항상 이전 선의 맨 끝 지점에서 시작해 이어가야 한다. 짧은 선을 이어 그리면 중도에 실수하여 바로 실행 취소시킬 때에도 효과적이다.

트레이싱

위와 같은 방법은 간단하지만, 매우 상세한 실사 사진 이미지와 대충 그려 낸 스케치가 조화되지 않아 다소 어색해보일 수 있다. 모든 내용을 동일한 수준의 스케치로 표현하고 불필요한 세부 요소를 줄이기 위해, 핸드폰 이미지를 스케치하여 그것을 템플릿으로 활용해볼 수 있다. 이는 소프트웨어 상에서 **트레이싱** 작업을 하여 간단하게 처리할 수 있다.

1 레이어를 생성할 수 있도록 이미지를 비트맵 에디터로 불러온다. 새 레이어를 생성하고(생성하는 방법은 어떤 소프트웨어를 사용하느냐에 따라 달라질 수 있다), 남겨두고자 하는 이미지 부분을 그대로 따라 그린다. 이미지의 모든 요소를 상세하게 그릴 필요는 없다. 오른쪽 이미지와 같이, 버튼과 관련된 문자들은 제외되었고 로고 대신에 대강의 글씨만 표시해두었다.

2 사진 레이어를 지우기, 자르기, 혹은 숨기기 하여 오직 따라 그린 내용만 남도록 한다.

포토샵에서는 아래 이미지의 레이어 1과 같이, 원본 이미지를 포함하고 있는 레이어를 선택한 후 레이어 보기를 해제하면 된다.

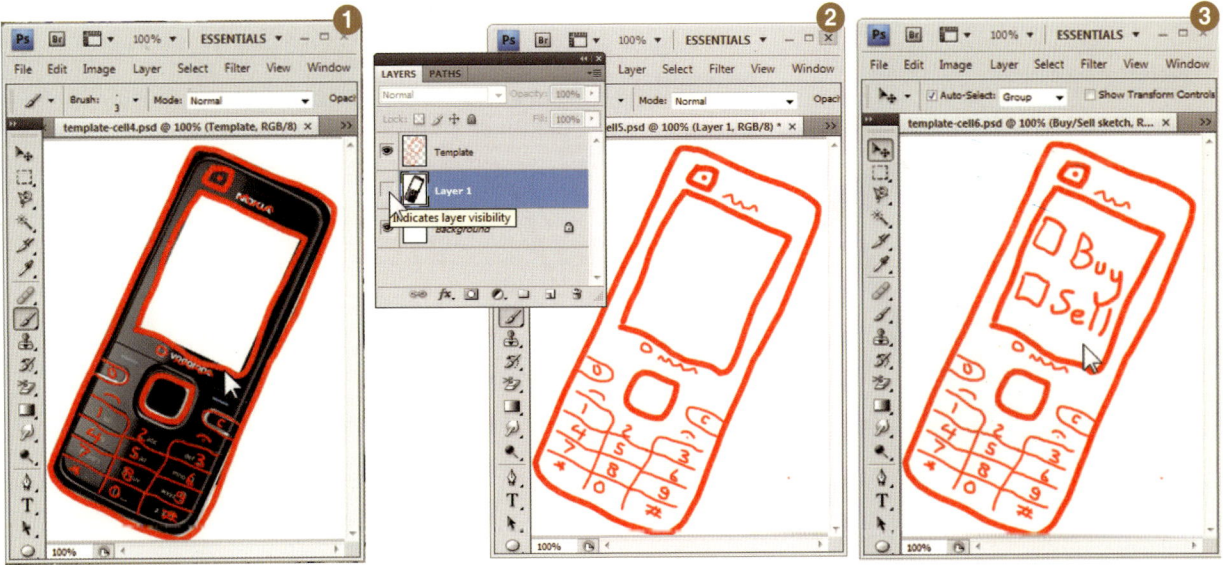

3 템플릿 위에 여러분의 아이디어를 스케치할 수도 있다.

레이어 더 알아보기

레이어링이 가능한 에디터를 사용하여, 새로운 레이어에 각기 다른 스케치를 그리는 방법으로 많은 스케치를 만들어볼 수 있다. 레이어 보기 기능을 켜고 끄며 각 레이어(아이디어)들을 바꿔볼 수 있다. 또한 스케치 하나를 다양한 레이어 묶음으로 만들 수도 있다. 아래 이미지는 포토샵에서 활용할 수 있는 방법을 보여준다.

1 아래 이미지와 같이 레이어를 생성한다. 네 개의 이미지는 원본 이미지 레이어(Cell phone photo라는 제목의 레이어), 템플릿이 그려진 레이어(template 레이어), 그리고 스크린 내용이 포함된(체크박스가 표시된 Buy/Sell 레이어와 번호가 적힌 Buy/Sell 레이어) 두 개의 다른 스케치 레이어를 보여주고 있다. 레이어 보기는 특정 레이어만 보이도록 숨김 설정이 되어있다.

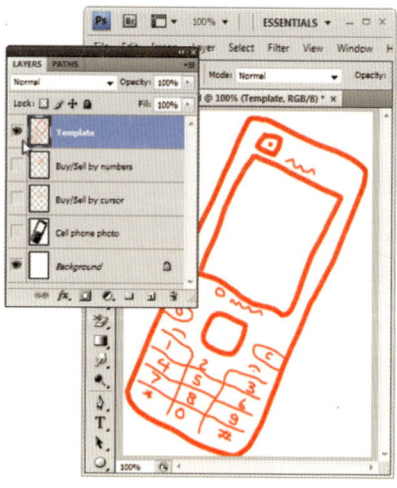

팁

파워포인트와 같은 슬라이드웨어를 사용하는 경우 레이어 대신 슬라이드를 사용할 수 있다. 예를 들어 이미지를 첫 번째 슬라이드에 두고 첫 번째 슬라이드 복사본을 두 번째 슬라이드로 생성한다. 파워포인트 드로잉 도구를 이용하여 폰 이미지 위에 스케치를 한다(섹션 3.6 참고). 개별 드로잉을 그룹화 한 후, 해당 템플릿만 남겨둔 채로 두 번째 슬라이드 이미지를 지운다. 템플릿을 복사해 새 슬라이드를 생성하면 이 슬라이드를 레이어와 같이 드로잉하여 사용할 수 있다. 슬라이드와 시각 요소들을 섞고 결합하여, 다양한 이미지와 스케치 요소를 재사용할 수 있다.

3.8 템플릿

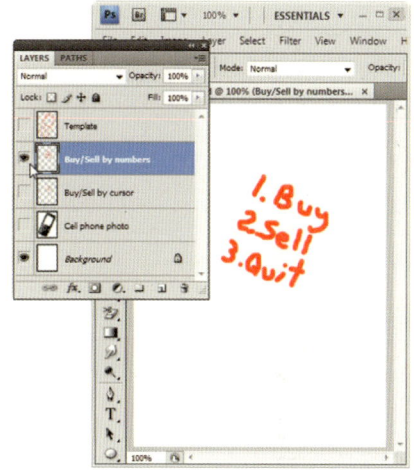 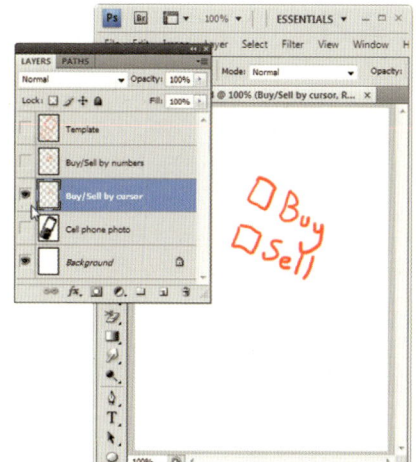

2 각기 다른 스케치를 만들기 위해 레이어를 결합한다.

포토샵에서는 레이어 보기 설정을 조정하면 가능하다. 두 개의 이미지는 두 가지 레이어를 결합한 것이다. 두 개 이미지 모두 템플릿 레이어가 보이도록 설정하였다(폰 스케치를 보이도록 함). 첫 번째 이미지는 번호로 Buy/Sell 메뉴를 나눈 레이어를 보이도록 하였고, 두 번째 이미지는 체크박스가 표시된 Buy/Sell 메뉴 레이어를 보이도록 하였다. 예로 든 이미지 상에서는 이용하지 않았으나, 스케치 된 템플릿 이미지 대신 폰 원본 이미지 레이어를 보이도록 설정하여 이를 사용해도 좋다.

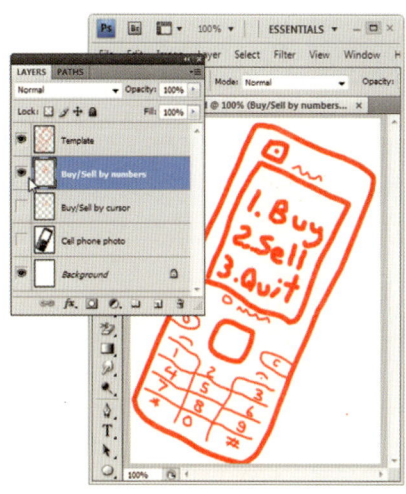 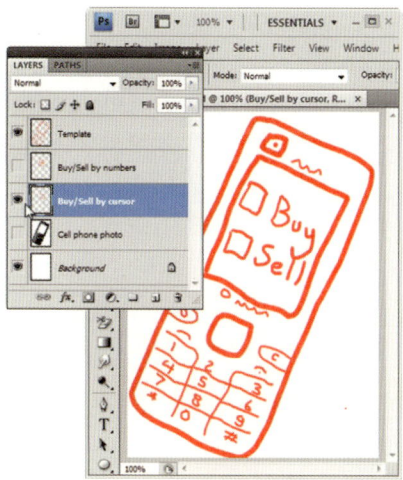

145

다시 종이로 돌아오기

소프트웨어를 활용해 템플릿을 만들 수 있으나 사실 이는 중요하지 않다. 언제나 그랬듯 펜이나 연필을 이용해 드로잉하는 것이 더 빠르고 간편하다.

1 이미지를 출력한다.

2 트레이싱지를 대고 연필 또는 마커를 이용하여 이미지를 따라 그린다.

3.8 템플릿

3 템플릿을 복사하거나 스캔한 후 출력하여 복제본을 여러 개 만든다.

4 프린트 된 템플릿 위에 펜이나 연필로 스케치한다.

147

또 다른 사례: 웹페이지 템플릿

다음 사례는 위와 같은 방법이 웹페이지 템플릿을 만드는 데 어떻게 활용되는지 간단하게 보여주고 있다. 이 사례는 한 디자이너가 Saul Greenberg's Grouplab 웹사이트에서 새롭게 만드는 '프로젝트' 페이지의 공통 스타일을 스케치한 것이다. 이 웹사이트의 스타일 가이드는 모든 페이지가 따라야 하는 정해진 룩앤필을 지정하고 있다. 상단의 배너는 항상 사이드 바의 배너와 동일해야 한다(하이라이트가 조금씩 다를 수 있더라도). 아래 내용은 디자이너의 작업 순서로, 여러분이 해당 사이트나 자신만의 사이트에 반복적으로 적용해볼 수 있는 과정이다.

1 스크린캡처 도구를 이용해 소스 이미지를 캡처한다.

2 이미지 에디터를 이용해 스케치 영역으로 활용할 영역을 흰색으로 처리한다. 편집 도구를 이용하여 템플릿 부분을 수정할 수도 있다. (푸른색 하이라이트 위치가 'Project' 탭 위로 변경되었다)

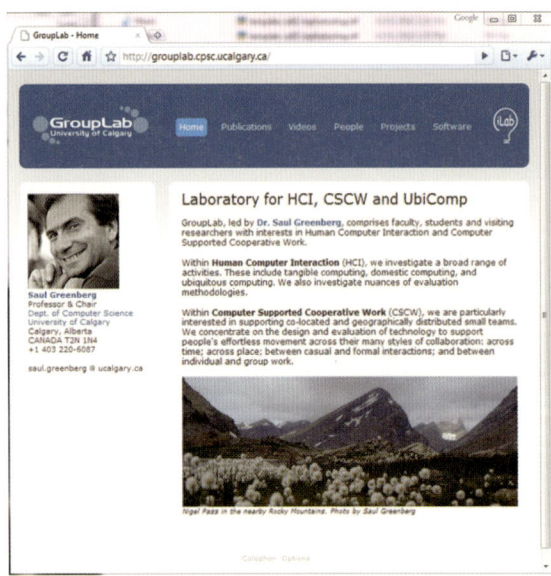
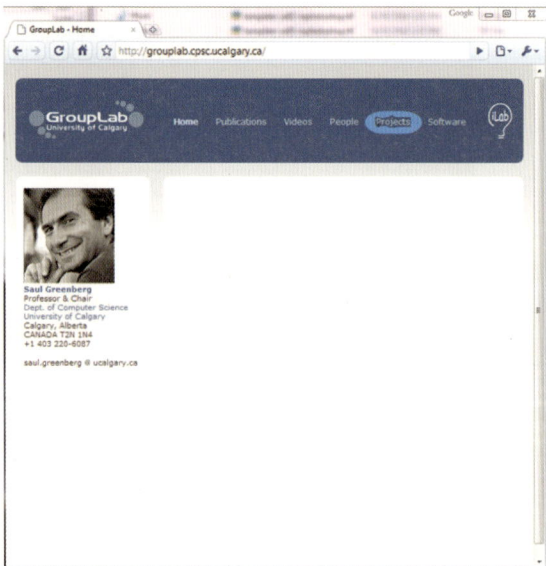

3 템플릿을 활용하여 2번에서 만든 이미지를 아이디어 스케치한다. 아래 두 이미지는 'Project' 페이지 레이아웃에 대한 두 가지 아이디어를 보여주고 있다. 아래의 경우 레이아웃을 만들기 위해 이미지 에디터가 활용되었다.

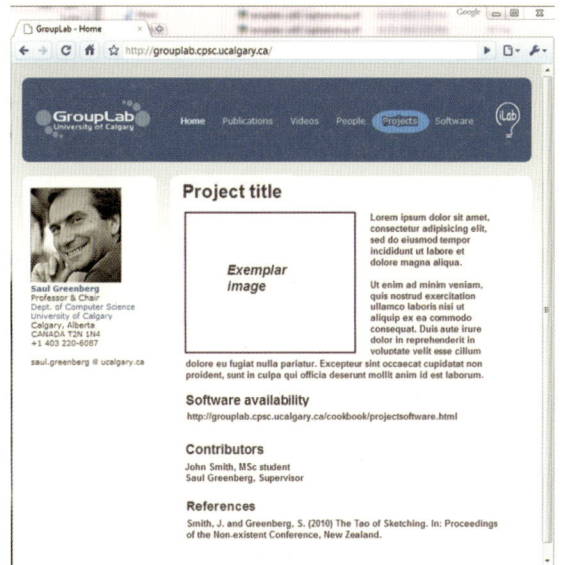 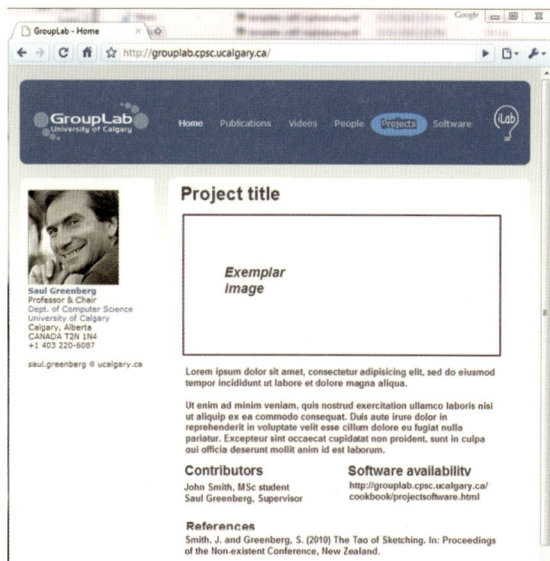

이제 알게 된 것

템플릿은 아이디어를 스케치할 흰색 영역과 함께 시스템의 고정된 부분을 표현하는 이미지다. 템플릿은 레이어를 통해 재사용되도록 만든 것 또는 사진, 따라 그린 그림, 디지털(혹은) 종이 형태 등이 될 수 있다.

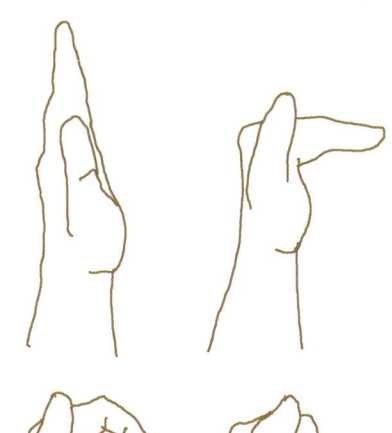
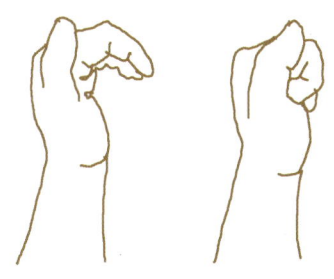

3.9

포 토 트 레 이 스

스케치의 기반이 될 스케치 아웃라인 컬렉션 만들기

섹션 3.8에서 핸드폰 트레이싱 기법(핸드폰을 따라 그리는 기법)과 그것을 템플릿으로 활용하는 법을 배웠다. 트레이싱 기법을 좀 더 범용적으로 활용하면, 현실의 특정 개체를 표현하고 이를 스케치에서 반복적으로 사용할 수도 있다. 여기서 특정 개체라는 것은 우리가 작업을 하는 탁자라든가, 다양한 행동, 자세, 손동작을 하고 있는 사람들, 또는 방과 같은 물리적인 공간을 모두 포함한다. 방법은 간단하다. 좋은 사진을 찍고 포토 트레이스를 만들기 위해 그 사진을 따라 그린다. 그리고 그 트레이스를 스케치 요소로 저장한 후 이를 복사하여 스케치 요소 중 하나로 활용하면 된다. 드로잉 스킬이 없는 사람들도 복잡한 사물에 대해 꽤나 좋은 포토 트레이스를 만들 수 있기에, 단순하지만 매우 좋은 방법이라 할 수 있다.

준비

디지털 카메라와 삼각대

아래 기능이 지원되는 디지털 드로잉 에디터

사진 불러오기, 사진 투명도 설정하기, 사진 위에 드로잉하기, 드로잉을 레이어로 저장하기

대표적 에디터는 어도비 포토샵 혹은 일러스트레이터나 이 외에도 다양한 디지털 드로잉 에디터를 사용할 수 있다.

선택사항

간단하게 드로잉하기 위한 펜 기반 입력 장치(펜 기반 컴퓨터 또는 태블릿)

포 토 트 레 이 스 만 들 기

예를 들어 여러분이 사람의 손동작을 인식하는 커다란 수직 혹은 수평 디스플레이에 대한 아이디어를 스케치한다고 가정해보자. 이를 위해서는 다양한 손동작을 표현하는 스케치 요소들이 필요할 것이다.

1 원하는 손동작을 정한 뒤 삼각대를 이용하여 장면이 잘 포착될 수 있도록 카메라의 각도를 맞춘다. 그리고 나서 스케치를 원하는 손동작을 촬영한다.

팁

사진 각도
사진을 찍기 위한 적절한 각도를 선택한다.

위, 옆 혹은 대각선의 각도를 선택할 수 있으며, 이는 여러분이 스케치 요소를 어떻게 활용할지 여부에 따라 달라질 수 있다.

스케치 요소를 계속 모으기 위해서 삼각대에 카메라를 고정시켜 놓고 같은 앵글로 여러 장을 찍는다.

선 굵기
대부분의 드로잉 시스템에서는 매우 가는 선 굵기를 기본으로 제공한다. (예. 1 Pixel) 하지만 이것을 사용하는 대신, 좀 더 굵은 선을 사용한다. 굵은 선을 사용하면,

ⓐ 트레이스를 좀 더 잘 알아볼 수 있고,

ⓑ 간단한 스케치를 빠르게 그려낼 수 있다.

굵은 선은 스케치를 만화 이미지처럼 좀 더 '스케치스럽게' 만들어주기도 한다.

에디터 프로그램에서 트레이스에 어울리는 선 굵기를 조절하여 적절한 것을 선택하도록 한다.

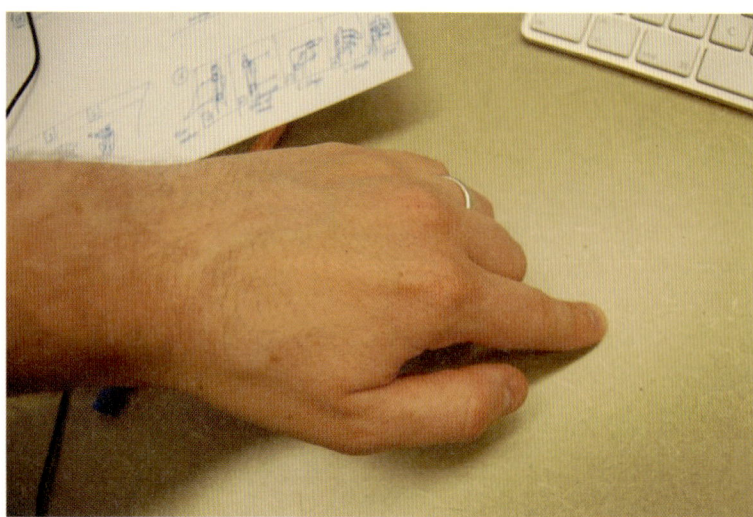

2 디지털 드로잉 에디터에 첫 번째 손동작 사진을 불러온다. 사진을 따라 그리기 쉽도록 사진의 투명도를 50%로 조절한다. 또한 선의 굵기는 약간 굵게 조정한다.

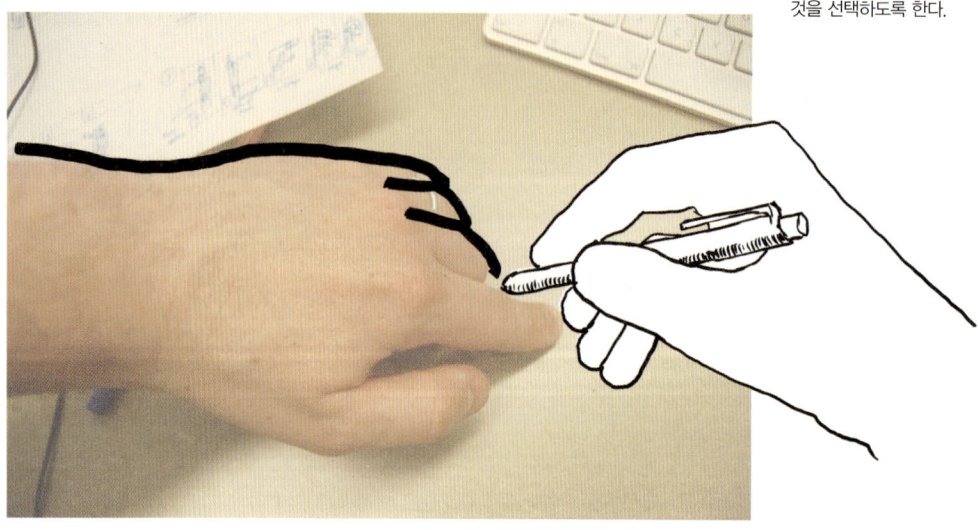

3.9 포토 트레이스

3 손 사진의 가장자리를 따라서 선을 그린다. 지나치게 정확하게 그릴 필요는 없으며, 위 그림과 같이 손의 기본적인 형태를 포착할 수 있으면 된다. 배경에서 손의 원본 사진을 지워보라(혹은 섹션 3.8에서와 같이 레이어를 숨긴다). 드로잉 페이지에는 크기나 각도, 선 굵기의 조정이 가능한 손 모양의 선만이 남을 것이다. 이를 저장하여 나중에 사용해 보라.

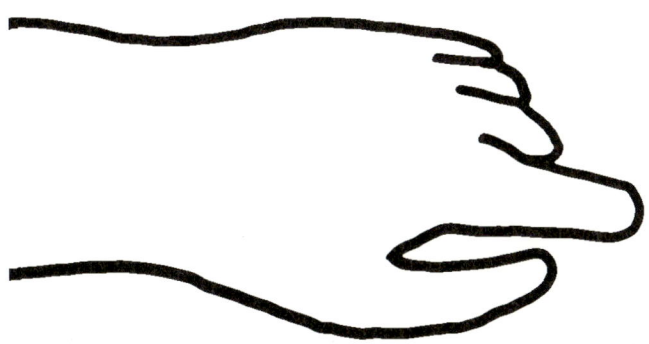

4 1에서 3단계를 반복하여 다른 손동작도 만들어보라.

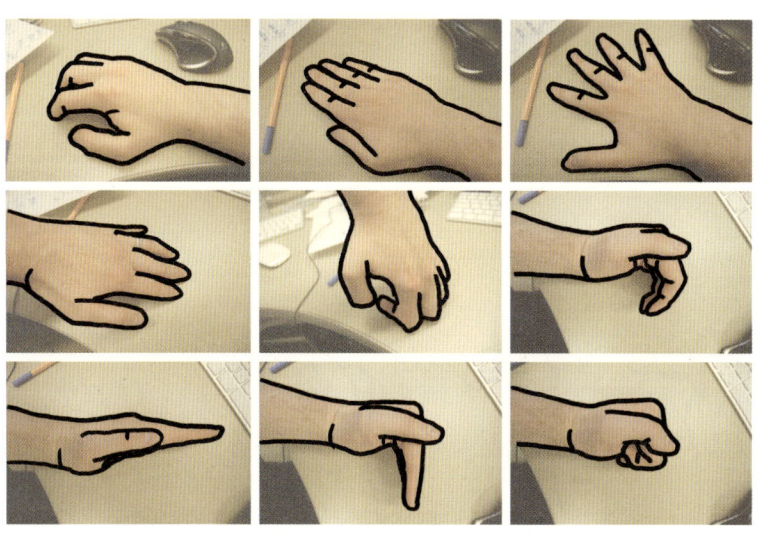

153

포토 트레이스 활용하기

사례 연구1: 손 동작의 흐름

1 디지털 테이블과 같은 수평 디스플레이에 적용될 제스처를 스케치한다고 가정해보자. 적절한 손동작 스케치를 선택하여 시간에 따라 다른 제스처를 보여줄 수 있도록 한다. 이번 사례에서는 손을 펼친 상태에서 주먹을 쥐는 제스처를 만들어보기로 한다.

2 그려둔 손동작 드로잉을 손끝이 위로 향하도록 돌린다. 그런 다음, 네 개의 손 동작 아웃라인을 하나의 스케치로 만들어 흐름이 보이도록 한다. 일직선

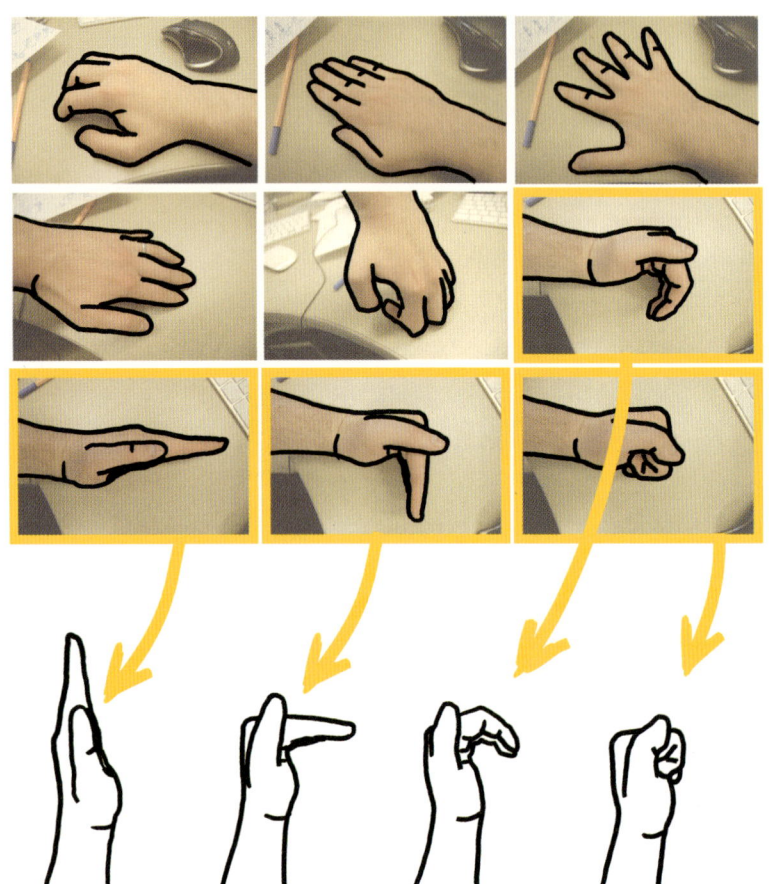

으로 펼친 손에서 'L' 모양으로 굽힌 동작, 'C' 모양으로 굽힌 동작, 마지막으로 주먹 쥔 손의 순서로 배치한다.

3 이제 흐름을 표현하는 스케치를 추가한다. 손의 각 부분이 서로 어떤 방향으로 움직일지 보여주는 화살표들은 인터랙티브 테이블 위에서 동작을 구분하기 위해 표시하였다.

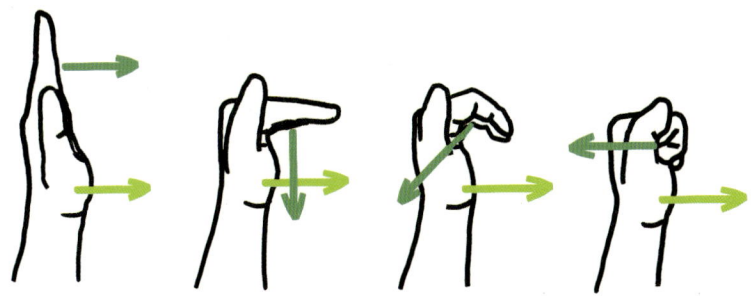

사례 연구2: 두 개의 다른 스케치에 한 개의 스케치 요소 활용하기

아래 두 가지 사례는 인터랙티브 테이블 위에서 사용할 수 있는 제스처 인터랙션을 표현한 스케치다. 먼저 간단한 손 동작 아웃라인에서부터 시작하나, 이전과는 달리 두 개의 다른 상황을 표현하는 데 하나의 손 스케치만을 사용한다. 중요한 점은 하나의 손 동작 아웃라인을 다시 사용하고 그 주변을 드로잉 하면서 스케치를 좀 더 간단하게 만든다는 점이다.

1 포토 트레이스를 활용하여, 움켜쥐는 동작의 손을 그린다. 이후 모든 스케치에서 이 동작을 사용할 것이다.

2 만들어둔 손 동작 아웃라인을 복사하여 두 개로 만들고, 사이즈와 위치를 조절한다.

3 개별 이미지

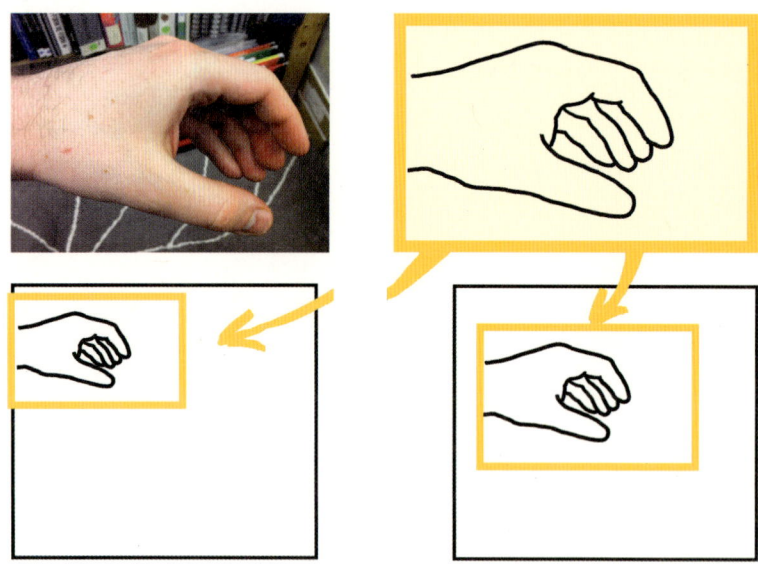

3 작은 상자나 주사위처럼 손으로 잡을 물체를 스케치한다.

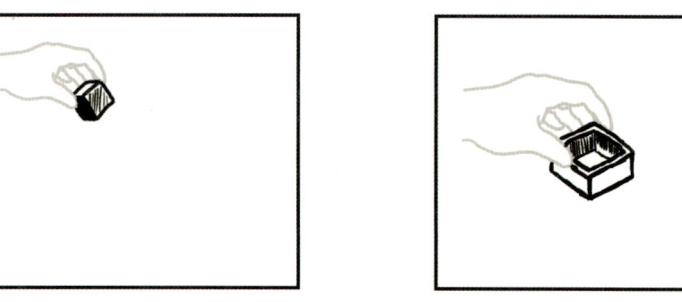

4 인터랙티브 테이블을 그려 넣는다. 테이블의 아웃라인을 보여주기 위해 직선을 그리고 테이블 측면에 사선으로 그림자를 표현한다.

 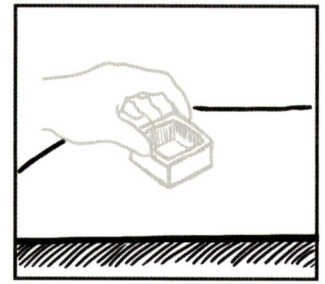

5 테이블에 다른 물체 또는 테이블 표면에 디스플레이 될 시각요소(가상 그림자)를 그려 넣는다.

6 마지막 스케치 단계로, 움직임이나 제스처를 표현하는 화살표 등의 주석을 추가한다. 주석의 색상을 스케치와 구분되게 하면, 이것이 드로잉의 일부분이 아니라 드로잉을 표현하는 주석이라는 사실을 명확하게 해줄 수 있다.

7 이 두 개의 스케치는 사람이 제스처를 통해 인터랙티브 테이블의 디지털 콘텐츠와 어떻게 인터랙션할 수 있을지를 표현하기 위해 만든 이미지 컬렉션 중 일부분이다. 다음은 이 컬렉션의 또 다른 예시 이미지로서, 손 동작의 아웃라인을 만드는 데 포토 트레이스 기법을 사용하고 있다. 핸드폰, 태블릿, 투명 아크릴 시트와 같은 다양한 디바이스나 물체를 만드는 데에도 동일한 기법을 사용하였다. 포토 트레이스를 이용해 이와 같은 스케치를 연습해보자.

3 개별 이미지

사례 연구 3 : 이 책에서 활용된 포토 트레이스

이 책을 소개하는 첫 페이지에서 포토 트레이스가 활용되었다. 왼쪽에 있는 것은 원본 사진이고, 포토 트레이스는 오른쪽이다. 실제 사진에는 없는 것을 스케치에 어떻게 그려 넣었는지 확인해보라. (예. 플립 북의 이미지들, 벽 포스터에 그려진 상세한 노트들)

연습해보기

태블릿 컴퓨터 사용자 사이에 데이터를 교환하기 위한 인터페이스를 스케치 해보자. (예. 사진 교환) 사용자가 태블릿을 들고 있는 부분을 포토 트레이스를 활용해 스케치해본다. 예시 이미지를 참고하여 자신만의 스케치를 완성해본다.

❶ 태블릿 컴퓨터를 들고 있는 사람의 사진을 찍는다.   ❷ 책에서 배운 내용을 활용하여 포토 트레이스를 만든다.

❸ 이 포토 트레이스를 복사하여 기본 스케치로 활용한다. 물론 추가적으로 포토 트레이스를 더 만들어 쓸 수 있다.

두 개의 사용자 인터페이스 스케치

Ⓐ 사용자가 전송할 사진과 받는 사람을 선택하고,
버튼을 눌러 사진을 전송한다.
여기서 사용자의 손과 검지손가락은
추가로 만든 포토 트레이스이다.

Ⓑ 사용자가 썸네일 사진을 선택한다.
자신의 태블릿을 상대방의 태블릿과 부딪혀
사진이 전송되도록 한다.
두 번째 태블릿은 기존의 포토 트레이스를
가로 방향으로 뒤집은 것이다.
태블릿 이미지를 자세히 보면 두 개는 동일한 이미지다.
태블릿 상 콘텐츠만 다르게 표현되었다.

이제 알게 된 것

스케치를 하다 보면 어떤 것은 그리기 어려울 때가 있다. 포토 트레이스를 활용하면, 스케치를 '그럴싸하게' 보여줄 다양한 스케치 요소를 빠르게 만들어 낼 수 있다. 하나하나 그리는 것보다 훨씬 빠르게 작업을 끝낼 수 있다.

참고문헌

- **Marquardt, N., Jota, R., Greenberg, S., Jorge, J.** (2011) 「The Continuous Interaction Space: Interaction Techniques Unifying Touch and Gesture On and Above a Digital Surface」. Proceedings of IFIP TCl3 Conference on Human Computer Interaction - INTERACT 2011. (Lisbon, Portugal).

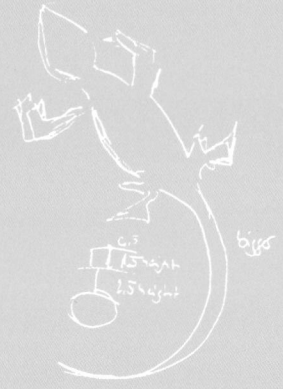

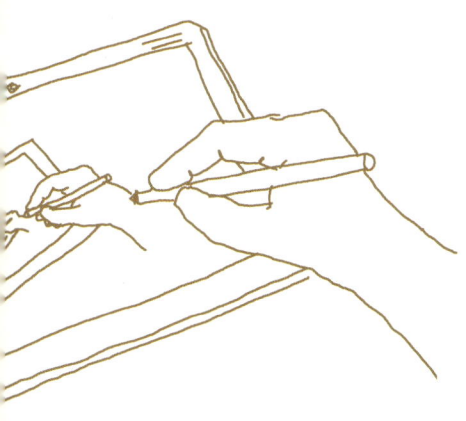

3.10

하이브리드 스케치

스케치와 사진 결합하기

어떤 디자이너들은 아이디어 스케치에 마치 인생사라도 새겨 넣을 양 디테일하게 그린다. 물론 이렇게 디테일한 스케치는 주위 환경을 자세히 보여주거나 놓치기 쉬운 인터랙션 과정에서의 사용 맥락을 명확히 전달하는 데 도움은 준다. 문제는 여기서 고난이도의 스케치 능력이 요구된다는 점이다.

하이브리드 스케치를 통해 스케치를 사진과 결합하면 다양한 세부요소를 표현할 수 있다. 스케치에 결합된 사진을 통해 특정 인터랙션이 일어나는 장소에 관한 정황적 정보를 보여줄 수 있다. 그 맥락 안에서 시스템 디자인이 어떻게 구현될 것인가에 대한 부분은 스케치 요소와 텍스트(주석)로 표현된다. 더구나 현재 디자인에서 어떤 부분을 대체하거나 추가해야 할지에 대해서도 강조하여 보여줄 수 있다.

사례 연구 1: 교통 정보 애플리케이션

하이브리드 스케치 기법 활용에 관한 사례를 보자. 태블릿 컴퓨터의 교통 정보 애플리케이션을 이용하는 사용자에 대한 스케치를 하고자 한다. 중요한 점은 애플리케이션을 사용하는 정황을 보여주어야 한다는 점이다. 여기서는 지하철역이다.

1 **인터랙션이 일어나는 장소에서 여러 장의 사진 찍기**

스케치 시작 단계에서 지하철역 플랫폼에서 찍은 사진을 활용한다. 사진의 위치와 각도는 보통 사용자가 애플리케이션을 사용할 때 바라보는 시선視線으로 설정한다.

2 **포토 트레이스를 새로 만들거나 이전의 것을 활용하여 사람이나 시스템 그려 넣기**

이제 찍어둔 사진 위에 스케치를 그려 넣는다. 아래 이미지의 태블릿 컴퓨터를 들고 있는 사람의 손 이미지와 같은 경우 이전 섹션에서 언급했던 포토 트레이스를 활용할 수 있다. 포토샵이나 파워포인트 등의 적합한 편집 프로그램을 사용하여 그려둔 스케치를 사진 위에 오버레이 한다.

3 아웃라인 스케치를 위한 불투명 배경 만들기

포토 트레이스는 보통 라인으로만 구성된다. 스케치 아래로 사진 배경이 그대로 보인다는 뜻이다. 사진에서 포토 트레이스 스케치가 좀 더 강조되도록 하기 위해서는 흰색으로 스케치 바탕을 채우는 것이 좋다. 스케치를 배경과 구분 짓는 효과뿐 아니라 태블릿 이미지의 빈 공간에 스케치를 추가로 더 그려넣을 수 있다는 장점도 있다. 배경색 채우기는 포토 트레이스를 만드는 데 사용했던 소프트웨어를 통해 실행 가능하다. 예를 들어 포토 트레이스 스케치의 패스path가 닫힌 모양shape•이라면, 채우기fill 명령을 통해 해당 패스path에 색을 채워 넣을 수 있다. 만약 포토 트레이스가 모양이 아닌 선으로만 구성되어 있다면, 먼저 해당 모양을 본 떠 다각형을 하나 만들고 흰색으로 채운 뒤 테두리 없음으로 설정한다. 이것을 스케치 아래에 오도록 배치하여 스케치 라인이 흰색 바탕 위에 나타날 수 있도록 한다.

• Shape: 포토샵에서 개체에 빈 공간이 없이 완전한 패스path를 가리킨다.

4 인터페이스 그리기

이제 태블릿 화면 위에 교통 정보 앱의 상세한 인터페이스를 스케치한다.

사례 연구2:
사용자와 디바이스 간 인터랙션 강조하기

다음 사례는 동일한 방법을 다른 상황에 적용한 것이다. 여기서 우리는 사용자가 핸드폰을 가지고 대형 디스플레이와 인터랙션하는 것을 강조하여 표현할 뿐 아니라, 사용자가 실제 사용하고 있는 인터랙션(사용자가 어디를 가리키고 있는지에 대한 정보)을 보여주고자 한다. (그린버그의 하이브리드 스케치 관련 논문을 읽어보라.)

3.10 하이브리드 스케치

1 사용자와 디바이스를 포함해 상황과 관련된 사진을 촬영한다. 예를 들어 핸드폰을 들고 있는 사용자가 스크린을 가리키는 장면을 찍는다. 여기서 문제는 사진을 잠깐 보고 어떤 일이 일어나고 있는지 알아보기가 쉽지 않다는 점이다.

2 핸드폰을 들고 있는 사용자의 모습을 포토 트레이스로 만든다.

3 포토 트레이스로 만든 스케치를 흰색으로 채운다.

4 사용자가 들고 있는 핸드폰은 시각적으로 강조될 수 있도록 다른 색으로 채운다.

5 핸드폰이 스크린을 가리키고 있음을 강조하여 보여줄 수 있도록 붉은색 점선을 표시한다.

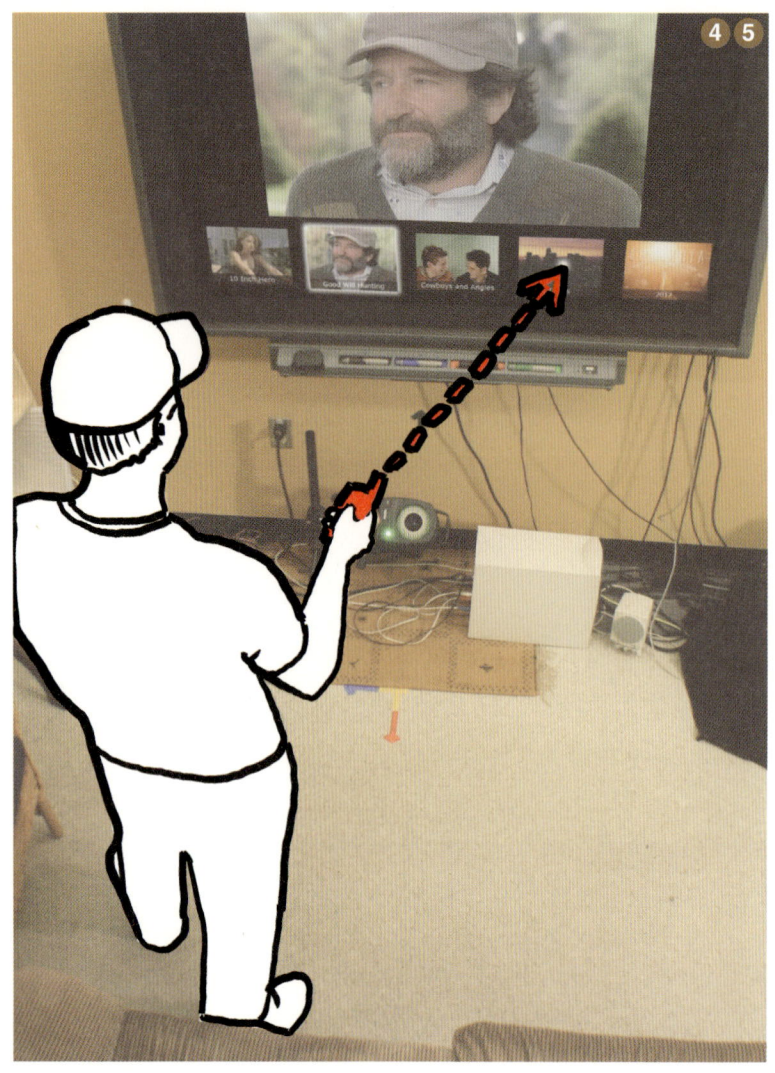

마지막 스케치를 원본 사진과 비교해보자. 사용자와 핸드폰, 그리고 붉은색으로 표시된 설명 선을 사진 위에 그려 넣음으로써, 보는 사람이 사용 정황을 쉽게 파악할 수 있게 되었음을 알 수 있다. 또한 스케치를 통해 표현하고자 하는 인터랙션 기술과 사용자가 특정 환경에서 어떻게 핸드폰을 사용하는지에 관한 내용도 자연스럽게 알 수 있게 되었음을 볼 수 있다.

사례연구 3:
증강 현실 온도 조절기 시각화 작업

하이브리드 스케치는 주어진 상황에서 다양한 디자인 아이디어를 적용해 볼 수 있게 한다. 이번 사례에서는 먼저 집안 온도 조절기 사진을 촬영하였다. 이 스케치는 핸드폰을 온도 조절기로 가져갔을 때 핸드폰 프로젝터가 보여주는 시각적 요소이다. 이러한 시각적 요소로 난방 사용 정보(일, 주, 월간정보)를 알 수 있다.

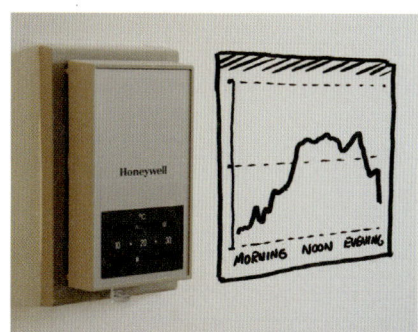

연습해보기

부엌 또는 전자레인지나 오븐과 같은 가전기기 컨트롤 패널 사진을 찍어보자. 이러한 가전기기에 장착된 컨트롤러가 터치 패널 기능을 가지고 있다고 상상하고, 이를 위한 인터페이스를 디자인해본다.

가스레인지 사진 위에 터치 스크린을 그려 넣는다. 그러고 나서 물리적 컨트롤러로 실행되었던 기능들을 터치 패널을 통해 어떻게 대체할 수 있을지에 대한 최소한 세 가지 이상의 대안을 스케치해본다. 검정색 마커나 사인펜을 이용하면 시각적 효과를 극대화 할 수 있다. 다음 연습 과제로는 물리적 컨트롤러 방식을 그대로 두고 더욱 향상된 대안을 실제 사진 위에 디자인해보라.

이제 알게 된 것

하이브리드 스케치는 다음과 같은 목적으로 사용한다. 스케치에 장소의 정황적 정보를 더해주기 위함이다. 혹은 사진과 스케치를 겹쳐 보여줌으로써 우리가 놓칠 수 있는 사용자의 인터랙션을 강조하여 설명할 수 있다. 또한 현재 디자인에 어떤 부분을 추가할 수 있는지를 강조하여 표현함으로써 다양한 디자인 대안을 보여줄 수 있다.

참고문헌

- Greenberg, S., Marquardt, N., Ballendat, T., Diaz-Marino, R., Wang, M. (2011) 「Proxemic Interactions: The New Ubicomp?」 ACM Interactions, pp 42~50. ACM, January~February.

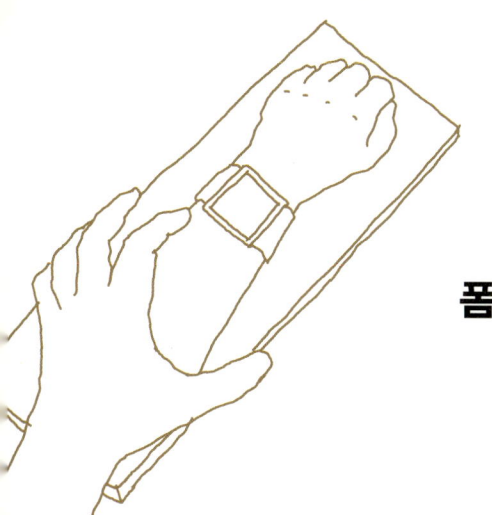

3.11

폼 보 드 를   사 용 해   스 케 치 하 기

물리적 재료와 함께 활용되는 스케치

대부분의 사람들은 스케치를 종이와 펜으로 하거나, 혹은 비슷한 기능의 디지털 도구로 하는 것이라고 생각한다. 그러나 스케치는 물리적인 제품 모형이나 시뮬레이션을 만드는 과정에서 활용되기도 한다. 건축가들이 빌딩과 주변환경 모델을 제작할 때 이러한 방법을 이용한다. 산업디자이너들은 지점토로 제품 모형을 만들 때 이를 사용한다. 인터랙션 디자이너들 역시 폼보드 시트와 판지와 같은 다른 일반적인 재료들을 사용해 제품 인터랙티브 모델을 설계한다. 제품을 표현하는 종이 스케치와는 달리, 제품을 실제로 '동작시키는' 스케치도 가능하다.

이 섹션에서는 폼보드 몇 장을 활용해 간단한 목업을 제작하는 법을 배울 것이다. 이러한 방법을 이용하면 낮은 수준이지만 기존 제품의 복사물을 만들거나 확장하는 데 활용할 수 있다. 또한 상상 속의 제품을 현실로 재현하는 데도 활용해볼 수 있다.

준비

폼보드—약 5mm 두께(화방이나 대형 사무용품점에서 구할 수 있다), 여러 장의 종이와 펜, 가위, 칼, 풀, 카메라와 프린터

방법 1: 디지털 시계 인터페이스 스케치하기

터치 스크린 인터페이스가 내장된 디지털 손목시계 폼보드 모형을 제작하는 과정을 통해 폼보드를 소개하고자 한다. 결과물은 시계를 차고 있는 손목이 될 것이고, 디스플레이 아래의 긴 종이(시계 스크린 스토리보드가 그려진 종이)를 밀면 디스플레이에서 보이는 화면을 바꿀 수 있도록 할 것이다.

1 손목 사진을 찍어 포토 트레이스를 만든다(섹션 3.9의 포토 트레이스 참조).

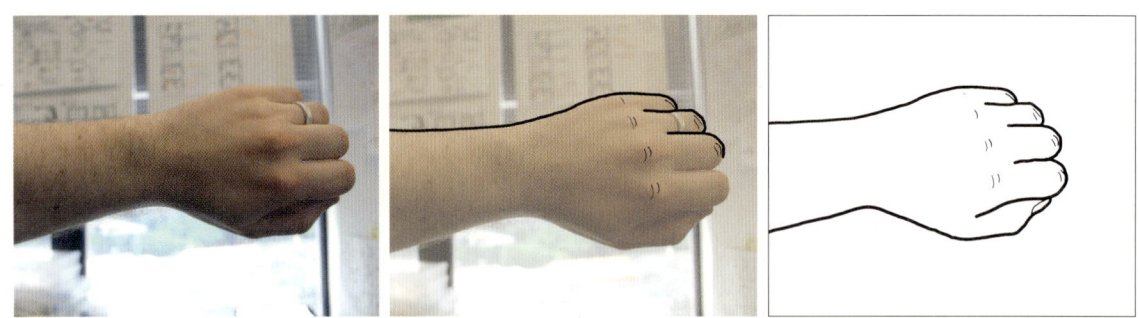

2 손목 스케치 위에 손목시계를 그려 넣는다. 디스플레이 안에 스크린 화면을 표현할 것이기 때문에 시계 디스플레이를 조금 크게 그리도록 한다.

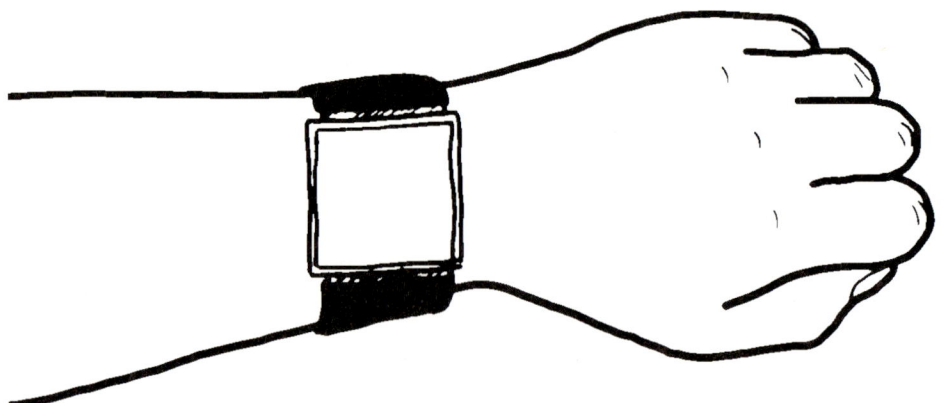

3 실제 사람의 손목과 비슷한 크기로 스케치를 출력한다. 사용하고 있는 프로그램에서 출력 크기 셋팅을 이용하거나 컴퓨터의 프린트 설정 창에서 이를 조정할 수 있다.

4 프린트 된 스케치를 폼보드에 풀로 붙인다.

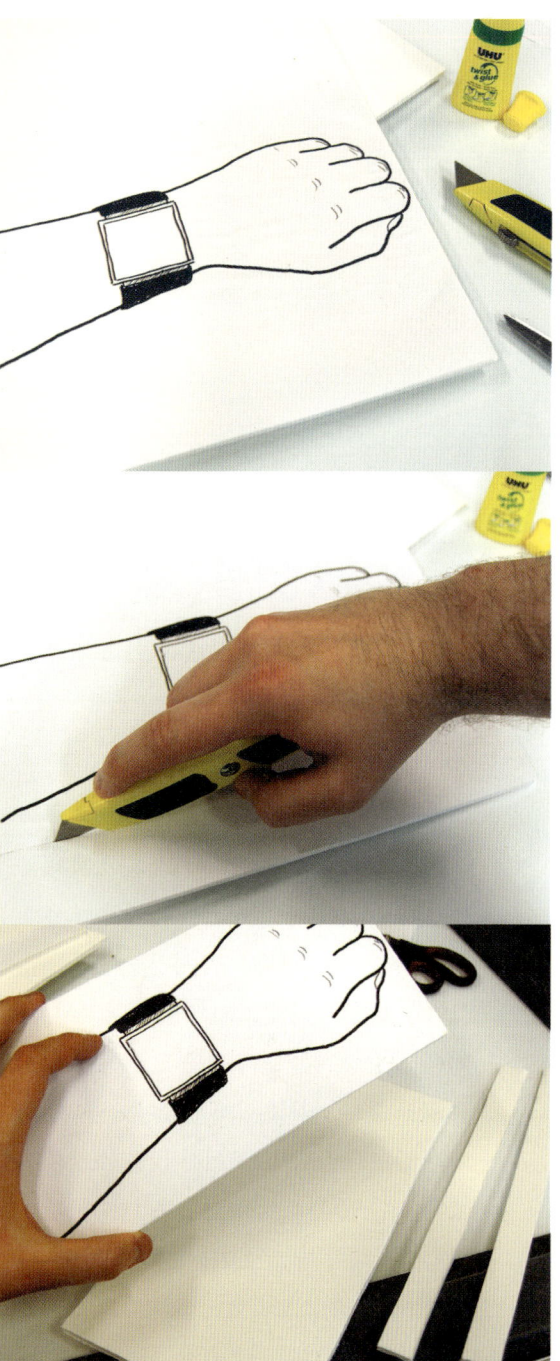

5 스케치를 사각형으로 잘라낸다

6 손목 이미지가 붙어 있는 사각형과 같은 크기로 폼보드 하나를 더 잘라둔다. 그리고 나서 이 폼보드와 길이가 같은 두 개의 얇고 긴 사각형을 잘라 옆에 둔다. 잠시 후 이것을 손목 보드 아래서 스토리보드 이미지를 고정시킬 틀로 사용할 것이다. (그림 참조)

7 손목시계의 디스플레이 중앙 부분을 잘라낸다.

8 폼보드 틀을 만든다. 이 틀을 통해 시계 디스플레이 아래서 스토리보드를 밀어 넣을 수 있도록 할 것이다. 두 개의 얇은 긴 사각형을 미리 잘라둔 폼보드 양 끝에 붙인다. 그런 다음 그것을 시계 아래 붙인다. 손목 아래 기다란 빈 통로가 만들어질 것이다.

9 다음 단계는 스토리보드 시퀀스를 스케치(섹션 4.1)하는 것이다. 이 시퀀스 스케치는 시계 디스플레이 부분의 잘려진 사각형 부분에서 보여질 것이다. 먼저, 폼보드 사이 통로에 맞게 긴 사각형 띠를 잘라 만든다. 짧은 사각형을 풀로 붙여 연결해 길게 만들어도 좋다. 종이가 길수록 스토리보드에서 많은 스크린을 보여줄 수 있다. 스토리보드 종이가 잘린 시계 디스플레이 창 밑으로 잘 움직이는지, 잘 보이는지 보라. 스토리보드 종이 띠를 통로에 밀어 넣을 것이다.

10 긴 종이 띠를 폼보드 통로에 밀어 넣고 연필로 디스플레이 영역을 그려 넣는다. 종이 띠가 끝날 때까지 밀면서 계속 그려 나간다. 스토리보드를 위한 충분한 양의 사각형을 그려낼 때까지 이 작업을 반복한다.

11 이전 섹션에서 배웠던 내용을 활용하여, 앞서 그려둔 사각형 안에 스토리보드를 스케치한다. 스토리보드에 관해서는 섹션 4.1에서 더 자세히 다루도록 하겠다.

12 터치 스크린 시계의 폼보드 프로토타입이 완성되었다. 종이 띠에 그려진 사용자 인터페이스 시퀀스를 밀어 넣으며 다른 사람에게 인터랙션을 시연해보라. 다음 스크린으로 넘어가기 전에 상대방에게 특정 영역을 터치하도록 해볼 수도 있다.

13 각 스크린을 손으로 그리는 대신에 이를 디지털로 작업하여 출력할 수도 있다. 한 가지 제약사항이 있다면 출력한 스크린 크기가 잘라낸 디스플레이 영역과 일치해야 한다는 점이다. 아래 이미지에서는 다음 섹션에서 소개될 사용자 인터페이스 시퀀스를 보여주고 있다.

응용해보기

아래 사진은 손바닥 크기 정도의 소형 디바이스를 프로토타입으로 만든 것이다. 폼보드로 만든 손목 사례와는 달리 이 디바이스는 바로 경험해 볼 수 있도록 만들었다. 디바이스 상의 물리적 버튼과 디지털로 작업된 스케치는 프로토타입이 최종 제품과 흡사해 보이도록 하는 데 도움을 주고 있다. 이러한 방법은 깔대기 모양의 디자인 프로세스(섹션 1.4 참조)상에서 가장 마지막 단계의 스케치에 적합하다.

사례 이미지는 워싱턴대학교 산업디자인학과 수체 탄Sue Tze Tan의 프로젝트로, 빌 벅스턴의 『사용자 경험 스케치』에서 발췌한 내용이다.

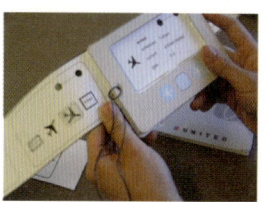

14 연습을 위해 좀 더 다양한 스토리보드를 만들어보자. 각 스토리보드는 시계의 각기 다른 기능이나 사용 시나리오, 혹은 다른 인터랙션 방식을 보여주도록 한다. 예를 들면 동일한 폼보드 모델을 사용하고 스토리보드만 교체하여, 터치와 멀티 터치, 음성 명령 등을 이용해 시계를 조작할 수 있다.

방법 2:
사진을 활용해 기존 제품 프로토타입 만들기

대부분의 인터랙션 디자인은 기존에 사용되고 있는 디바이스와 관련이 있다. 인터랙션 디자이너가 스마트폰이나 태블릿 PC와 같은 기존 제품이 가지고 있는 제약사항 아래서 인터페이스를 설계해야만 하는 것이다. 앞서 소개된 방법과 비슷하게, 여러분은 폼보드를 활용해 기존 제품 모형을 간단하게 만들 수 있다. 폼보드 위에 제품 사진을 붙여 넣는 방법이다. 이러한 방법은 모형의 크기나 외형을 좀 더 현실적으로 보이도록 할 수 있다. 이전 사례와 마찬가지로, 배경, 중간 레이어를 만들어 디자인한 스크린을 고정시키도록 한다.

1 관심 있는 제품의 정면 사진을 찍는 것에서부터 시작해보자. 이번 사례에서는 핸드폰을 활용해보기로 한다. 유명한 브랜드의 제품이라면 온라인 검색을 통해서 적당한 이미지를 쉽게 구할 수 있을 것이나, 그렇지 않다면 사진에서와 같이 제품 정면 사진을 촬영하도록 한다.

2 제품 사진을 출력한다. 반드시 실제 제품 크기와 동일하도록 프린트 크기 설정을 확인하여 조절한다.

3 폼보드 시트에 사진을 풀로 붙인다.

4 제품 사진만 보일 수 있도록 핸드폰 테두리를 따라 칼로 자른다.

5 핸드폰의 디스플레이 부분을 잘라낸다.

6 핸드폰의 배경 부분과 중간 부분의 레이어를 만든다. 배경 레이어의 경우, 맨 앞 레이어와 동일한 사이즈로 폼보드를 자른다. 중간 레이어의 경우, 맨 앞 레이어와 크기는 동일하나 'U'자 형태로 잘라낸 공간을 만들어 디스플레이를 지탱할 수 있도록 한다.

7 맨 앞 레이어와 중간, 배경 레이어를 하나로 모아 풀로 붙인다.

8 이 폼보드 모델은 한 번에 하나의 스크린만 넣어 보여줄 수 있다. 따라서 인덱스 카드와 같이 조금 딱딱한 종이를 작게 잘라 각각의 스크린을 스케치하도록 한다. 각 스크린은 흐름에 따라 정렬되도록 한다. 스케치된 종이를 폼보드의 디스플레이 크기와 가로 길이가 동일하도록 잘라낸다. 여기서 세로 길이는 디스플레이 크기보다 조금 길게 하여, 스케치를 디스플레이 아래로 넣었을 때 1~2cm 정도가 폼보드 위로 올라오도록 한다. 이렇게 하면 각 페이지를 집어서 밀어 넣거나 뺄 때 훨씬 쉽다.

9 인터페이스가 스케치된 종이 카드를 폼보드 모델에 넣고 순서대로 빼고 넣어주면서 인터랙션을 시연해본다.

노트

첫 번째 방법과 같이 스토리보드가 그려진 긴 종이 띠를 밀어 넣어 활용하면 시연이 끊어지지 않고 이어져 자연스럽게 보인다. 그러나 두 번째 개별 카드 방식의 한계는 고정된 시퀀스(섹션 4.1)밖에 보여줄 수 없다는 점이다. 이렇듯 보여주기 불편한 점이 있으나 유연성 측면에서는 장점이 있다. 다양한 화면들 중 사용자의 액션(섹션 4.3. 분기형 스토리보드 참조)에 따라서 하나하나를 선택적으로 보여줄 수 있기 때문이다. 예를 들어, 사용자가 새로운 화면 디자인에 관한 영감을 줄 경우 즉시 스케치하여 스토리보드에 추가할 수 있다.

10 인터랙션 흐름을 표현하려면, 'U'자 형태로 잘라진 영역에 스케치 된 종이를 끼운 뒤 사용자가 액션을 취했을 때 해당 종이를 빼고 다음 화면이 그려진 종이로 교체하면 된다.

노트

물리적 모델이나 프로토타입을 만드는 데에는 다양한 재료들이 활용될 수 있다. 지점토나 철사의 경우 형태를 쉽게 만들 수 있다. 나무의 경우 다른 도구들이 추가로 필요하나 결과물은 더 튼튼하고 내구성 있는 모델로 된다. 이 외 3D 프린터와 같이 실제와 같은 모델을 만드는 전문 장비나 관련 지식이 필요한 경우가 있다.

이제 알게 된 것

이제 여러분은 폼보드 시트를 활용한 스케치를 할 수 있다. 보드를 자르고 풀로 붙이면서 최종 제품 형태와 유사한 모형을 만들어 보는 작업이 가능할 것이다. 종이에 그린 스토리보드 스케치는 모델과 함께 사용해서 인터랙션을 보여줄 수 있다.

Sketching User Experiences
the work book

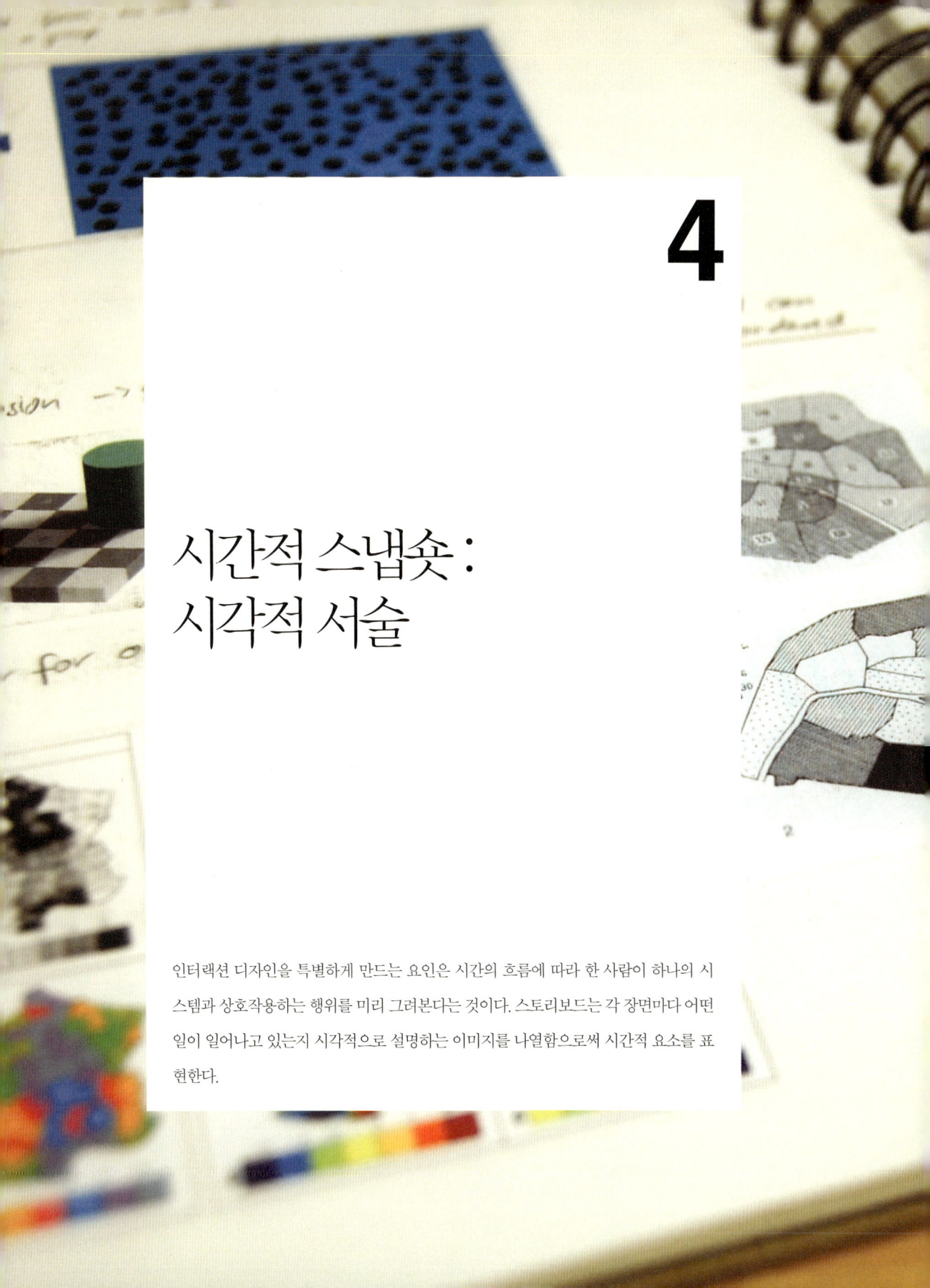

4

시간적 스냅숏 : 시각적 서술

인터랙션 디자인을 특별하게 만드는 요인은 시간의 흐름에 따라 한 사람이 하나의 시스템과 상호작용하는 행위를 미리 그려본다는 것이다. 스토리보드는 각 장면마다 어떤 일이 일어나고 있는지 시각적으로 설명하는 이미지를 나열함으로써 시간적 요소를 표현한다.

4.1 **순차적 스토리보드**는 핵심 아이디어를 시간에 따라 펼쳐지는 연속적인 장면으로 포착하는 시각적 서술기법으로서의 스토리보드를 소개한다.

4.2 **상태변환도**는 스토리보드를 정형화한다. 인터랙션 상태, 인터랙션에 의한 변환, 스토리보드를 통한 여러 결정 과정들을 나타낸다.

4.3 **분기형 스토리보드**는 시간에 흐름에 따른 결정 과정을 시각적으로 설명한다.

4.4 **서술형 스토리보드**는 물리적인 환경, 사람들의 행동, 시간의 흐름에 따라 전개되는 이벤트와 같은 인터랙션 맥락에 대해 이야기한다.

순차적 스토리보드

시간에 따른 인터랙션 순서를 시각적으로 설명하기

준비

휴대폰

한 장의 스케치는 어떤 한 순간에 인터페이스가 어떻게 보여질 것인가에 대한 아이디어를 나타낸다. 하지만 정말 단순한 시스템이 아니고서는 한 장의 스케치에 사용자 경험을 담기엔 역부족이다. 왜냐하면 이러한 경험들은 시간의 흐름에 따라 드러나기 때문이다. 그래서 효과적인 스케칭 방법은 행동, 인터랙션, 그리고 시간에 따른 이러한 경험의 변화를 포함해야 한다. 다행히도, 여러 가지 방법들로 이러한 시각적 스토리텔링을 할 수 있다. 가장 단순한 방법이 바로 스토리보드다.

순차적인 스토리보드

기본적인 스토리보드는 매 순간 인터페이스의 상태를 연속적인 이미지로 표현한다. 여러분은 이미 이러한 개념의 스토리보드에 익숙할 것이다. 만화책이 바로 이러한 형태이며 영화 업계에서는 스토리보드를 통해 영화를 기획한다.

스토리보드는 스케치 컬렉션이라고 할 수 있다. 각각의 스케치는 시간의 흐름에 따라 변화하는 인터페이스의 중요한 순간을 나타내는 **키프레임**key frame 혹은 **상태**state라고 볼 수 있다. 각 프레임들 사이의 공간은 사용자 행동의 결과로서 나타나는 상태와 상태를 이어주는 **변환**transition을 나타낸다. 스토리보드에서 이 변환은 비어 있는 공간으로 보는 사람의 상상력을 채워넣어야 한다.

자세하게 들어가기 전에 이 예제를 시도해보자. 이 스토리보드를 만들어 가면서 여러분이 어떠한 결정을 내리는지 곰곰이 생각해보기 바란다.

연습해보기

휴대폰 연락처에 자신의 이름과 전화번호를 새로 추가하면서 휴대폰의 인터랙션이 어떻게 전개되는지에 대한 스케치를 해보자.

힌트

섹션 3.8에 있는 템플릿을 사용하면 이 과정을 빠르게 그릴 수 있다.

다음 페이지에 필자가 그린 스토리보드가 있다. 파워포인트를 이용해 템플릿을 만들고 각각의 프레임마다 그 템플릿을 붙여 넣은 다음 내용을 채웠다. 또한 템플릿을 여러 장 출력해서 연필로 그 위에 그릴 수도 있었다.

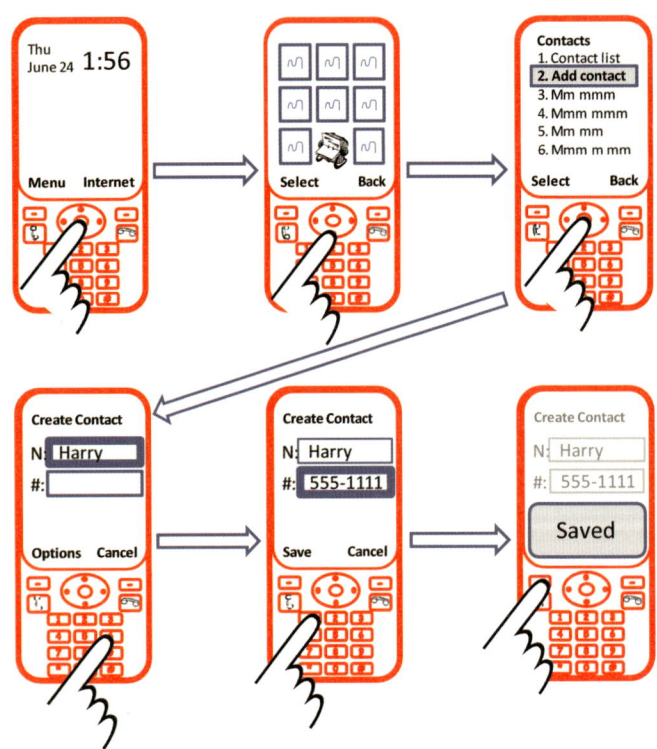

위의 스케치를 어떻게 그렸는가보다 어떻게 시퀀스를 펼쳐낼지를 결정하는 것이 더 중요하다.

각 장면마다 사용자를 보여주어야 하는가?

디테일을 넣을 때에는 그 화면에 그 디테일이 반드시 필요한지 고민해봐야 한다. 위의 스토리보드에서는 각 프레임 사이의 변환이 어떻게 이루어지는지 보여주기 위해 사용자의 손가락을 포함시켰다.

시퀀스를 만들기 위해서 어떤 키프레임을 사용해야 하는가?

만약 스토리보드가 사용자가 행한 모든 행동과 인터페이스 반응을 기록한다면 굉장히 길어질 것이다. 그러므로 과정상 중요한 부분만을 나타내는 핵심 이미지를 선택한다. 예를 들면 4번, 5번 프레임에서는 이름과 전화번호를 입력하는 과정이 보이는데 이러한 입력 과정에서 나머지 자세한 부분은 불필요한 작업이라고 결정한 것이다.

어떤 변환으로 나타내야 하는가?

이미 언급한 것처럼, 각각의 프레임은 상태를 나타내고 연속적인 프레임 사이의 빈 공간은 사용자의 어떤 행동에 의해 이루어진 변환을 나타낸다. 여러분은 변환 과정의 어떠한 부분을 상세하게 보여줄 것인지(더 자세한 상태와 변환으로서 보여줄 만한 가치가 있는지), 그리고 어떤 것을 제외해야 하는지 결정해야 한다. 각 변환에는 여러 개의 작은 사용자 인터랙션이나 자세히 보여주지 않아도 되는 화면을 포함시킬 수도 있다. 위의 스토리보드에서는 사용자가 홈 화면(1번 프레임)에서 최상위 메뉴(2번 프레임), '연락처 추가'를 선택할 수 있는 메뉴 등으로 탐색하는 과정을 보여주기 했다. 그러나 2번 프레임에서 연락처 아이콘을 실제로 선택하는 과정과 '연락처 추가' 메뉴로 이동하는 과정은 보는 사람이 쉽게 상상할 수 있는 부분이라고 판단되어 제외했다.

이미지와 상태에 주석달기

이미지만을 사용해서 스토리보드를 만든다는 것은 각각의 프레임이 무엇을 의미하는지, 프레임 사이의 빈 공간(변환)에서 무엇이 제외되었는지, 그리고 사용자가 이 과정에서 어떤 행동을 했는지에 대한 것을 사용자의 몫으로 남겨둔다는 것을 의미한다. 하지만 이미 앞에서 알게 된 주석 다는 방법으로 각각의 프레임에 필요에 따라 주석을 달 수 있다. 여기서 중요한 것은 변환에 대한 주석도 같이 달아야 한다는 것이다.

연습해보기

이 시퀀스에 익숙지 않은 사람도 쉽게 이해할 수 있도록 여러분의 프레임과 변환에 주석을 달아보자.

아래 그림은 필자가 작업해본 결과물이다.

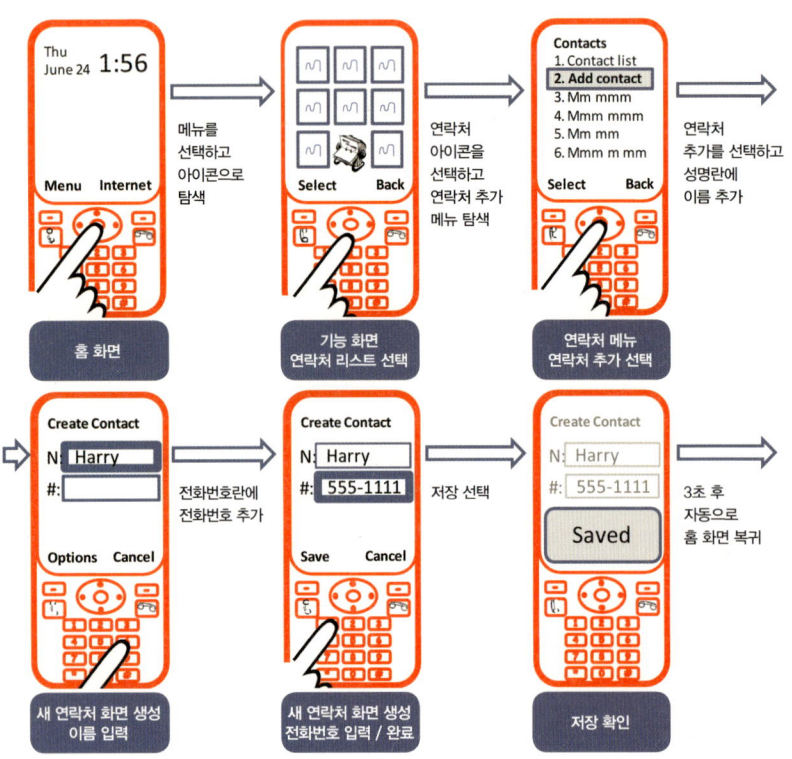

연습해보기

섹션 3.4에서는 대화형 쇼핑 시스템에 대해 소개했다. 이에 대해 좀 더 자세히 알아보고 스토리보드를 만들어보자. 주어진 환경은 실제 상점이다. 고객은 컴퓨터 앞에 놓인 종이 카탈로그를 바라본다. 고객은 카탈로그를 구경하며 사고 싶은 물건을 고를 수도 있고 (바코드 리더를 사용해) 특정 상품을 스캔해서 그에 대한 정보를 모니터를 통해 볼 수도 있다. 고객이 주문하려면 자세한 구매정보를 프린트해서 점원에게 가져간다. 점원은 그 상품을 찾아서 가져다준다. 섹션 3.4에서 보여준 스케치를 기본 디자인으로 하여 고객이 파란색 유모차를 사는 과정을 스토리보드로 만들어보자.

필자의 해결책은 이렇다. 고객이 상점 안에서 가장 먼저 보게 되는 것을 스케치했다. 모니터가 놓인 테이블, 사용 설명서가 적힌 포스터, 카탈로그, 바코드 스캐너 그리고 프린터. 그런 다음 (다시) 파워포인트로 템플릿을 연속적인 슬라이드에 복사하고 각 키프레임에 대한 자세한 내용을 채워 넣으면서 스토리보드를 구성했다. 또한 이미 찾아서 마련해 두었던 요소들을 사용해 스케치의 세세한 부분을 채웠다(인터넷에서 찾은 이미지와 클립아트들).

4 시간적 스냅숏 : 시각적 서술

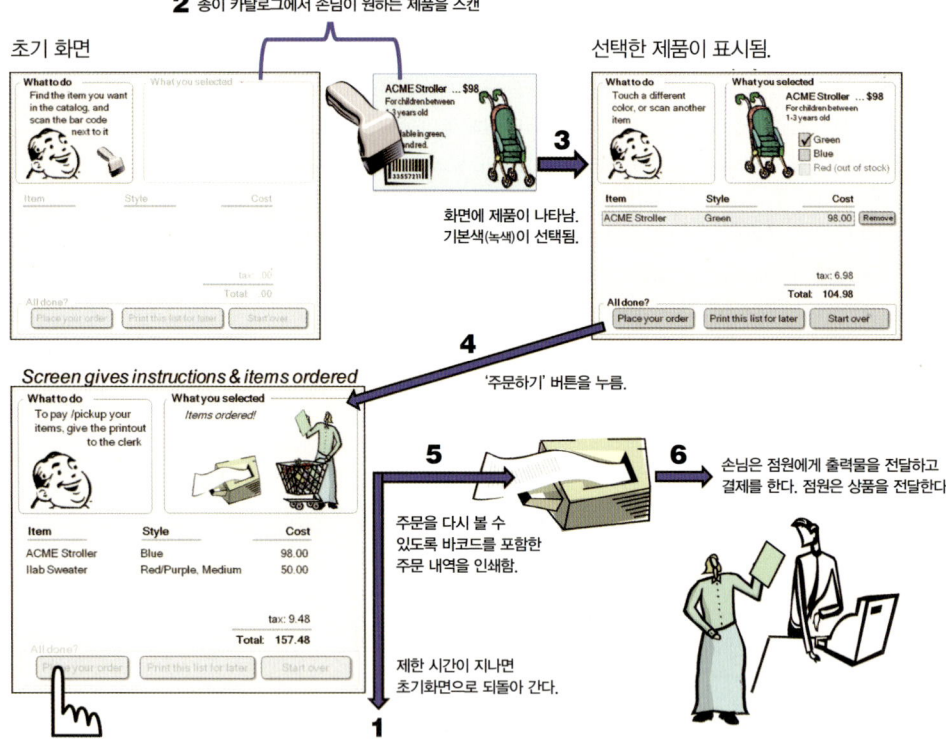

이 스토리보드는 크기가 다른 클립아트와 사진들을 사용했고 이 책의 페이지 사이즈에 맞추기 위해 조금 뒤죽박죽 됐다. 하지만 스토리보드 스케치로서 시퀀스 상 중요한 부분을 포착하기에는 충분하다. 그리고 나중에라도 필요하다면 얼마든지 좀 더 보기 좋게 고칠 수 있다.

이제 알게 된 것들

순차적인 스토리보드를 만드는 것은 시간에 따라 변하는 사용자 경험을 시각적 스토리로 보여주기 위해 자주 사용하는 방법이다. 스토리보드를 만들 때 가장 중요한 점은 어떤 스케치를 키프레임으로 할 것인지를 결정하는 것이고 보는 사람이 이 프레임들 사이의 빈 공간(변환)을 유추할 수 있는가이다. 스토리보드에 주석을 다는 것이 도움을 줄 수 있으며 특히 변환 중에 일어나는 사용자 인터랙션을 설명할 때 더욱 유용하다.

4.2

상태변환도

인터랙션 상태, 변환 그리고 시간에 따른 의사결정 경로를
시각적으로 표현하는 방법

이전 섹션에서 다루었던 순차적 스토리보드는 하나의 단순한 인터랙션 에피소드를 나타낸다.

순차적인 시퀀스는 초기 단계에서의 스케치에 적합한 것으로 여러분이 만든 가상의 시스템에서 사용자가 자신의 태스크를 쫓아가는 과정에서 나타는 주요한 이벤트 포착에 주력하게 한다.

디자인 깔때기 안으로 더 깊이 이동함에 따라 여러분은 선택한 디자인에 대해 세부사항을 더해 나가야 할 것이다.

준비

휴대폰, 디지털 시계

- 과정 내에서 인터랙션이 정확히 어떻게 일어나는지 표현하기 위해 더 많은 키프레임과 더 세분화된 변환 과정을 추가하기
- 시스템의 특정 단계에서 사용자가 선택할 수 있는 더 많은 옵션(의사결정 경로)을 보여주기
- 특정 옵션을 선택하는 것이 다른 과정으로 어떻게 이어지는지를 보여주기

이 모든 것이 상당히 복잡해질 수 있다. 이러한 복잡도를 조절하는 방법 중 하나는 스토리보드를 **상태, 변환, 의사결정 경로**를 표현하는 **상태변환도** state transition diagram로 생각해 보는 것이다. 물론 상태와 변환에 대해 그려볼 수 있는 여러 가지 방법을 생각해봐야겠지만 말이다.

상태와 변환으로서의 스토리보드

순서로서, 스토리보드의 각 단계는 한 **상태**에서 다른 상태로의 **변환**을 나타낸다. **상태**는 보통 인터랙션 중 하나의 순간을 나타낸다. **변환**은 상태에 변화를 주는 것으로 주로 하나 혹은 여러 개의 사용자 행동을 포함하고 있다. 이들을 하나의 순서대로 합치면 **상태변환도**가 만들어진다.

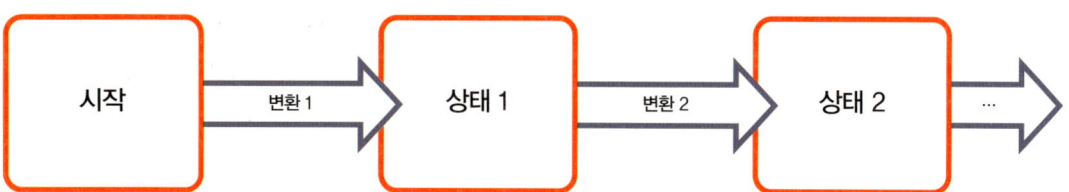

상태와 변환을 어떻게 스케치하는가에는 여러 가지 방법이 있다. 아래에 몇 가지를 소개한다. 아래 그림은 섹션 4.1에 나왔던 휴대폰 연습문제를 변형한 것이다.

1 추상적 상태변환도

텍스트 라벨이나 주석을 사용해서 각 상태를 추상적 개념으로 나타낼 수 있다. 인터페이스가 어떻게 생겼는지 자세히 설명하지 않고 한 사람이 시스템상에서 특정한 작업을 수행하는 것에 대한 과정을 스케치하는 초기 디자인에 적합한 방법이다.

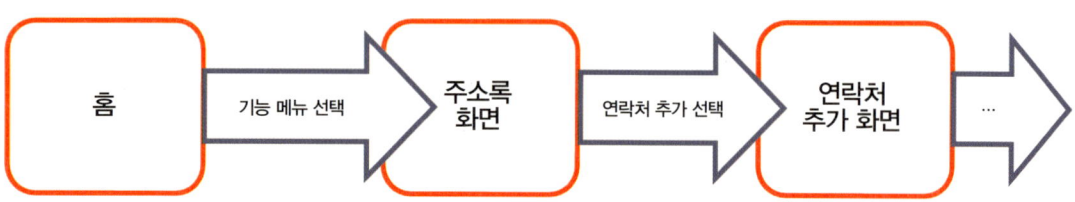

2 비주얼 인터페이스 상태변환도

각 상태를 통과하면서 나타나는 인터페이스 자체를 스케치할 수도 있다. 이는 말 그대로 그림이기 때문에 매우 풍부한 정보를 제공한다. 작업이 진행되면서 인터페이스에 매우 상세한 부분을 추가할 때 적합한 방법이다.

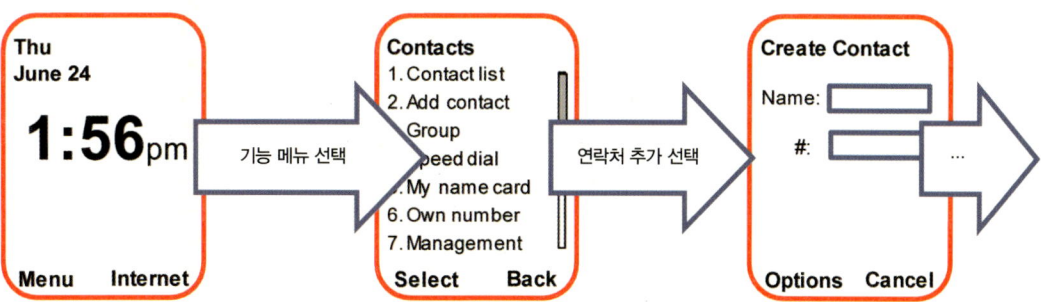

3 주석 달린 상태변환도

상태변환도는 설명 문구를 넣을 수 있다. 각 상태와 변환에 원하는 만큼 주석을 달 수 있다. 아래 그림은 위의 비주얼 인터페이스 상태변환도에 주석을 단 모습이다.

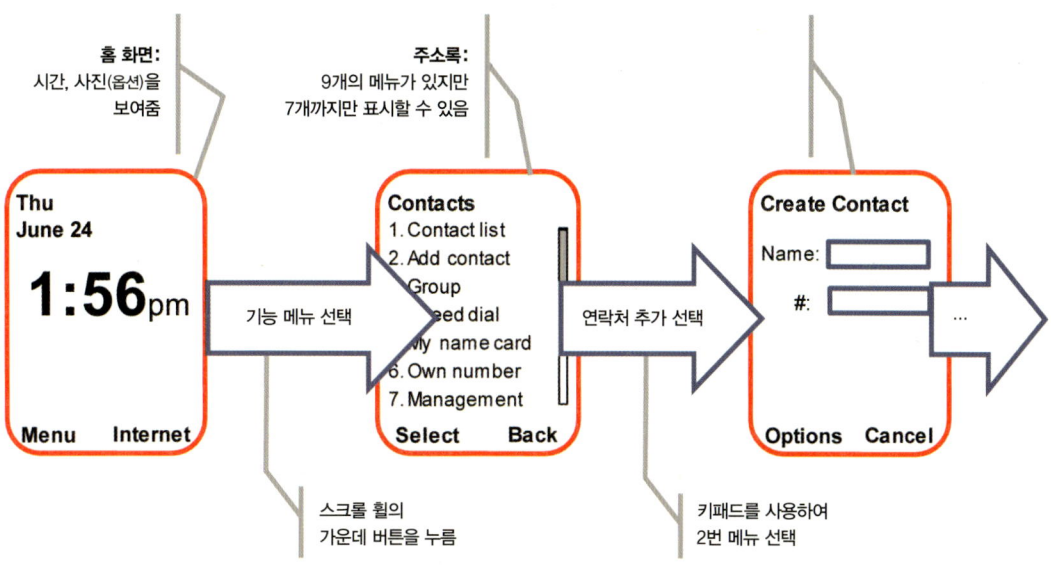

4 인덱스 상태변환도

이 방법은 위의 모든 방법을 포괄한다. 이 변환도는 추상적이지만 인덱스 그림과 연동시켜 필요한 정보를 포괄한다. 그림은 아래와 같은 점을 보여준다.

- 각 상태에서 화면이 어떤 모습인가(비주얼 인터페이스 상태변환도와 비슷함)
- 추상적 개념을 설명하는 문구
- 더 자세한 변환도
- 또 다른 시퀀스로 나아갈 수 있는 의사결정(이에 대해서는 다음 섹션에서 다룬다.)

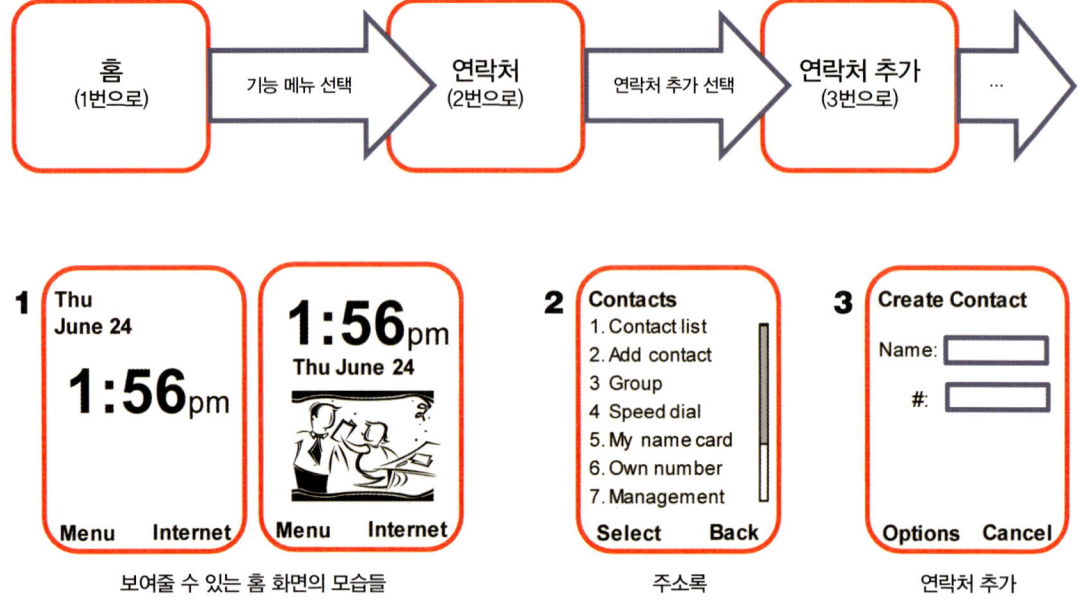

필요에 따라 특정 방법을 사용하겠지만, 대부분의 복잡한 스토리보드를 정의하려면 인덱스 상태변환도를 사용해야만 할 것이다. 왜냐하면,

- 하나의 인덱스에서 일어날만한 상황을 여러 개의 변형안으로 스케치할 수 있다. 덧붙이자면, 위의 그림의 1번 인덱스에서는 휴대폰의 홈 화면이 어떻게 보일 것인가에 대한 가능성을 두 가지로 보여주고 있다.

4.2 상태변환도

- 인덱스는 거대한 상태변환도를 작성할 때 일어날만한 복잡성을 관리하는 데 도움이 된다.

5 레이아웃으로 상태변환 암시하기

변화를 화살표나 다른 표기법을 통해 나타내는 대신, 각 상태 사이의 공간적 레이아웃을 통해 순서를 나타낼 수 있다. 보통 만화책이 이런 식으로 디자인되어 있다. 이 예제에서는 대화가 휴대폰 인터랙션을 이끄는 모습을 추가적으로 보여주고 있다. (섹션 4.4 참고: 서술적 스토리보드)

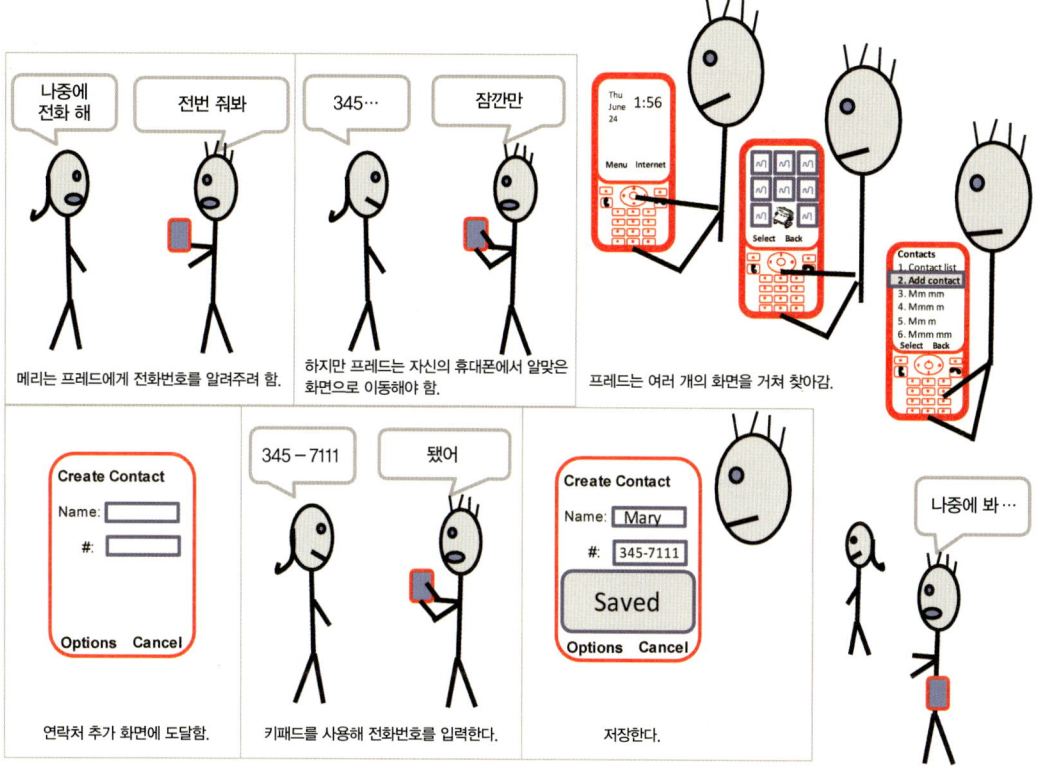

위 그림들은 상태변환도를 그리는 여러 방법 중 하나이다. 예를 들어 해럴드 팀블Harold Thimble은 상태변환도와 관련된 다양한 방법을 2007년에 그의 책 『Press On! Principles of Interaction Programming(눌러라! 인터랙션 프로그래밍의 원칙)』에서 선보였다.

195

분기형 상태변환도

선택의 폭이 해당 시스템의 현재 상태에 굉장히 의존적임에도 불구하고, 대부분의 인터랙티브한 시스템은 사람들에게 여러 개의 선택권을 제공한다. 간단한 인터페이스를 생각해보자. 메뉴, 버튼, 도구 팔레트, 채울 수 있는 빈 칸, 키보드 단축키, 마우스 동작에 따른 반응 등. 하나 혹은 여러 개의 작업이 어떻게 끝나는지만 보여주려는 경우이거나 큰 (인덱스) 상태변환도 내에 삽입할 후작업이 아닌 이상 인터랙션이 간단히 선형적 순서로 표현되는 경우는 거의 없다.

상태변환도를 이용해서 모든 의사결정 상태를 보여줄 수 있다. 기본적으로 각 상태는 그로부터 뻗어 나가는 하나 혹은 여러 개의 변환을 가질 수 있고 이는 또 다른 상태나 이전 상태로 연결할 수 있다. 상당히 복잡해지겠지만, 디자인 전반에 걸친 인터랙션 흐름을 스케치하거나 반영하는 데 도움이 되는 이러한 도표는 꼭 필요하다. 다음 섹션에서 분기형 스토리보드 작업을 어떻게 하는지 설명한다. 아래의 두 그림은 다음 섹션에 대한 미리보기이다. 그림 A와 B는 동일한 그림이다. 그림 B는 복잡도를 관리하기 위해 인덱스를 사용한 것이고 그림 A는 한 번에 보여준 것이다.

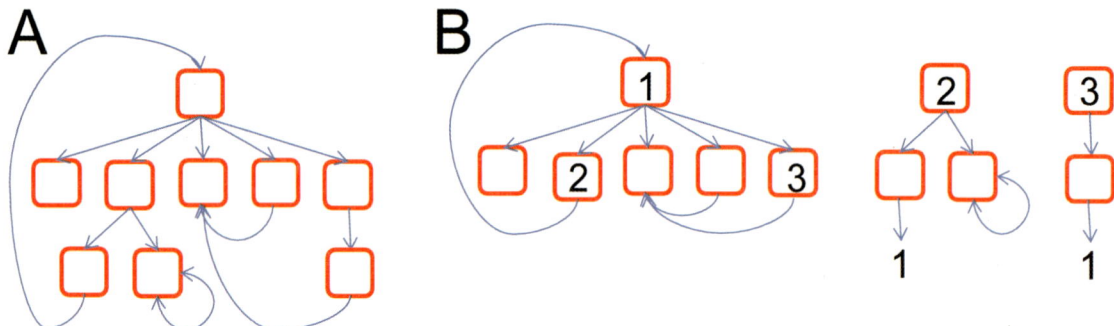

연습해보기

매우 간단한 디지털시계를 사용해서 무엇을 할 수 있는지에 대한 추상적 상태변환도를 작성해보자(원한다면 인덱스를 사용한다). **경고:** 이 연습은 생각보다 굉장히 길고 지루할 수 있다! 몇 개의 기능만을 시도하기 바란다.

이 연습에 대한 해답을 공개하지는 않겠다. 하지만 이 연습을 통해 인터랙션 디자인에서 의사결정을 모델링 하는 것이 꽤나 복잡해질 수 있다는 것을 쉽게 알 수 있을 것이다. 굉장히 간단한 디지털시계와 같은 시스템조차도 서로 연결된 순서와 그 하부 순서로 도표를 만들어야 할 수백 혹은 수천 가지의 상태를 가질 수 있다.

스케치라는 범위 안에서 상태변환도를 관리하기 위해서는 핵심 선택과 시퀀스를 붙이는 데 제한적이어야 한다. 이때 시퀀스는 인터랙션의 핵심을 잘 짚어야 한다. 또 다른 방법으로는, 시스템에서 공통으로 적용되는 부분(제한적인 인터랙션 과정)에만 특정 하부 시퀀스를 두는 데 힘쓰는 것이다.

이제 알게 된 것

상태변환도는 상태, 변환 그리고 의사결정 경로를 담고 있다. 이를 그리는 데에는 여러 가지 방법이 있다. (상태를 담기 위한) 상자와 (변환과 의사결정 경로를 위한) 화살표를 사용하는 것이 한 방법이다. 도면은 굉장히 추상적이 될 수 있다. 상태별로 변하는 스케치를 포함시키거나, 주석으로 설명을 덧붙일 수 있다. 복잡도를 관리하기 위해서 특정 도면이나 화면, 혹은 설명으로서의 인덱스를 사용하며, 이 모두가 다른 가능성을 탐색하기 위해 사용할 수도 있는 스케치라고 할 수 있다.

참고문헌

- **Thimbleby, H.** (2007) 『Press On! Principles of Interaction Programming』 MIT Press.

분기형 스토리보드

시간에 따른 인터랙션 의사결정을 시각적으로 표현하기

이번 섹션에서는 이전에 소개했던 스토리보드의 개념을 (변환 과정으로서 의사결정 경로를 표현하는) 분기형 스토리보드로 더 발전시켜 본다. 휴대폰과 대화형 쇼핑 시스템 예제에 적용시켜 보기로 한다.

휴 대 폰 예 제

섹션 4.1에서 연락처에 한 명을 저장하면서 벌어지는 인터랙션 과정을 스케치했다. 여러분의 휴대폰을 이용하여 이 과정을 한 번 더 해보자. 대신 이번에는 몇 가지 의사결정 경로를 더하자.

연습해보기

추상적 상태변환도

이전처럼 연락처를 추가하면서 휴대폰이 어떻게 작동하는지 지켜본다. 이번에는 작업을 진행하면서 갈 수 있는 대체 경로를 보여주는 추상적 상태변환도를 그려보자. 최소한 여러 개의 상태, 변환으로 나타나는 주요한 의사결정 경로와 연락처에서 보이는 인터페이스를 따라가며 발생하는 상태를 보여주도록 하자.

필자의 해답이 아래에 있다. 먼저 기능function 화면과 연결된 7가지의 아이콘을 볼 수 있다. 연락처contact 화면(7개 메뉴), 연락처 추가 화면(1개 메뉴) 그리고 새 연락처 화면(2개 메뉴)을 보여주고 있다. 또한 이러한 모든 선택이 결국엔 홈 화면으로 되돌아가는 것도 보여주고 있다. 물론 많은 정보가 생략되어 있지만 최소한 부분적으로는 휴대폰의 탐색 과정이 어떤지는 알 수 있다.

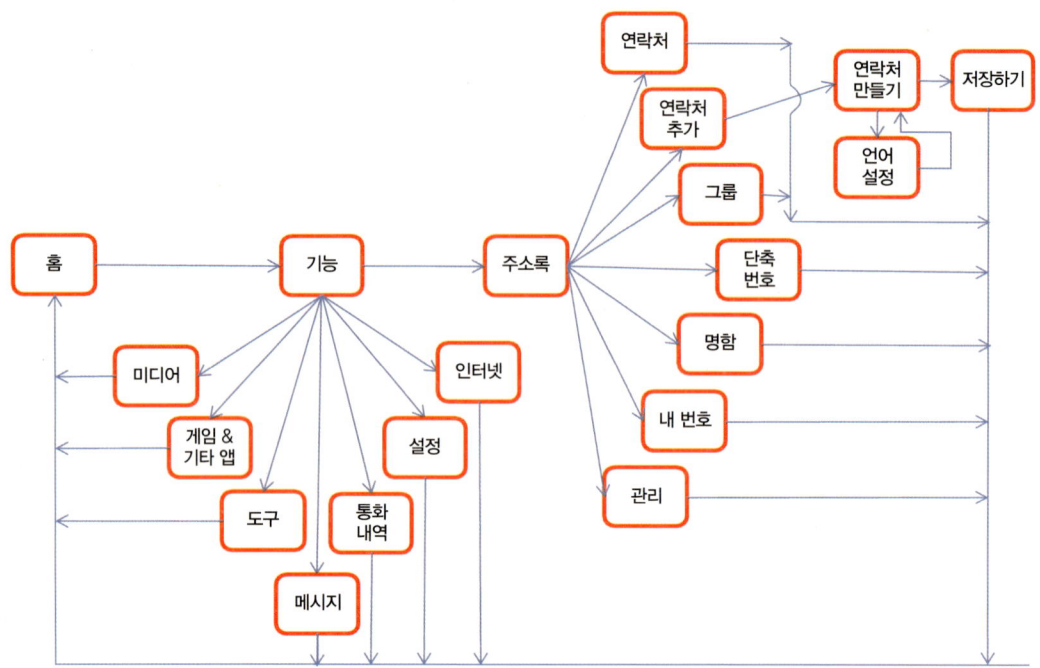

연습해보기

비주얼 인터페이스 상태변환도

앞의 연습문제를 바탕으로 최소한 하나의 상태에서 다른 상태로 이어지는 의사결정 경로를 보여주는 비주얼 인터페이스 상태변환도를 그려보자.

우측 그림은 7가지의 하위 메뉴를 지닌 '연락처' 화면에서부터 시작한다. 그 후에 각각의 메뉴를 선택했을 때 나타날 7가지 상태로의 변환을 스케치했다.

4.3 분기형 스토리보드

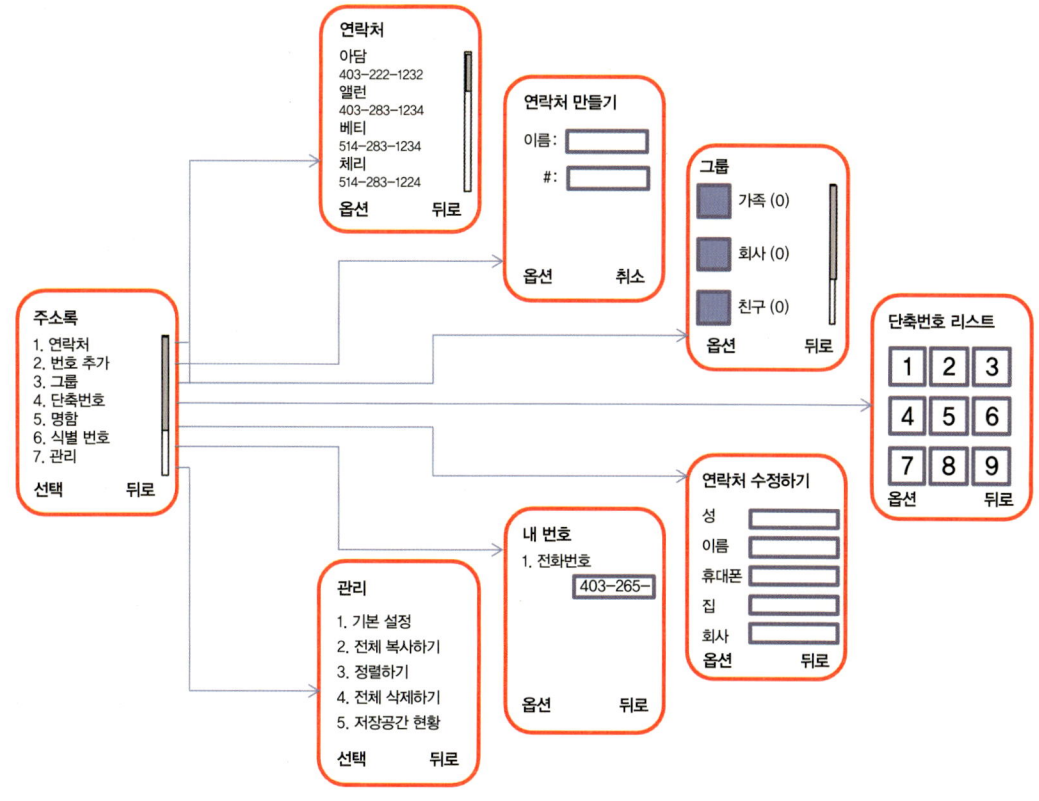

연습해보기

인덱스 상태변환도

이전 연습문제에서 그린 스케치를 인덱스 상태변환도로 바꿔보자. 먼저, 선택한 상태의 비주얼 인터페이스를 보여준다. 그런 다음, 인덱스로 표현된 새로운 상태를 마련하고 모든 변환들(의사결정 경로)을 연결한다. 마지막으로, 인덱스로 표현된 상태 중 하나를 선택하여 자세한 정보를 보여주는 또 하나의 비주얼 인터페이스 상태변환도를 작성한다.

다음 쪽의 해결책은 이전 것과 비슷하다. 가장 위에 있는 다이어그램은 상태로 연락처 화면을 표현했지만 7가지의 메뉴가 다른 인덱스로 이어지는 변환을 보여주고 있다. 또 각각의 인덱스는 또 다른 다이어그램과 연결되어 있다. 그 중 하나인 2번 인덱스에 부분적으로 주석을 달아 비주얼 인터페이스 상태변환도로 표현했다.

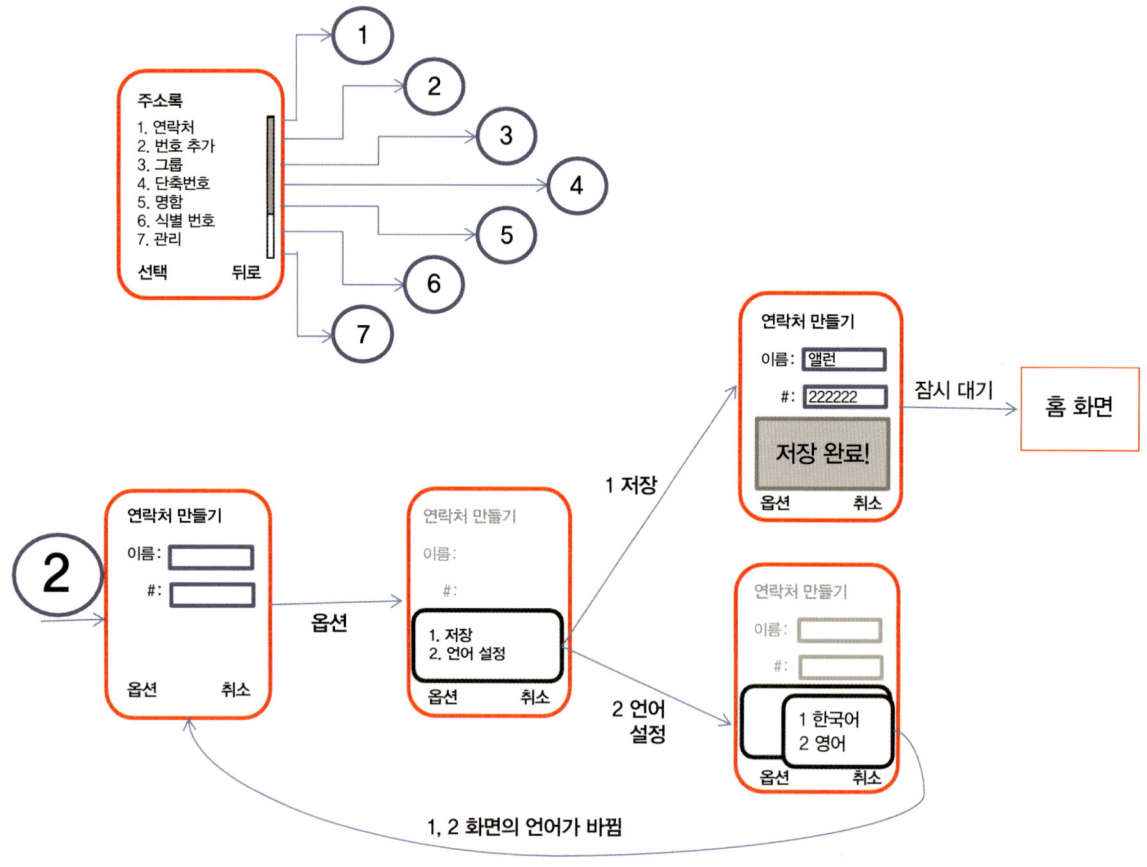

대화형 쇼핑 시스템 예제

이전 섹션에서 고객의 구매 과정을 설명하면서 대화형 쇼핑 시스템의 주요 시퀀스 과정을 소개했다. 이 연습문제를 분기형 스토리보드로 계속 발전시켜 보자.

연습해보기

다음의 하부 시퀀스를 스토리보드에 포함하여 대화형 쇼핑 시스템을 확장시켜 보자. 복잡도를 관리하기 위해 인덱스를 사용한다.

여러 개의 품목
- 고객은 두 개 혹은 그 이상의 품목을 살펴본다.

목록에서 품목 수정하기
- 하나 혹은 그 이상의 품목을 목록에서 삭제한다.
- 이전에 입력한 품목의 속성을 변경한다. (예: 색상)

상품 비교
- 당장 구입하지 않고 쇼핑 목록을 프린트한 후 나중에 그 제품을 사러 다시 온다. (프린트 물에는 특정 주문을 의미하는 바코드가 포함된다.)

아무것도 사지 않는다
- 고객은 각각의 주문을 취소하거나 그냥 나갈 수 있다.

다음 쪽에 해답이 있다. 이 대화형 시스템의 행동을 완전하게 정의하고 있음을 주목하자.

먼저 스토리보드는 전체 개요 지도를 보여준다. 주문 창(상태 2)으로 넘어가기 전 홈 화면에서는 하나의 선택만(바코드 스캔) 가능한 것으로 한다. 이어 메인 주문 창에서 넘어갈 수 있는 상태 3~7을 보여준다. 이는 모두 인덱스로 되어 있다. 그 이후의 스토리보드는 각 인덱스에서 어떤 일이 일어나는지 설명한다. 특히 스토리보드 3은 주문 창에서 두 개 혹은 그 이상의 품목을 선택했을 때 상태 8로 갈 수 있도록 인덱스 되어 있다.

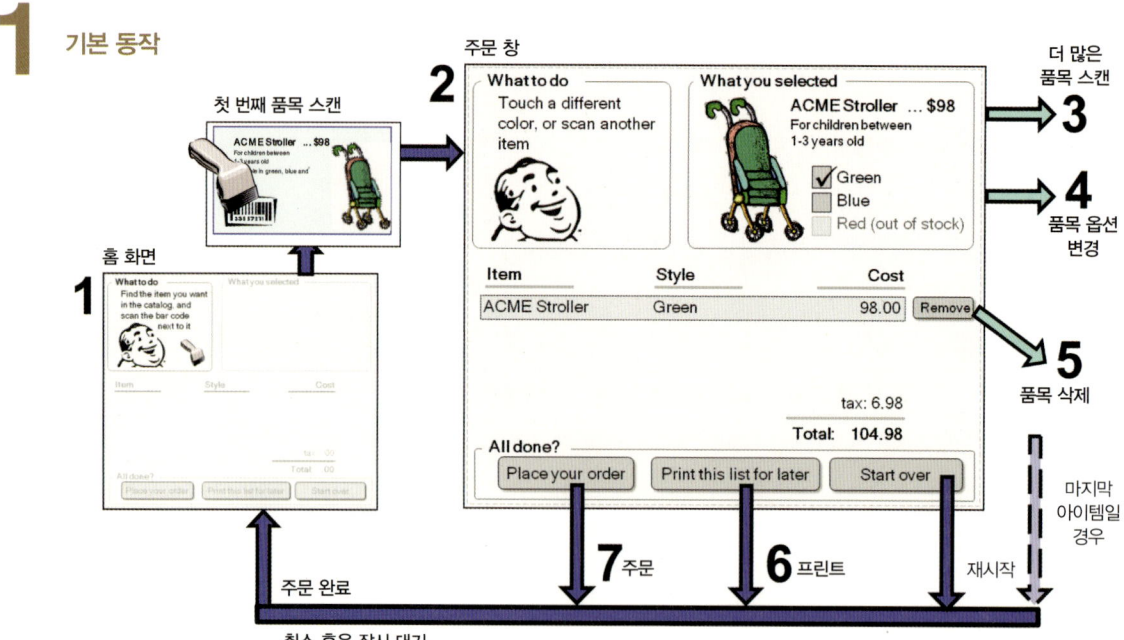

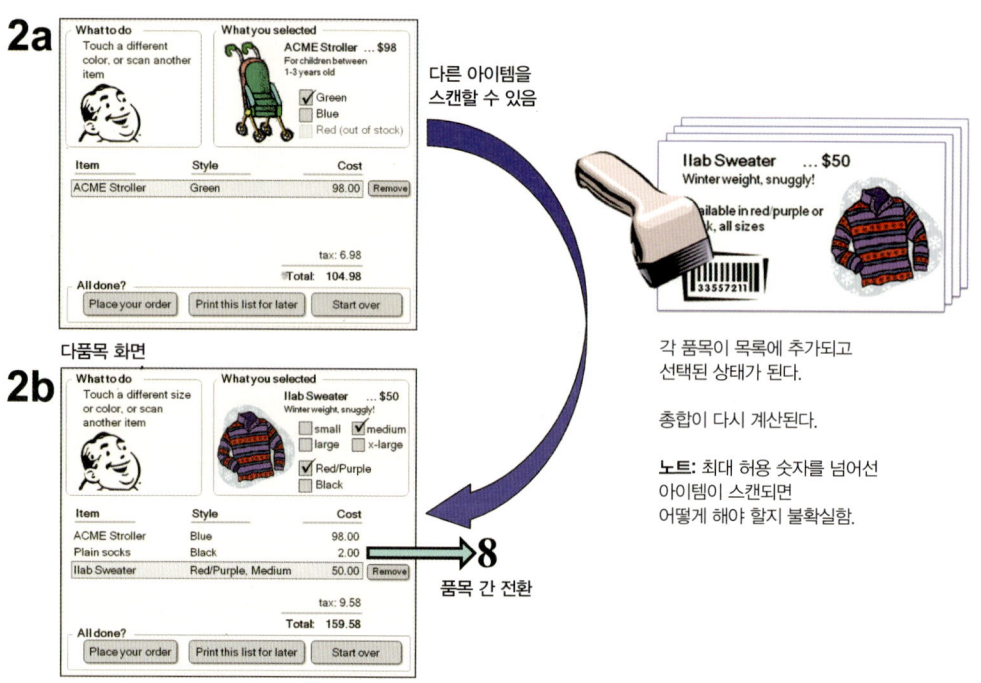

3 상품 옵션 바꾸기

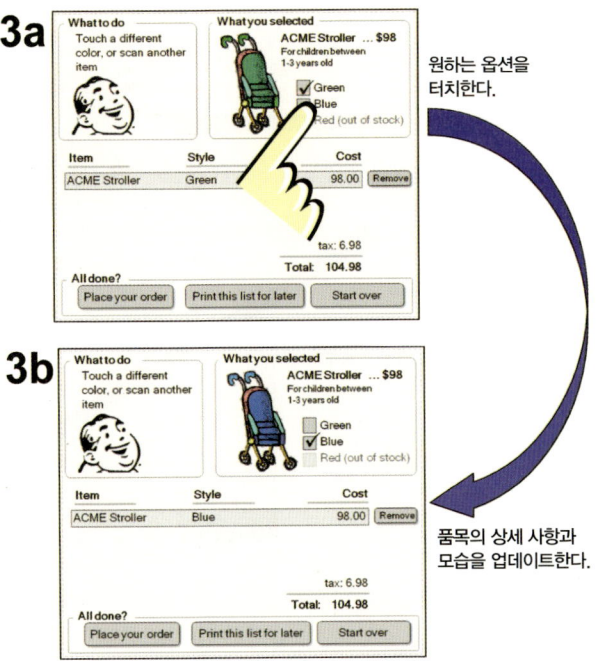

4 상품 삭제하기

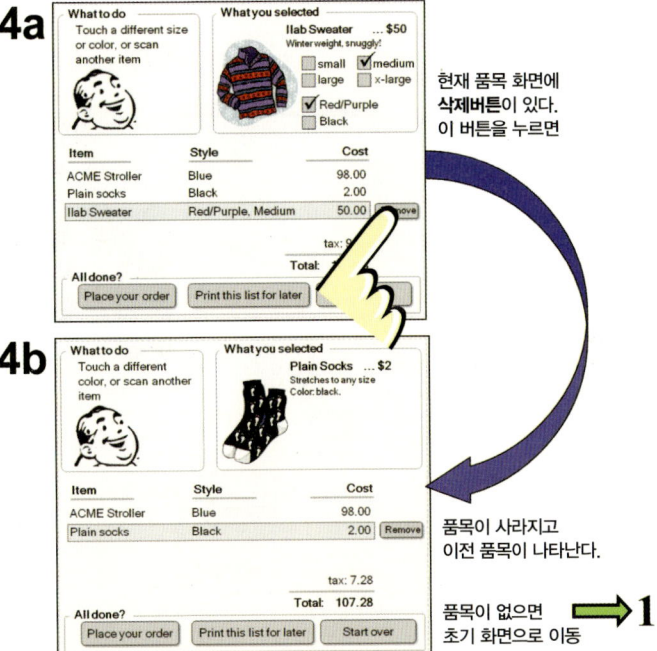

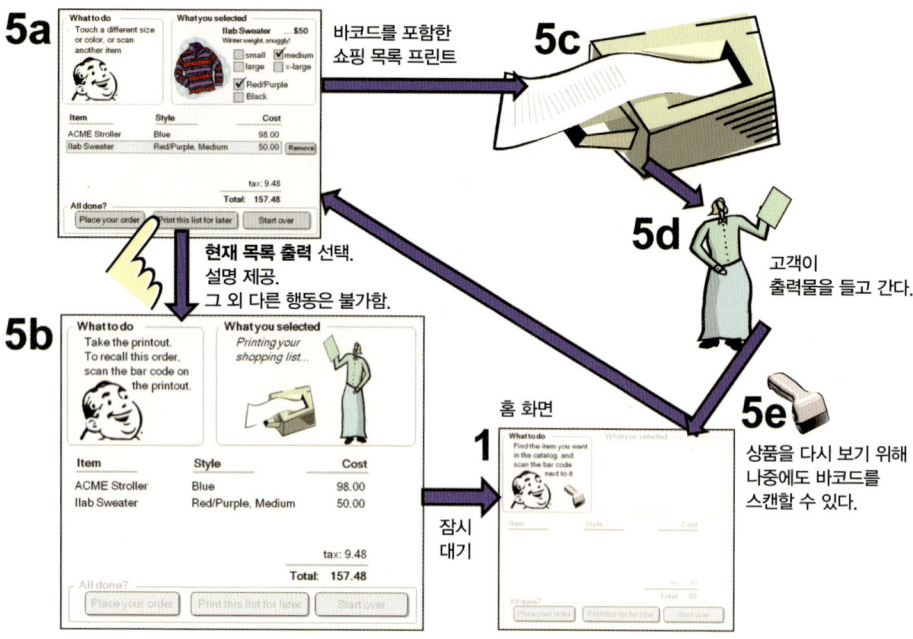

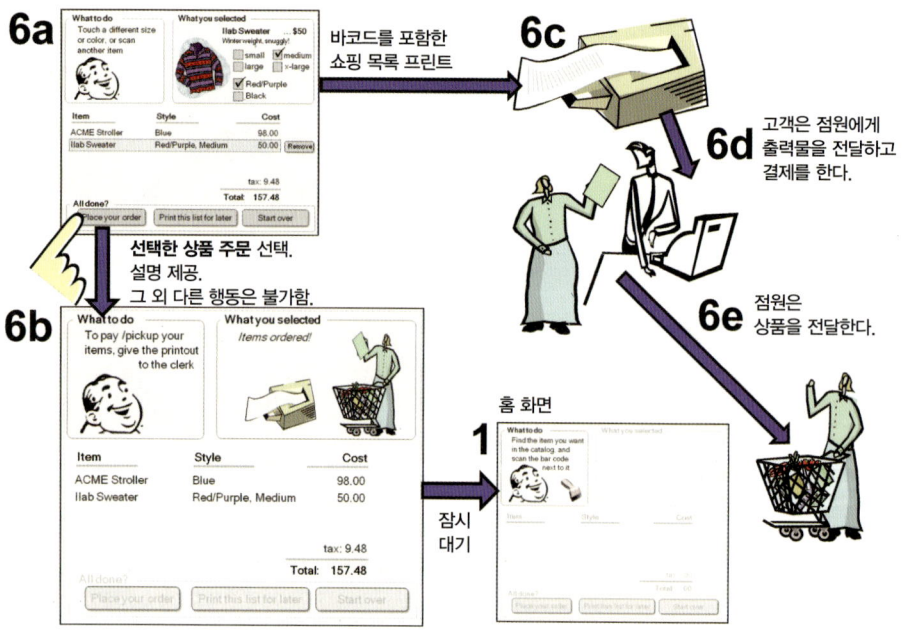

7 상품 전환

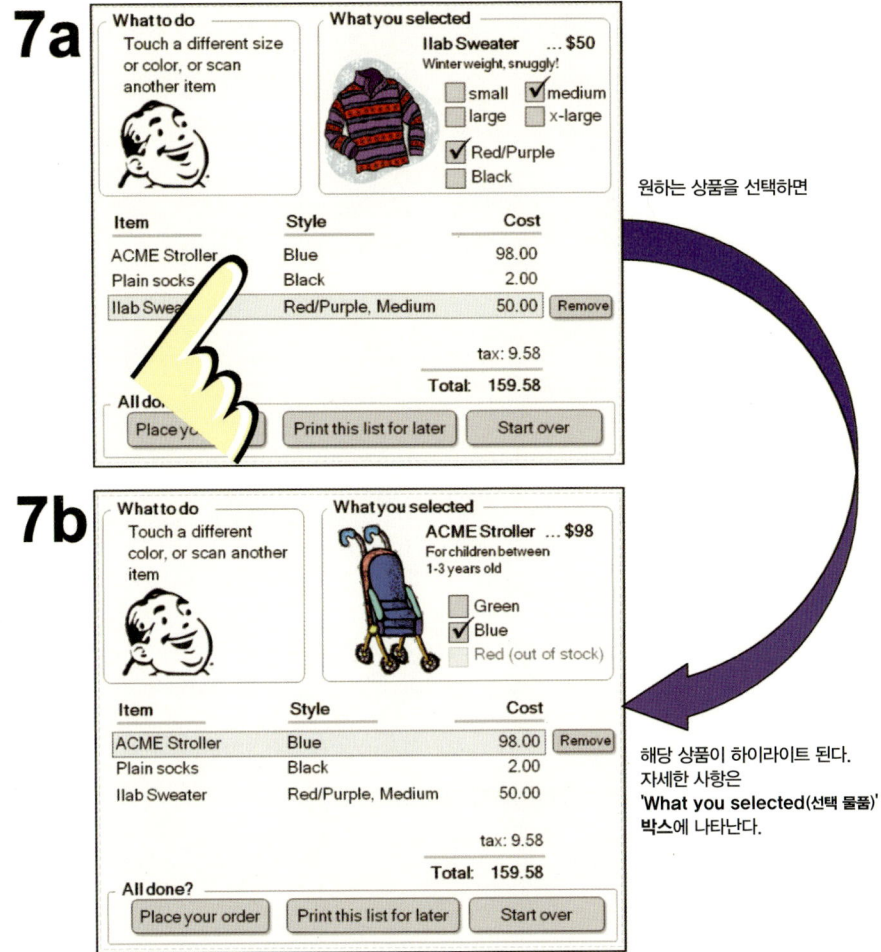

7a
원하는 상품을 선택하면

7b
해당 상품이 하이라이트 된다.
자세한 사항은
'What you selected(선택 물품)'
박스에 나타난다.

이제 알게 된 것

이번 섹션에서는 분기형 스토리보드의 두 가지 예제를 보았다. 많은 수의
의사결정 경로와 그에 따른 발생 가능한 상태가 보일 때 나타난 복잡도를
관리하기 위한 여러 가지 기법을 알아 보았다.

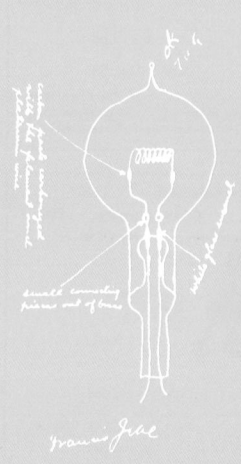

4.4

서술형 스토리보드

시간에 따른 사용법과 맥락을 서술하기

지금까지 살펴본 스토리보드의 특징은 사용자 인터페이스의 스냅숏이 이용되었다는 것이다. 하지만 이런 인터페이스는 인터랙션 과정에서의 맥락이 빠져 있는 스토리의 한 부분일 뿐이다. 서술형 스토리보드는 이러한 맥락을 제공한다. 각 이미지가 특정한 사건을 나타내는 스토리보드 내의 여러 이미지를 사용해서 시간의 흐름에 따라 나타나는 사람들의 상호작용에 대해 보다 완전한 스토리를 전달한다. 스토리는 사람들에게 인터랙션을 어디서 하는지, 어떤 특성이 있는지에 대한 정보를 알려주고 인터랙션 과정에서 나타나는 행동을 포함한 색다른 것들은 아주 상세히 알려준다. 로리 버틀리 Laurie Vertelney(1998)가 강조했듯이 서술형 스토리보드는 인터랙션 디자인에 적용되었다는 것만 제외하면 영화 제작 단계에서 볼 수 있는 영화형 스토리보드의 한 변형이라고 할 수 있다.

  몇몇 용어를 소개한 다음, 서술형 스토리보드를 제작하기 위한 두 가지 기법을 설명할 것이다. 하나는 스토리를 직접 스케치해보는 작업이고, 다른 하나는 사진을 활용하여 스케치하는 방법이다.

카메라숏과 영화 제작 용어

영화 제작자들은 스토리보드 상 특정 장면의 구성을 설명하기 위해서 특정 용어를 사용한다. 우리가 스케치한 스토리보드의 장면을 묘사하기 위해 그

익스트림 롱숏(와이드숏)
배경, 장소 전체를
모두 자세히 보여줌

롱숏
한 인물의 전체를 보여줌

미디엄 숏
한 인물의 얼굴과 어깨를
보여줌

오버-더-숄더숏
한 인물의 어깨 너머로 봄

포인트-오브-뷰숏(POV)
한 인물이 보는 모든 것을
보여줌

클로즈업
그 인물이 가지고 있는 기기의
사용자 인터페이스를 세부적으로
보여주는 것과 같음

들의 용어를 사용하고, 이 용어들로 장면을 어떻게 구성할지 생각해보며 여러분만의 서술적 이미지들로 변형해본다. 카메라숏의 리스트가 위에 있다. 더 많은 설명과 다른 용어들은 카츠Katz(1991)와 블록Block(2007)을 참조한다.

방법 1: 스토리보드 스케치하기

스토리보드 스케치의 첫 번째 방법은 스토리보드를 직접 그린 스케치로 만드는 것이다. 한 가지 예로서, 실제 공지사항 게시판에 있는 정보를 그 아래에 있는 바코드를 통해서 휴대폰에 담아가는 사람들의 인터랙션 과정을 설명해 본다.

1 스토리보드 프레임 윤곽 그리기

빈 종이에 5개의 박스를 그린다. 이 프레임이 바로 스토리보드의 기본적인 템플릿이다. 인터랙션의 복잡도와 어떠한 종류의 스토리보드를 만드는가에 따라서 다섯 개 이상의 박스가 필요할 수도 있다. 하지만 다섯 개의 박스

는 스토리보드에서 보여줄 인터랙션을 하나의 특정한 시나리오로 제한시킬 수 있다는 이점을 가지고 있다. 필요하다면 나중에 추가로 그려 넣을 수도 있다. (변형판 혹은 다른 종류의 인터랙션을 설명하기 위해)

2 스토리라인 발전시키기

장면을 스케치하기 전에 만들고자 하는 스토리보드의 스토리라인을 미리 계획할 필요가 있다.

아래는 스토리라인을 설명할 때 고려해야 할 사항이다.

- 인터랙션이 어디에서 일어나는가?
- 문제가 무엇인가?
- 사람들은 무엇을 하고자 하는가?
- 어떤 사람들이 등장하고 어떤 행동을 하는가?
- 그들이 어떠한 물건 혹은 어떠한 디지털 기기를 사용하는가?
- 각 디지털 기기에 가능한 입력과 출력장치는 어떤 것이 있는가?
- 사람들의 행동 그리고(혹은) 기기들이 어떻게 문제를 해결하는가?

여러분은 5개 프레임을 통해 이 스토리라인을 발전시킬 것이다. 첫 번째 프레임에서는 여러분의 스토리를 소개하며 이 프레임은 '설정숏establishing shot'*이라고 한다. 다음 프레임에서는 스토리를 발전시키고 결론적으로는 클라이맥스, 즉 문제 해결로 가기 위해 스토리를 발전시킨다. 가장 마지막 프레임에서는 스토리를 마무리한다. 스토리보드에서 나타낼 인터랙션이

* 이스태블리시숏, 다음 사건이나 장면의 배경을 설명하는 장면, 특히 롱숏

끝났다는 것을 강조하는 장면을 주로 표현한다. (예: 등장인물이 걸어 나감)
아래의 해답을 읽어보기 전에 다섯 개의 장면을 서술해보고 스토리보드를
계획하기 바란다.

아래에 하나의 예제 스토리라인을 제시한다.
❶ 한 사람이 공공장소에 있는 공지사항 게시판 옆을 지나가고 있다.
❷ 그 사람은 특정 공지사항을 주목하고 더 자세한 정보를 얻기를 원한다.
❸ 공지사항 옆에 있는 바코드를 사용해 휴대폰에 정보를 담는다.
❹ 자세한 정보가 휴대폰 화면에 나타난다. 그리고
❺ 그 사람이 게시판으로부터 멀어져 간다.

이 다섯 개의 스토리라인 문장을 스토리보드의 각각 프레임 아래에 적어
둔다.

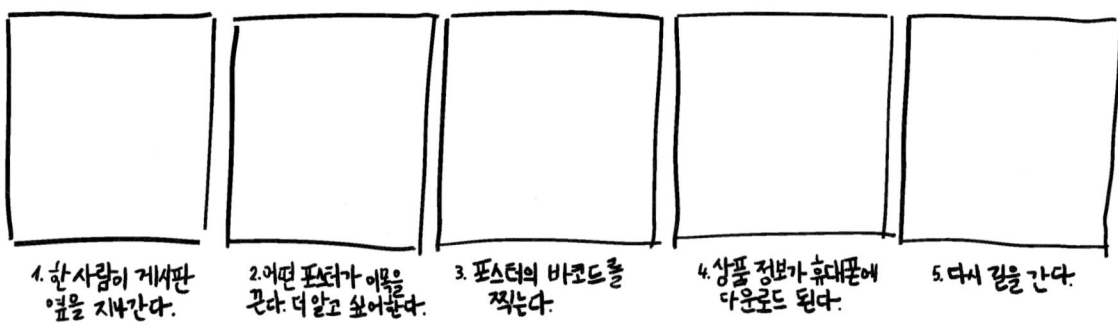

다음 단계에서는 스토리라인에 따라 각각의 장면을 그린다. (수많은 해답 중 하나인) 아래의 해답을 먼저 보기 전에 스스로 시도해보길 바란다.

3 설정숏 그리기 (도입)

위에서 언급했듯이 스토리보드의 첫 번째 스케치는 스토리보드에 상황을 설정하기 위해 사용될 것이다. 특히, 인터랙션이 일어나는 장소에 대한 전체적인 그림을 보여주고 그곳에 있는 사람을 보여준다. 이런 종류의 스케치는 (이전에 설명했던) '익스트림 롱숏'을 사용해서 주변 환경을 자세히 그린다. 여기서는 문이 있는 복도와 공지사항 게시판, 그리고 선으로 표현한 (섹션 3.3 에서 본 것과 비슷한) 사람을 그렸다. 이전에 그린 많은 스케치와 같이 가장 중요한 점은 단순함이다. 불필요한 상세함을 위해 많은 시간을 소비하는 대신 빠르게 스케치를 하자. 여러분이 스케치하는 요소들(사람, 주변 환경의 특징)을 최소화하자.

만약 다른 시나리오로 작업하길 원한다면 스토리보드를 분리시켜라. 예를 들면 다른 종이에 5개의 박스를 따로 만들어 환경과 상황을 롱숏으로 그리면 된다. (예: 주위에 많은 사람 등장, 전자 디스플레이가 많은 공항을 걸어가는 사람, 혹은 포스터로 둘러싸인 버스정류장에 도착하는 커플 등)

1. 한 사람이 게시판 옆을 지나간다.

4 적절한 카메라 앵글로 스토리보드 스케치를 계속하기

이제 스토리보드를 계속 스케치하자. 이전 섹션에서 소개한 간단한 스케치 기법을 적용하도록 한다. 사람들의 자세나 행동 방향을 묘사하기 위해 선만 사용하거나(섹션 3.3) 사진 따라 그리기 기법으로 사람과 물체를 단순하게 실루엣으로 그린다(섹션 3.9). 아래 제시된 스케치를 참고하라.

1. 한 사람이 게시판 옆을 지나간다.
2. 어떤 포스터가 이목을 끈다. 더 알고 싶어한다.
3. 포스터의 바코드를 찍는다.
4. 상품 정보가 휴대폰에 다운로드 된다.
5. 다시 길을 간다.

위의 스케치 장면에서 영화에서 사용되는 다양한 카메라 앵글 기법을 적용해볼 수 있다. 시작과 끝에는 익스트림 와이드숏을 통해 맥락을 설명한다. 두 번째 프레임의 오버-더-숄더 장면을 이용해 사람과 게시판의 자세한 그림을 보여주고, 동시에 등장인물이 보고 있는 것을 강조하고 있다. 세 번째 프레임에서는 첫 번째 포인트-오브-뷰숏을 통해 등장인물이 하는 행동(바코드의 사진을 찍는 것)을 강조하고 있다. 마지막으로 네 번째 프레임은 클로즈업으로 화면에 나타난 자세한 정보를 보여주고 있다.

EXTREME LONG SHOT — 멀리서 촬영
OVER-THE-SHOULDER — 어깨 너머로 보이도록
POINT OF VIEW — 사용자 시점으로
CLOSE-UP — 가깝게 근접
EXTREME LONG SHOT — 다시 멀리서 촬영

5 행동과 움직임을 강조하기

만약 필요하다면 여러분은 스케치에 시각적 주석을 추가해도 된다. (아래에 노란색으로 그려진) 주석달기는 정적인 이미지에서는 보여주기 힘든 중요한 움직임 혹은 행동을 나타내고 강조하기에 아주 좋은 방법이다.

1. 한 사람이 게시판 옆을 지나간다.
2. 어떤 포스터가 이목을 끈다. 더 알고 싶어한다.
3. 포스터의 바코드를 찍는다.
4. 상품 정보가 휴대폰에 다운로드 된다.
5. 다시 길을 간다.

예를 들면, 우리는 한 인물의 움직임을 나타내기 위해 다양한 화살표를 사용한다.

도입 장면에서 인물이 공지사항 게시판 쪽으로 걸어가고 있다는 뜻의 큰 화살표를 바닥에 그렸다.

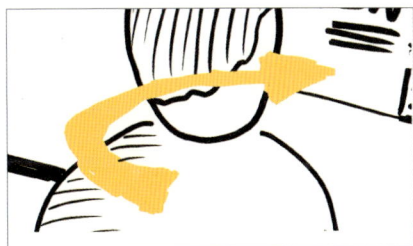

두 번째 프레임의 둥근 화살표는 인물이 게시판의 어떤 것에 관심을 가지며 고개를 돌리는 동작을 강조하고 있다.

마지막 프레임에서는 역시 큰 화살표를 통해 인물이 걸어 나가는 것을 보여주고 있다.

또한 다른 여러 종류의 주석을 사용해 사람들의 행동, 생각 혹은 기기의 사용자 인터페이스에 일어나는 변화를 강조했다.

세 번째 프레임의 선들은 사진을 찍는 행위와 찍히는 대상을 강조하고 있다.

인물의 머리 위에 있는 물음표는 놀람의 표현이나 관심과 같은 감정을 나타낸다.

휴대폰의 화면 주변의 선은 새로운 콘텐츠가 화면에 나타나는 것을 강조한다.

6 다른 사람에게 설명하고 반복하기

첫 번째 서술형 스토리보드가 완성되었다. 이전에 언급했던 공항이나 버스정류장과 같은 상황을 통해 또 다른 시나리오를 만들어 보면서 여러 가지 변형을 시도해보기 바란다. 또한 인물이 화면에서 어떻게 행동하는지를 달리하여 또 다른 인터페이스 스토리보드로 발전시켜 보자. 이를 위의 3번 프레임에서 등장인물이 한 행동을 더욱 자세하게 서술하는 데 사용해보자. 마지막으로 섹션 6.4와 6.5에 있는 기법을 사용해서 다른 사람들에게 이 스토리보드를 설명해보자. 동료, 친구, 고객에게 피드백을 받도록 하자. 이때, "스토리를 잘 이해하셨나요? 스토리보드에서 등장인물이 사용하는 시스템이 무엇인지 아시겠어요?" 등의 질문을 던지며 여러분의 스토리보드가 효과적으로 작성되었는지 확인한다.

방법 2 : 사진 기반 스토리보드

사진 기반 스토리보드는 스토리를 보여주기 위한 또 다른 방법이다. 스케치 대신, 이번에는 사진을 찍고 그것을 소스로 사용할 것이다. 설명을 위해서 이전과 같은 상황 하에 스토리보드를 만들어 볼 것이다.

1 스냅숏을 찍자

공지사항 게시판 앞에 있는 사람의 사진을 여러 장 찍는다. 카메라 앵글을 바꿔본다. (전체적인 장면을 위한 롱숏, 인물의 행동을 위한 오버-더-숄더, 포인트-오브-뷰, 인터페이스나 특정 행동 등을 위한 클로즈업)

스토리보드를 위한 소스로서 다섯 장의 사진을 고르자. 다시, 주변 환경을 소개하는 롱숏으로 시작하고 인터랙션을 설명하는 세 장의 사진, 그리고 스토리보드의 마무리를 위한 한 장의 사진이 뒤따른다.

2 사진을 조정하자

여러분이 가장 좋아하는 이미지 도구를 사용해 사진의 대비를 줄이고 밝기를 높이며, 그것들을 회색조로 바꾼다. 이는 사진 위에 주석을 추가하거나 스케치 하는 것을 좀 더 쉽게 해준다.

팁

연기 중에 과장하기

사진을 찍는 동안 연기자에게 행동을 과장해 달라고 부탁하자. 실제 상황을 표현하기에는 너무 과장되어 보일 수도 있지만 이 장면에서 어떤 일이 일어나는지와 사람들의 행동과 감정을 강조하는 데 도움이 된다.

3 사진을 출력하자

최소 10×10cm(4"x4") 내외의 크기를 추천한다.

4 주석을 추가하자

이전의 스케치와 비슷하게 사진 스토리보드에 주석을 추가한다. 역시 인물의 움직임(걷는 방향이나 고개 돌리는 것을 표현하는 화살표)을 나타내기 위해 사용한다. 두꺼운 마커와 다른 색을 사용해 이 주석을 아래의 사진보다 더 두드러

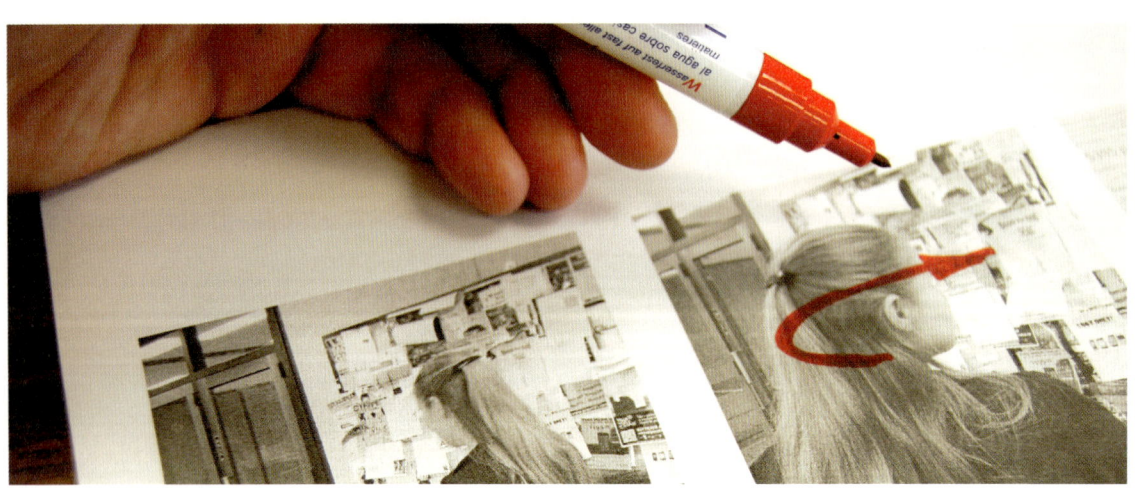

지게 한다. 아니면 사무용품을 사용해(섹션 3.7) 스토리보드에 수정 가능하고 움직일 수 있는 주석을 추가한다. 예를 들어 사진 위에 투명한 슬라이드를 올려두고 그 위에 화살표를 그릴 수 있다. 화살표를 움직이기 위해 슬라이드를 움직이거나 마음이 바뀌면 새로운 슬라이드로 바꿀 수도 있다.

주석은 또한 이 스케치의 움직임 화살표처럼 사진의 경계를 넘을 수도 있다. 이 경우에는 프레임 바깥까지 넘어간 화살표가 등장인물이 걸어 나가고 있음을 강조하고 있다.

사진 위에 다른 요소들(예를 들면 다른 물체 또는 기기)을 스케치해서 추가하자. 이 사진에서 포스터의 바코드가 원래의 사진 위에 그려 있다.

5 오버레이를 만들기 위해 사무용품을 사용하자

사진의 어두운 부분의 위에 주석을 넣으면 읽기 어렵다(휴대폰 화면의 어두운 영역). 이 문제를 해결하기 위해, 포스트잇을 그 영역의 크기에 맞게 잘라낸다(휴대폰 화면). 아니면 사진 위에 그 크기만큼의 종이를 붙여도 좋다.

6 스토리라인 글자와 코멘트를 추가하자

사진 출력물 밑에 스토리라인을 적는다. 이것은 다른 사람들이 여러분의 스토리보드를 읽을 때 여러분이 말하는 스토리를 이해하기 쉽게 한다.

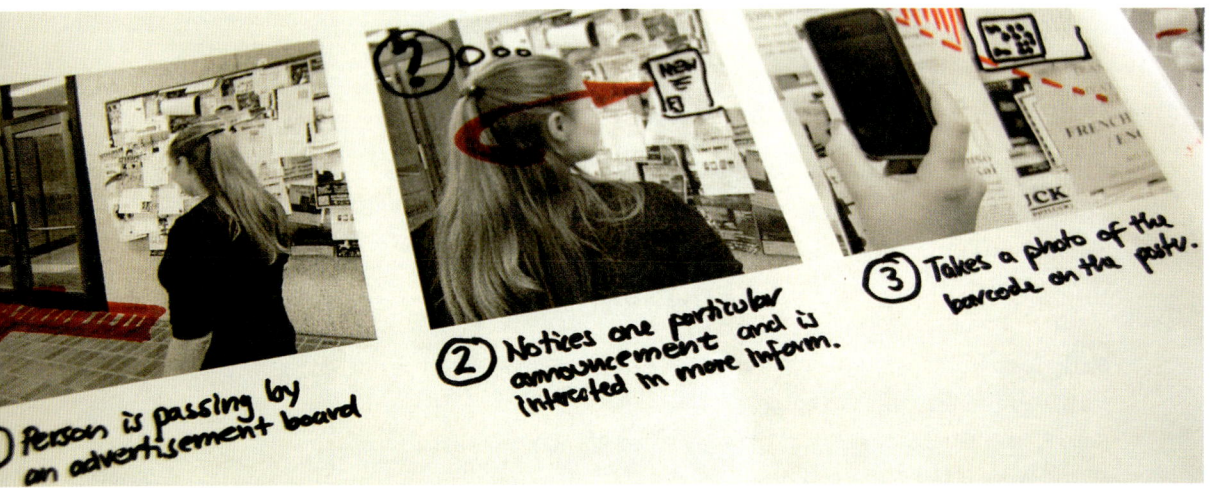

사진을 바탕으로 한 서술형 스토리보드가 완성됐다.

이제 알게 된 것

서술형 스토리보드는 인터랙션 시퀀스의 맥락을 표현한다(시간에 따른 물리적 환경, 사람들의 행동, 이벤트). 이는 세상에 무슨 일이 일어나는지 보여주고, 따라서 화면에 어떤 일이 일어나는지 강조하는 인터페이스 스토리보드를 보완해준다. 여러분은 이제 스케치나 사진을 통해서 스토리를 만들어낼 수 있다. 또한 영화용 스토리보드에서 쓰인 기법을 활용하여 스토리를 보여주는 데 사용할 수도 있다(시작하고 마무리하는 장면을 보여주기, 특정한 행동의 필수요소를 담아내기 위한 카메라 앵글의 변형, 움직임을 표현하기 위한 화살표, 무슨 일이 일어나는지 강조하기 위한 주석 추가 그리고 각 프레임 아래에 짧은 설명 문구를 포함하는 것 등). 이러한 것들이 서술형 스케치의 스토리텔링 특징을 뒷받침한다.

참고문헌

- **Block, B.** (2007) 『The Visual Story: Creating the Visual Structure of Film, TV and Digital Media』. Focal Press, 2nd edition.
- **Katz, S.** (1991) 『Film Directing Shot by Shot: Visualizing from Concept to Screen』. Michael Wiese Publishing, 1st edition.
- **Vertelney, L.** (1989) 『Using video to prototype user interfaces』. SIGCHI Bulletin 21(2), 57~61.

노트

스토리보드 프레임에 포스트잇 사용하기

스토리보드의 각 프레임에 포스트잇을 사용하는 것은 스토리보드 순서를 변경, 추가, 삭제하기 쉽게 만든다. 여기 학생들이 만든 다른 스토리보드 예시들이 있다.

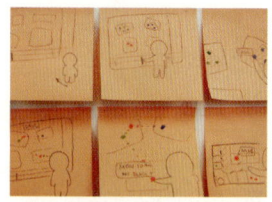
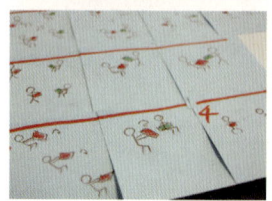
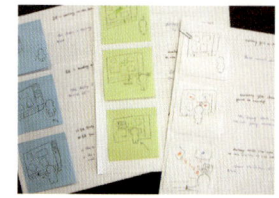

5

UX
애니메이션 만들기

스토리보드를 통해 각 단계마다 이루어지는 변환을 세밀하게 보여줄 수 있다면, 이제 그 스토리보드를 인터랙티브한 애니메이션으로 만들어보자. 재구성된 애니메이션은 다양한 요소를 시각적으로 설명함과 동시에 하나의 연결된 이야기로 풀어내어 시각적으로 서술한다.

5.1 연속 시퀀스The Animated Sequence는 하나의 인터랙션을 애니메이션화하는 기법을 소개한다. 마치 이미지들을 연속적으로 이어 붙여 슬라이드 쇼를 만들 듯이 말이다.

5.2 모션 패스motion path 도구는 커서의 움직임이나 프레임 전환과 같이 동적인 그래픽을 애니메이션화할 때 사용한다. 이는 인터랙션을 보다 부드럽게 구현해준다.

5.3 분기형 애니메이션Branching Animations은 애니메이션의 경로를 바꾸는 하나의 분기점에서 인터랙션을 시뮬레이션하기 위해 하이퍼링크를 사용한다.

5.4 키프레임과 트위닝tweening은 높은 수준의 인터랙티브 인터페이스를 애니메이션으로 만드는 데 매우 유용하다.

5.5 선형 비디오Linear Video는 비디오와 비디오 편집 도구를 사용하여 종이에 그린 스케치를 빠르게 영상으로 만들어내는 방법이다.

5.1

연속 시퀀스

이미지를 연속시켜
하나의 인터랙션 시퀀스를 영상으로 만들기

지난 4장에서는 하나의 스토리보드라고 할 수 있는 프레임을 연속시켜 인터랙션 시퀀스를 만들어 보았다. 기본적으로 시간(시퀀스)은 공간(프레임) 위에서 표현된다. 시퀀스를 만드는 또 다른 방법은, 보여주고자 하는 기본적인 화면은 고정시키고, 시간의 흐름에 따라 화면 위에 필요한 프레임을 연속적으로 보여줌으로써 스토리를 표현하는 것이다. 이렇게 하면 시퀀스는 하나의 완성된 애니메이션이 된다.

준비

슬라이드웨어 혹은 프레젠테이션 소프트웨어, 예) 마이크로소프트 파워포인트, 애플 키노트

슬라이드 쇼

섹션 3.6에서는 파워포인트와 같은 프레젠테이션 도구를 사용하여 간편하게 스케치하는 법에 대해 설명했다. 이러한 프레젠테이션 도구는 **시퀀스를** 만드는 데에도 매우 유용하다. 파워포인트의 각 슬라이드를 연속으로 이으면 스토리보드가 된다. 그러나 이 작업을 하기 이전에 먼저 공통된 요소를 배치하는 법에 대하여 고려해야 하며, 이러한 문제는 이미지를 고정시킴으로써 해결할 수 있다.

이미지 배치에 관련한 문제

간단한 장비 대여 시스템의 인터페이스를 떠올려보자. 아래는 장갑과 자켓

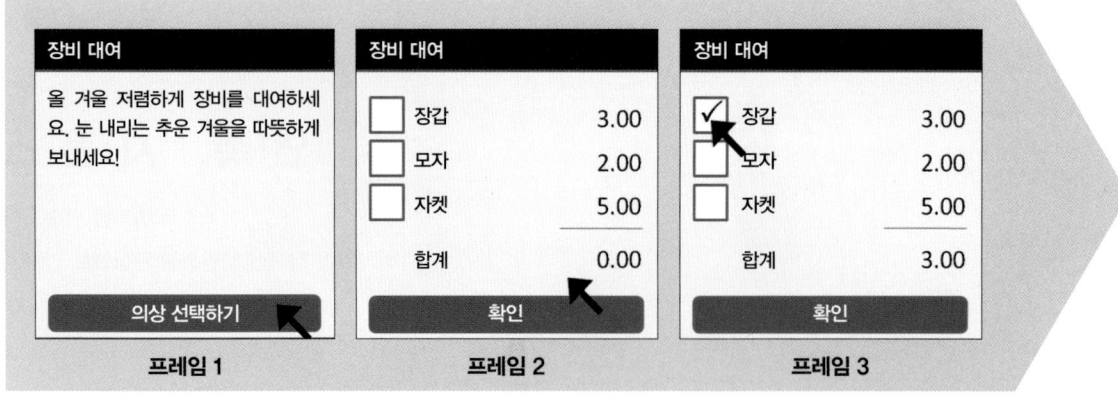

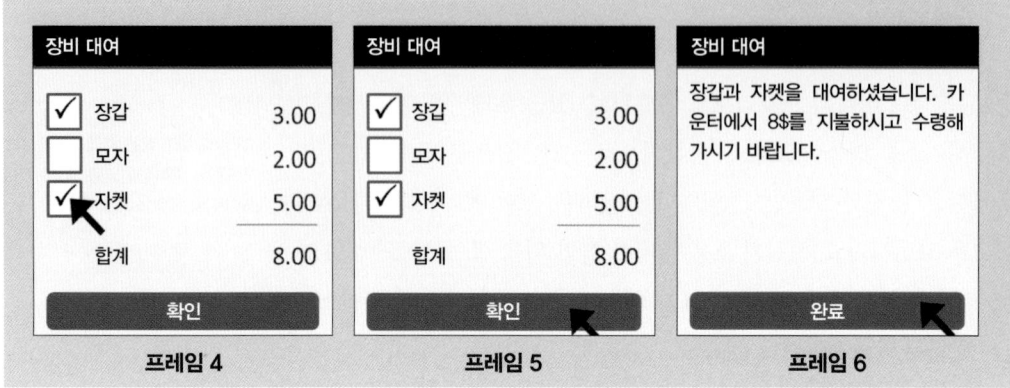

의 대여 신청을 완료하기까지 나타난 사용자의 인터랙션을 그린 스토리보드다.

우리는 위의 이미지들을 프레임으로 구성하여 움직이는 애니메이션을 만들고자 한다. 각각의 프레임은 프레젠테이션 도구의 개별 슬라이드가 될 것이다. 하지만 이미지를 각각의 슬라이드에 모두 다르게 위치시키면 어떻게 될까? 이미지는 여기저기로 튀어버리고, 영상미는 완전히 깨져버린다. 예를 들어, 우리가 위의 이미지 배치에 대해 전혀 고려하지 않은 채 단순히 프레임 안에 삽입하기만 한다면, 결과물은 다음 쪽과 같을 것이다. 프레임이 전환될 때마다 고정되어 있어야 하는 이미지가 여기저기로 움직이고, 관객들은 이 이미지들에서 고정적인 요소를 제대로 볼 수 없어 애니메이션은 제 역할을 하지 못한다.

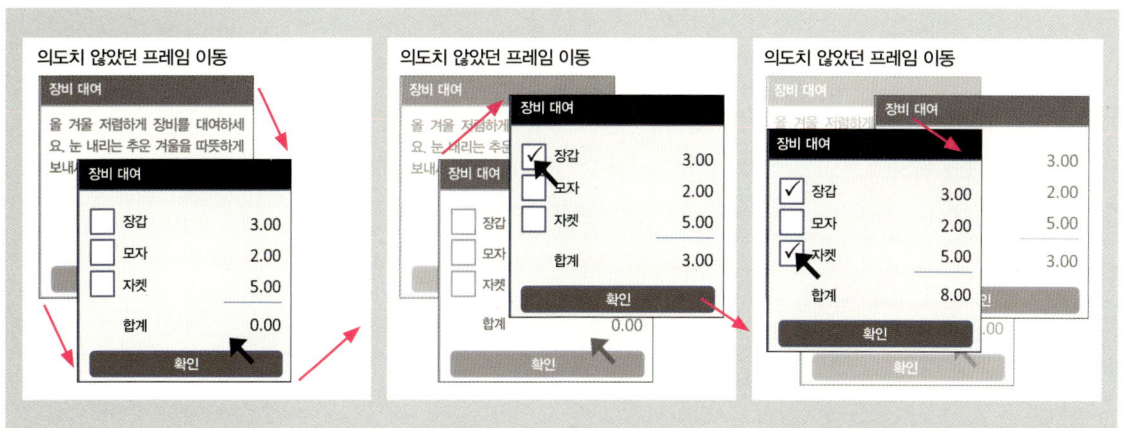

두 개의 이미지가 제대로 정렬되지 않았을 때 프레임 1과 프레임 2 사이에 나타나는 변화

두 개의 이미지가 제대로 정렬되지 않았을 때 프레임 2와 프레임 3 사이에 나타나는 변화

두 개의 이미지가 제대로 정렬되지 않았을 때 프레임 3과 프레임 4 사이에 나타나는 변화

이미지를 제대로 고정하는 법

이러한 문제를 해결하는 가장 쉬운 방법은 이미지가 가진 고정 요소를 언제나 모든 슬라이드에서 동일한 위치에 있도록 템플릿으로 만드는 것이다. (템플릿은 3.8 섹션에 안내되어 있다.) 실제 프레임을 만들기 위해 여러분은 이러한 템플릿을 자신에게 맞게 수정해야 할 것이다. 고정 요소를 일부러 이동시키지만 않는다면, 그 이미지 안에서 고정된 이미지들은 모든 화면에서 동일한 위치에 나타날 것이다.

1 마스터 프레임 템플릿 만들기

각각의 프레임 모든 곳에 공통적으로 나오는 요소들은 마스터 템플릿(개별 프레임에 상관없이 모든 프레임에 있어서 나타나는 공통 요소)에 포함시켜야 한다. 이렇게 마스터 템플릿을 구성하는 것이 다른 템플릿을 만드는 데에 매우 유용하다.

예제에서 살펴본 인터페이스는 창, 타이틀 바, 제목 텍스트, 버튼, 내용 텍스트로 구성되어 있다. 여기에서 다른 요소들과 긴밀한 관련을 갖는 핵심 요소의 위치는 구체적으로 정해야 한다. 먼저 프레임(혹은 스크린) 좌측 상단의 코너를 확인하고, 창을 어디에 위치시킬 것인지 명확하게 정해야 한다. 그래야만 창이 모든 프레임에서 정확하게 같은 위치에 나타나도록 설정할 수 있기 때문이다. 두 번째로 창의 왼쪽, 오른쪽 면의 콘텐츠 마진margin을 확인해야 한다. 그래야만 창 콘텐츠가 고정되어 나타날 것이다. 마지막으로, 완성된 템플릿의 사본을 만든다. 그렇다면 이제 모든 오브젝트의 크기와 위치가 동일한 위치에 놓여 있을 것이다. 그러나 만약을 위하여, 핵심 요소의 위치와 크기에 대해서는 템플릿에 아래와 같이 주석을 달아두도록 한다.

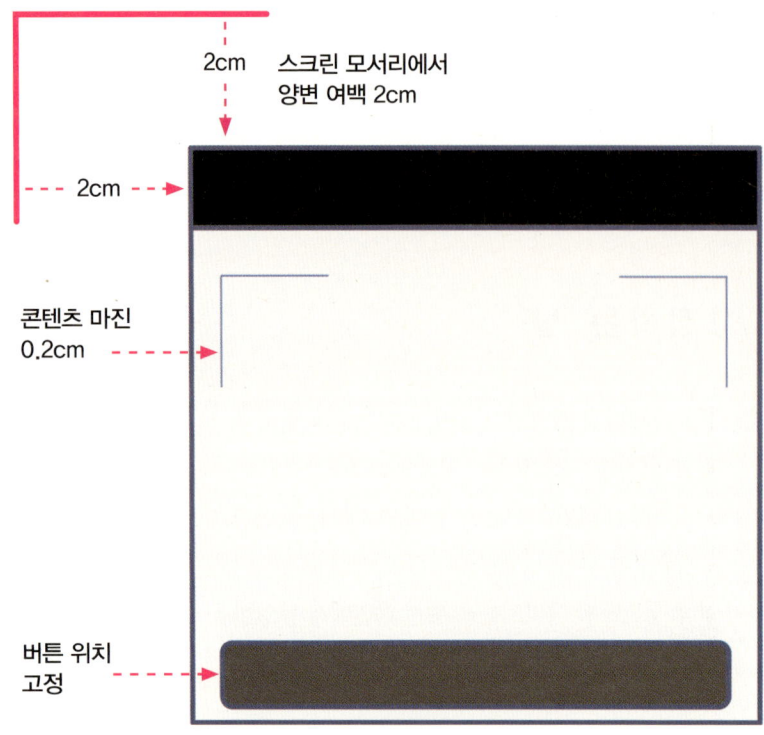

2 전문적인 프레임 템플릿 제작

보다 특화된 프레임 템플릿을 만들고 싶다면, 마스터 템플릿을 개선해보자. 파워포인트와 같은 프레젠테이션 도구에서 해야 할 일이라곤 마스터 프레임 템플릿이 설정되어 있는 해당 슬라이드를 복사하는 것이다. 그러면 적절하게 편집 수정할 수 있다.

팁

프레젠테이션 소프트웨어를 사용하는 이점 가운데 하나는 바로 플레이스홀더placeholder를 편집할 수 있다는 것이다. 플레이스홀더의 역할은 우리가 프레임을 제작한 이후에도 콘텐츠의 위치가 바뀌지 않게 하는 것으로서 템플릿에 삽입하여 사용할 수 있다.

지금까지 만든 우리의 마스터 템플릿을 예시로 살펴보자. 좌측 타이틀 바는 물론이고, 가운데에 위치한 버튼 역시, 그 안의 텍스트를 직접 편집, 수정하더라도 버튼의 위치 자체는 고정된 채로 유지된다. 핵심은 각각의 프레임마다 다른 내용이 담겨져야 할 아이템이 어떤 것인지 확실하게 인지하고, 그러한 아이템들은 내용이 수정되어도 위치가 고정되도록 템플릿에 제대로 위치시켜 추후 작업에 영향 주지 않도록 하는 것이다.

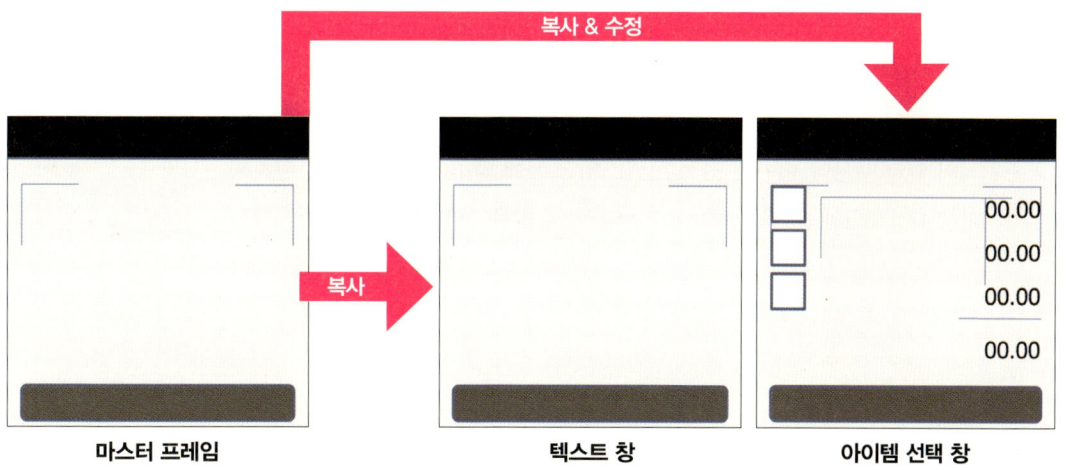

3 프레임 완성하기

마지막으로, 이제 프레임을 최종적으로 완성시키기 위해 템플릿의 사본을 수정하자. 아래에 템플릿을 이용하여 만든 두 개의 아이템 선택 창 예시가 있다. 이 프레임은 원본 템플릿의 텍스트를 편집하고 추가하며, 또한 사용자가 선택할 커서를 이동시킬 수 있다. 여기서 중요한 점은, 모든 오브젝트가 모든 프레임에서 정확한 위치에 배치되어야 한다는 것이다.

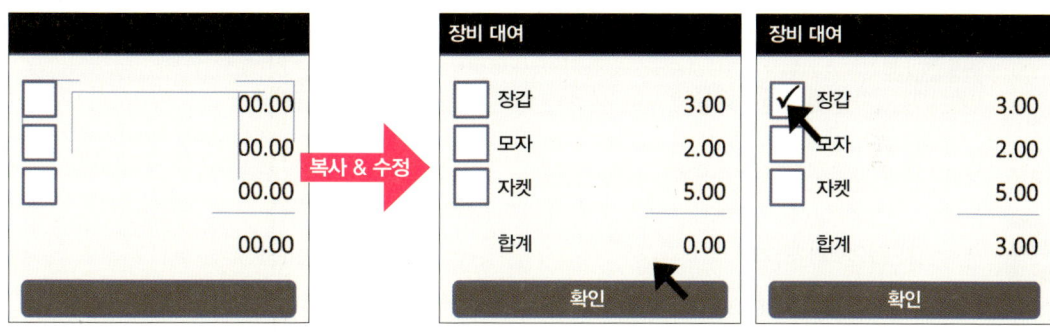

4 전체 시퀀스를 고려하여 프레임 배열하기

개별 프레임은 템플릿의 복사본으로 모든 아이템들이 고정된 위치에 배치되어 있기 때문에, 이제는 전체 시퀀스의 흐름에 맞추어 프레임을 재배치해야 한다. 프레임 순서는 초기에 기획한 스토리보드와 같아야 한다. 아래는 파워포인트로 보이는 연속 화면이다. 왼쪽의 슬라이드 바는 연속시킬 각각의 프레임을 보여준다.

팁

프레임에 주석을 달고 싶다면 프레젠테이션 도구의 '노트' 기능을 활용해보자. (예. 파워포인트에서는 '슬라이드 노트', 키노트의 경우 '발표자 메모'이다.) 해당 그림의 하단에 이 프레임이 무엇을 의미하는 것인지 부가 설명할 수 있다.

슬라이드웨어를 통해 예제를 구현하는 것도 가능하지만, 이미지들은 다른 형태의 미디어로 표현할 수 있다. 섹션 5.5에서는 이와 같은 기법들이 애니메이션 제작에서는 어떻게 적용되는지 살펴볼 것이다.

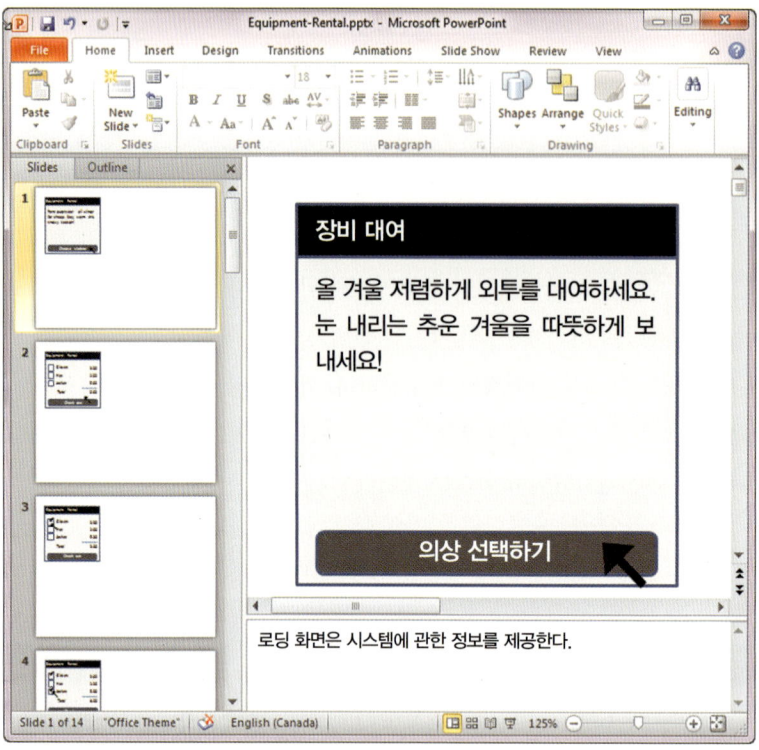

5 연속으로 화면 재생하기

대부분의 프레젠테이션 도구는 슬라이드로 장면을 연속해서 볼 수 있게끔 한다. 스페이스 바를 눌러 수동으로 재생할 수도 있고, 슬라이드 간에 재생 시간을 지정하여 자동으로 재생할 수도 있다. 수동 재생방식은 다른 이들에게 각각의 프레임을 보여주고 설명하는 데에 효과적이며, 자동 재생방식은 각각의 프레임을 설명해줄 디자이너가 없더라도 다른 이들이 시퀀스를 볼 수 있도록 돕는다. (그러나 프레임에 불명확한 요소가 있다면 어떤 것인지 구체적으로 설명하기 위해 프레임마다 주석을 달아야 할지도 모른다.) 수동이든 자동이든 대부분 커서가 한 위치에서 다른 위치로 한 번에 이동하기 때문에 우리가 만든 애니메이션에는 물 흐르듯한 유동성이 부족하다. 다음 섹션에서는 이 문제를 다뤄보도록 하자.

이제 알게 된 것

<u>스토리보드를 애니메이션으로 제작하는 일</u>은, 각 프레임을 같은 위치에 잇따라 나열하는 간단한 방식으로도 가능하다. 모든 프레임에서 정확히 같은 위치에 나타나야 하는 오브젝트는 이미지 배치를 통해 해결할 수 있다. 만약 그래픽 요소들이 프레임마다 다른 위치에서 각각 나타난다면 영상미가 깨져버릴 것이다. 이미지를 정확히 배치하기 위하여 템플릿을 만드는 것도 좋은 방법이다. 이 경우에는 템플릿의 사본을 수정하여 개별 프레임을 제작하도록 한다. 하나의 위치에 오브젝트들이 고정되면, 장면을 연속 재생시키더라도 이미지들이 사방팔방으로 튀지 않을 것이다.

5.2

모션 패스(이동 경로)

자연스러운 움직임으로 인터랙션을 강조하기

섹션 5.1에서 만든 애니메이션은 슬라이드 쇼가 실행될 때 각각의 프레임에 첨부되어 있는 커서가 자연스럽게 이동하지 않고 한 위치에서 다른 위치로 펄쩍 뛰며 이동한다. 이러한 현상은 시스템과 상호작용할 관객의 호흡을 깨뜨린다. 그러므로 이 섹션에서는 슬라이드웨어 프레젠테이션 소프트웨어(파워포인트) 혹은 애니메이션 시스템(어도비 플래시)의 모션 패스(이동 경로) 도구를 사용하여 각 프레임의 커서 움직임을 제어하고자 한다. 이를 **무브 액션** move action 이라고 한다. 섹션 5.1에서 소개했던 장비 대여 시스템의 두 번째, 세 번째 프레임을 보자. 우리의 목표는 두 번째 프레임에서 세 번째 프레임까지 커서를 부드럽게 이동시키는 것이다.

준비

슬라이드웨어 혹은 프레젠테이션과 모션 패스 기능이 있는 애니메이션 소프트웨어, 파워포인트(예제는 모두 2010 버전을 기준으로 함), 키노트, 플래시

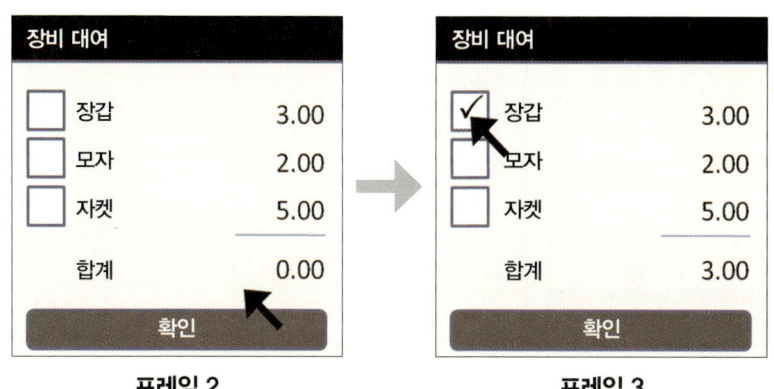

1 준비

여기에서는 마이크로소프트 파워포인트를 사용한다. 다른 소프트웨어를 사용하여 실습하고자 한다면, 아마 다른 이름으로 된 비슷한 애니메이션 기능이 있을 것이다. 파워포인트에서는 애니메이션 탭의 모션 패스 도구를 활용할 것이다. 또한 애니메이션을 바로 재생할 수 있도록 애니메이션 창을 왼편에 띄워두고자 한다. 모든 애니메이션 작업은 첫 번째 프레임 위에서 이루어질 것이다. 여기에서 우리의 목표는 '체크아웃' 버튼 위의 커서를 '장갑' 체크박스의 위까지 이동시키는 것이다.

마지막에 커서가 어디에 위치되어 있어야 하는지 알아야 하므로, 일단은 프레임 3의 커서를 프레임 2에 복사하여 붙여 넣는다. 이 작업은 참고용이므로 작업이 완료되면 삭제해야 한다. 먼저 프레임 2의 커서를 선택한다. 이 커서가 시작점이다. 이제 화면은 아래와 같이 보인다. 커서가 선택되어 있음을 주목하라.

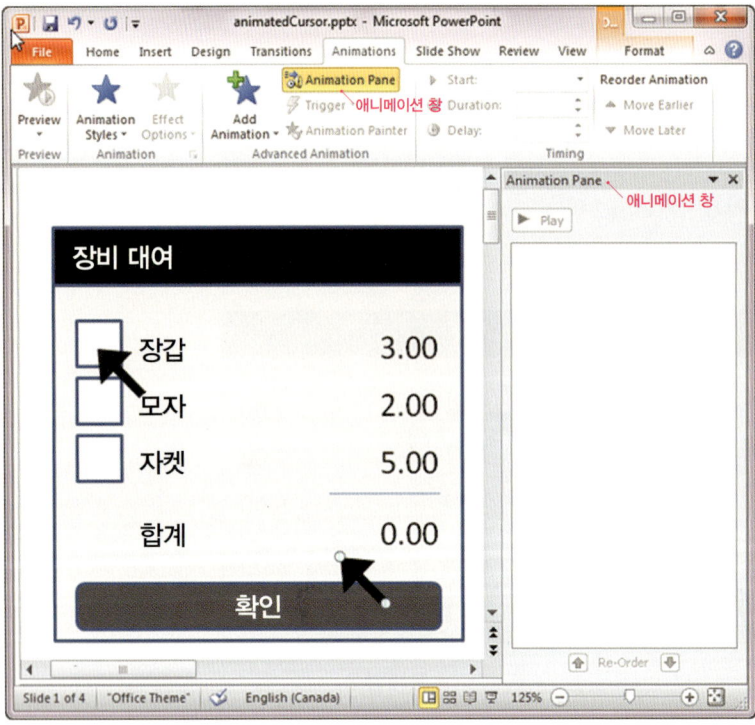

2 모션 패스 선택하기

도형(커서)이 현재 선택되어 있는 상태이기 때문에, '애니메이션 추가Add Animation' 버튼이 활성화될 것이다. 이 메뉴를 선택하면, 선택된 도형(커서)을 움직일 수 있는 방법들이 드롭다운으로 나타난다. 모션 패스 메뉴 역시 그 안에 포함되어 있다. 여기에서 우리는 파워포인트에서 기본적으로 제공하고 있는 여러 모션 패스를 선택할 수 있다(선, 타원, 회전 등). 또한 '사용자 지정 경로' 옵션을 선택하면 사용자가 직접 수동으로 모션 패스를 지정할 수도 있다.

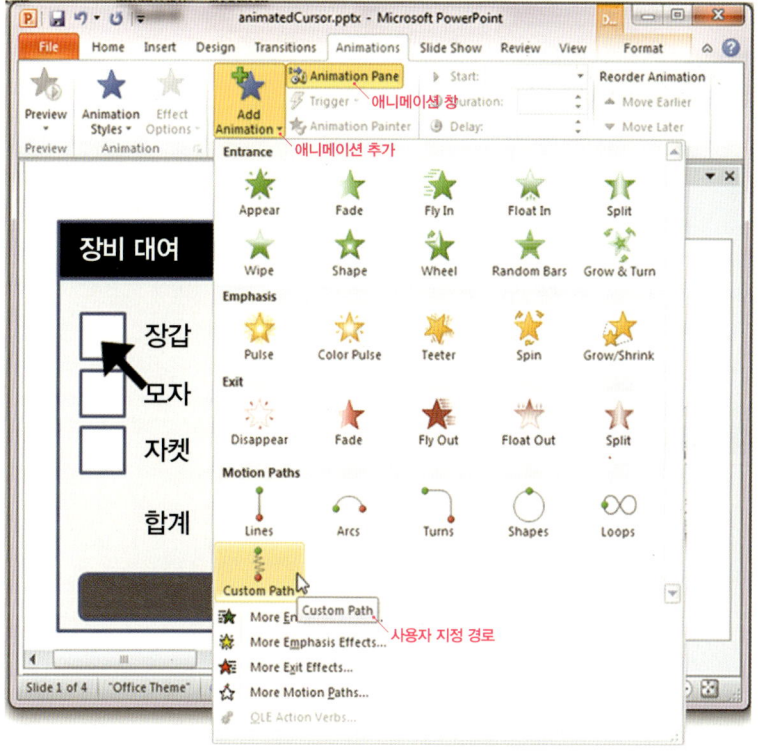

팁

애니메이션 도구를 탐색해보자

최근에는 슬라이드 프레젠테이션 소프트웨어나 애니메이션 도구 내의 애니메이션 기능이 매우 잘 만들어져 있다. 만약 자주 사용하는 도구가 있다면, 도구가 제공하는 애니메이션 기능을 자세히 살펴보라. 여러분이 미처 알지 못했던 유용한 기능을 발견할 수 있다. 예컨대 프레임이 이동할 때 나타나는 변화를 지정하거나, 애니메이션 뒤에 다른 애니메이션을 추가로 삽입하거나, 음향효과를 추가하는 등 여러 효과를 적절하게 사용할 수 있다.

섹션 5.4에서 이 외의 애니메이션 기능들을 살펴보고자 하나, 이 내용을 자세히 다루는 것은 이 책의 범위를 벗어난다.

3 모션 패스 만들기

여기에서는 커서의 실제 이동 경로를 그려보고자 한다. 결코 어렵지 않다. 그저 도형(커서)의 중심 부분에서 다른 도형(커서)의 중심까지 라인을 긋기만 하면 된다. 이 작업이 끝난 후에는 애니메이션이 정확히 움직이는지 체크하고 임시로 붙여두었던 참고용 커서를 삭제한다.

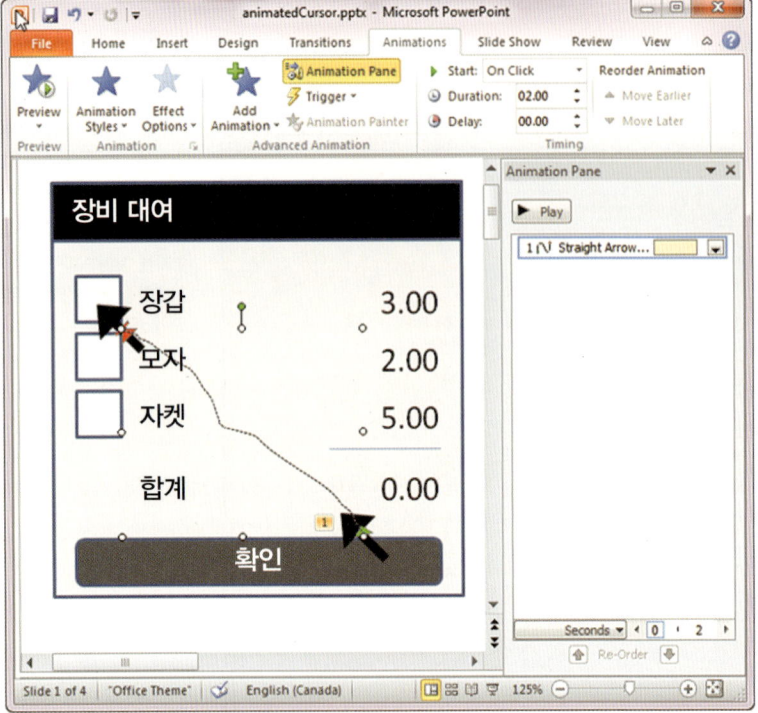

팁

기타 애니메이션 도구

프레젠테이션 도구의 주된 쓰임은 슬라이드 쇼 제작이다. 애니메이션 효과는 프레젠테이션의 설득력을 보다 향상시키기 위해 덧붙여지곤 한다. 그래서 프레젠테이션 도구를 통해 덧붙일 수 있는 것은 대개 간단한 효과들이다. 복잡한 효과는 대부분 도구에서 지원하지 않거나 지원하더라도 사용하기가 쉽지 않다. 주로 대본이 있는 슬라이드 쇼를 제작하거나(섹션 6.4 참조) 복잡한 애니메이션에 흥미가 있는 독자는 어도비 플래시와 같이 그래픽 애니메이션 제작을 돕는 전문적인 도구를 배워야 한다. 프레젠테이션 도구보다 학습 난이도가 있겠지만, 일단 배워두면 그러한 도구들이 더 창조적인 역량을 제공할 것이다. (섹션 5.4 참조)

그러나 주의할 점은 아이디어를 발전시키는 것보다 예쁜 애니메이션을 만드는 데 더 시간을 소비하면 안 된다는 것이다. 스케치의 역할을 잊지 않도록 한다!

4 효과 추가하기

여기에서는 애니메이션을 컨트롤하는 법에 대해 알아보고자 한다. 파워포인트에서 제공하는 '애니메이션 창Animation Pane' 버튼을 클릭 해보자(아래 사진 참조). 애니메이션 창에서 원하는 애니메이션을 선택한다. 선택한 애니메이션의 설정 드롭다운 메뉴를 선택하거나 효과 옵션 메뉴를 통해 애니메이션을 컨트롤 할 수 있다. 예를 들어 애니메이션 시작 시점이나 애니메이션의 빠르기를 타이밍 옵션을 조절하여 컨트롤 할 수 있다.

애니메이션에 다양한 효과(이펙트)를 추가할 수도 있다. 여기에서는 '장갑' 체크박스를 마치 실제로 클릭한 것처럼 클릭 효과음을 추가해보았다.

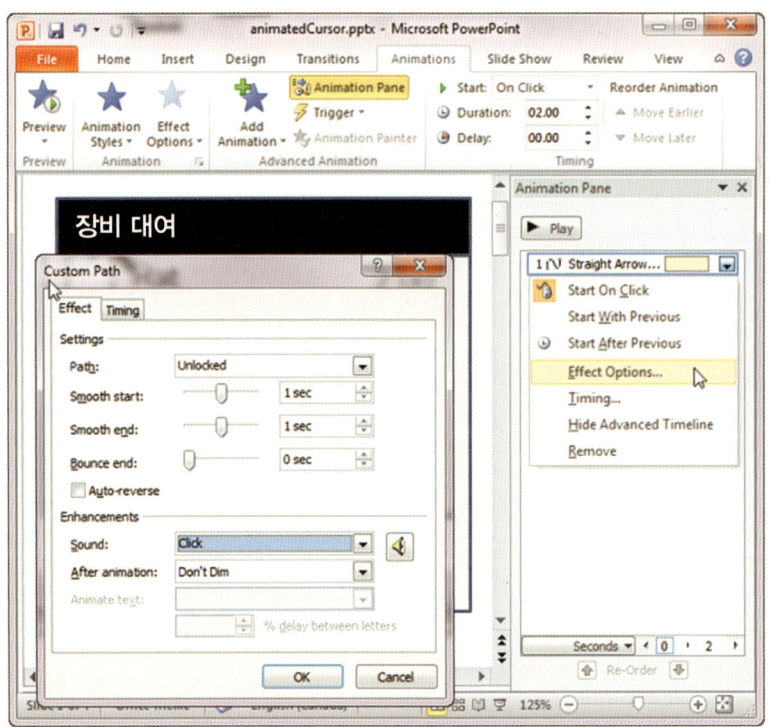

이제 알게 된 것

모션 패스 도구를 통해 프레임이 바뀔 때 커서의 움직임을 유연하게 했던 것처럼 그래픽 요소에 움직임을 줄 수 있다. 이를 효과적으로 활용한다면, 실제로 사용하는 시스템을 촬영한 애니메이션처럼 보이게 할 수 있다.

5.3

분기형 애니메이션

여러 인터랙션 경로 interaction path를
애니메이션으로 표현하기

섹션 4.3에서는 스토리보드가 어떻게 다수의 시퀀스(혹은 다수의 인터랙션)로 가지 치며 분기되는지에 대해 설명하였다. 시퀀스가 분기되는 시점은 최종 사용자의 특정한 행동이 발생되는 지점이다. 이 섹션에서는 단순한 영상이나 슬라이드 쇼가 아니라, 어떤 것을 선택하는가에 따라 다른 장면을 보여주는 스케치 애니메이션 제작법에 대해 소개한다.

준비

슬라이드 프레젠테이션 소프트웨어(첫 번째 슬라이드에서 다음 슬라이드로 넘어갈 수 있도록 하나의 영역 혹은 오브젝트에 하이퍼링크를 설정한다). 파워포인트는 우리가 사용 가능한 소프트웨어 중 하나이고, 이 외에도 사용 가능한 소프트웨어가 많이 있다.

하이퍼링크를 사용하여
시나리오마다 다른 인터랙션을 제공하기

대부분의 슬라이드 프레젠테이션 도구에서는 하이퍼링크 기능을 제공하고 있어서, 특정 그래픽이나 슬라이드 등 우리가 원하는 곳에 삽입할 수 있다. 하이퍼링크는 다양한 곳에 적용할 수 있지만, 여기에서는 우리의 목적에 맞게 슬라이드에서 슬라이드로 넘어가는 데에 사용하도록 한다.

하이퍼링크를 익히는 최적의 방법은 스스로 사용해보는 것이다. 아래는 세 장의 슬라이드에 각각 서로 다른 문구를 입력하는 간단한 스케치다. 각 문구가 하나의 시스템에서 분기된 장면이라고 생각하면 된다. 슬라이드 1에는 2개의 버튼이 있다. 어떤 버튼을 선택하느냐에 따라 다른 문장이 나타난다. 아래 제시된 화살표를 따르면, 'Say Hello'를 클릭하면 슬라이드 2가, 'Say Goodbye'를 클릭하면 슬라이드 3이 나타난다.

1 세 장의 슬라이드 만들기

여기에서는 파워포인트를 사용하여 슬라이드를 제작하도록 한다. 첫 번째 슬라이드에는 각각의 문구를 포함한 직사각형 버튼 2개만 있으면 된다. 그리고 나머지 두 장의 슬라이드에는 각각 아래 주어진 문구를 입력한다.

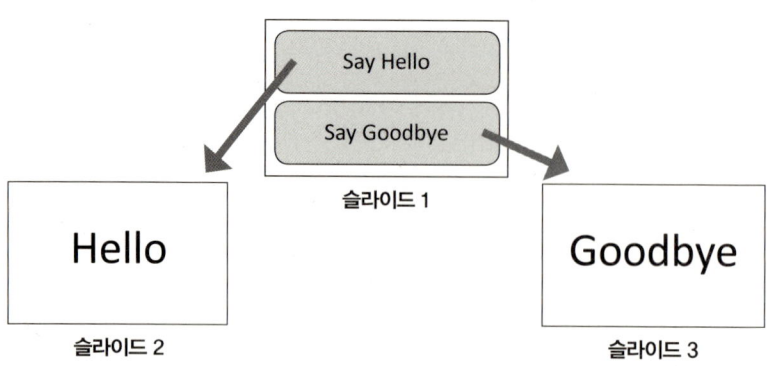

2 'Say Hello' 텍스트가 입력된 사각형에 슬라이드 2로 연결되는 하이퍼링크를 설정한다. 해당 오브젝트 위에 마우스를 올려두고 마우스 오른쪽 버튼을 클릭하면 하이퍼링크를 선택할 수 있다.

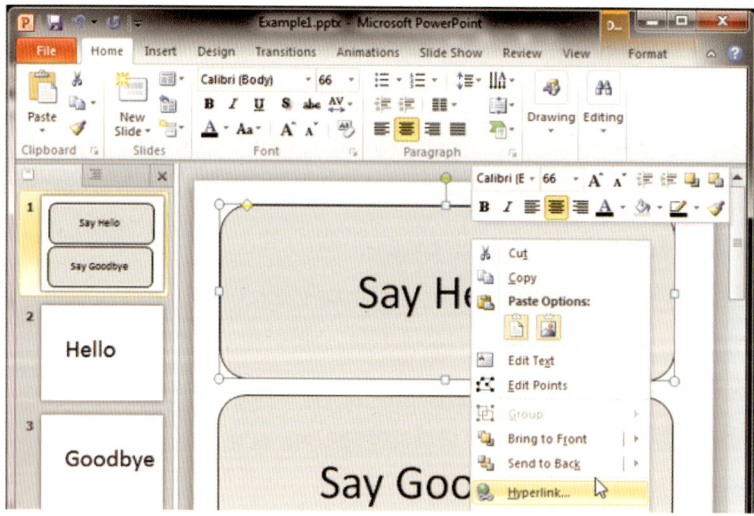

3 하이퍼링크를 통해 링크할 수 있는 목록을 보여주는 다이얼로그 박스가 나타나면 왼편 버튼 중 현재 문서 버튼을 클릭하고, 'Hello' 텍스트가 적힌 슬라이드 2를 선택한다.

> **팁**
>
> **인덱스 상태변환도를 애니메이션으로 만들기**
> 하이퍼링크를 통해 현재 슬라이드에 다른 슬라이드 그룹을 연결할 수도 있다. 각기 다른 하위 시퀀스를 개별 슬라이드 그룹으로 만들어 연결할 수 있다는 뜻이다. 하나의 마스터 슬라이드를 만들어 두고 하위 시퀀스를 각 지점에서 연결하면 된다.
>
> 이렇게 되면 매우 복잡한 애니메이션도 관리하기가 한결 쉬워진다. 또한 하이퍼링크만 바꾸면 되기 때문에, 같은 화면으로 다른 인터랙션 시나리오를 시험하는 것도 간단하게 할 수 있다. 이는 다른 시나리오들을 발전시키는 데에 큰 도움이 된다.

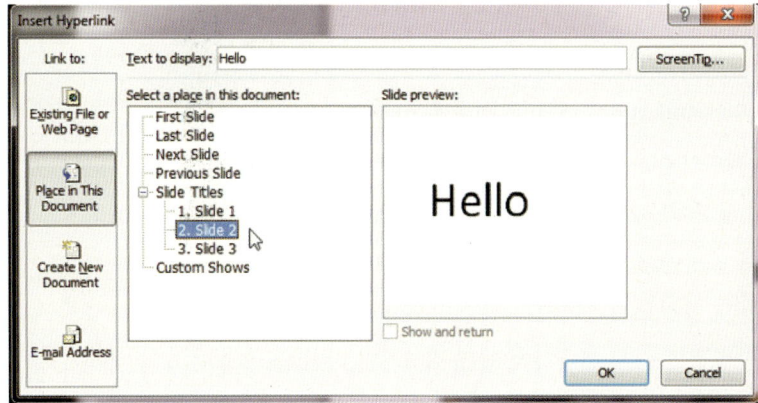

4 이와 같은 방법으로 'Say Goodbye'가 입력된 사각형에도 하이퍼링크를 설정한다. 슬라이드 2 대신 슬라이드 3으로 링크시키는 것만 다를 뿐, 다른 것은 모두 다 동일하다.

5 슬라이드 쇼를 실행하여, 각 버튼을 클릭하면 링크된 슬라이드로 적절하게 이동하는지 클릭해보자.

예제 A : 반응에 따라 달라지는 분기형 애니메이션 완성하기

섹션 5.1에서 다루었던 장비 대여 시스템을 다시 떠올려보자. 여기에는 세 가지 유형의 화면이 있다. 최초의 로딩 화면과 대여 화면, 마지막으로 지불 화면이 그것이다. 각각의 화면에서 시도 가능한 모든 인터랙션의 경우를 애니메이션으로 만들어보자. 여기에서의 핵심은 상태변화도를 매우 상세하게 만드는 것이다. 시스템의 사용자가 어떻게 반응하는가에 따라 달라지는 모든 결과를 보여주어야 한다. 특히 버튼과 체크박스를 클릭했을 때 일어나는 이벤트를 명확하게 해야 한다. 또한 이전에 체크했던 체크박스를 체크 해제하는 액션(undo 기능)도 포함해야 한다.

힌트를 주자면, 모든 경우의 수를 고려하여 슬라이드 그룹을 만들고, 그런 다음에 하이퍼링크를 설정하면 작업이 보다 간편해진다.

해결

아래의 화면은 모든 경우의 수를 표현한다. 인터랙션 요소를 제공하는 오브 젝트 옆에는 해당 오브젝트가 어느 슬라이드로 연결되는지 보여주는 화살 표가 붙어 있다. 예컨대 슬라이드 2에서 'Glove' 체크박스를 선택하면 슬라 이드 3로 이동하게 되어 있지만, 슬라이드 2에서 'Hat' 체크박스를 선택하 면 슬라이드 4로 이동한다. 이전으로 돌아가기 기능도 포함되어 있어, 슬라 이드 3에서 'Glove' 체크박스를 다시 선택하여 체크 해제하면 다시 슬라이 드 2로 돌아가게 되어 있다. 또한 슬라이드 2~9에 붙어 있는 'Check Out' 버튼은 각각의 경우에 따라 각각 다른 슬라이드로 이동한다. 각 화면의 텍 스트는 어떤 아이템을 선택하는가에 따라 달라진다. 슬라이드 11~17 하단

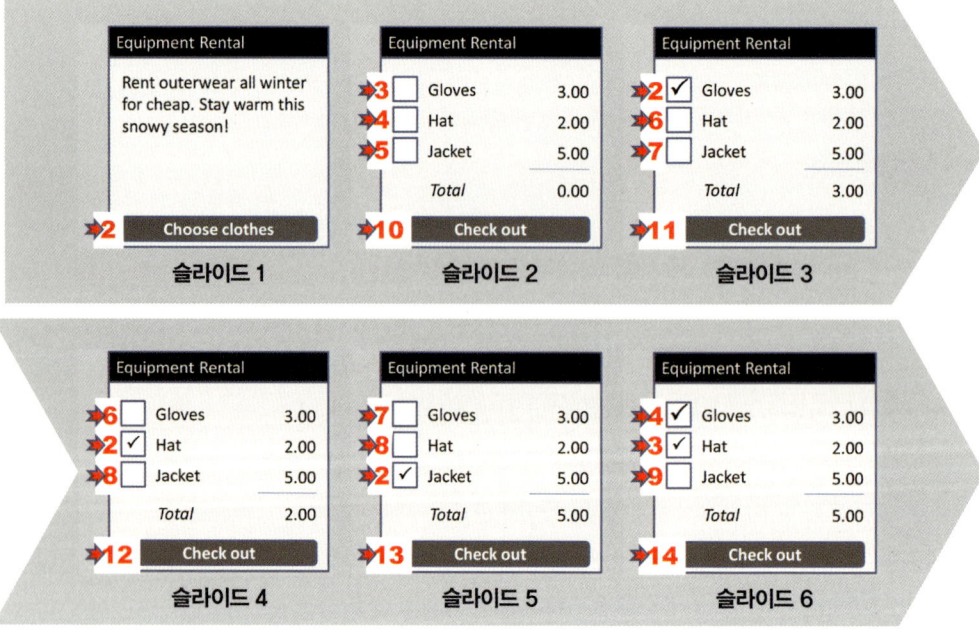

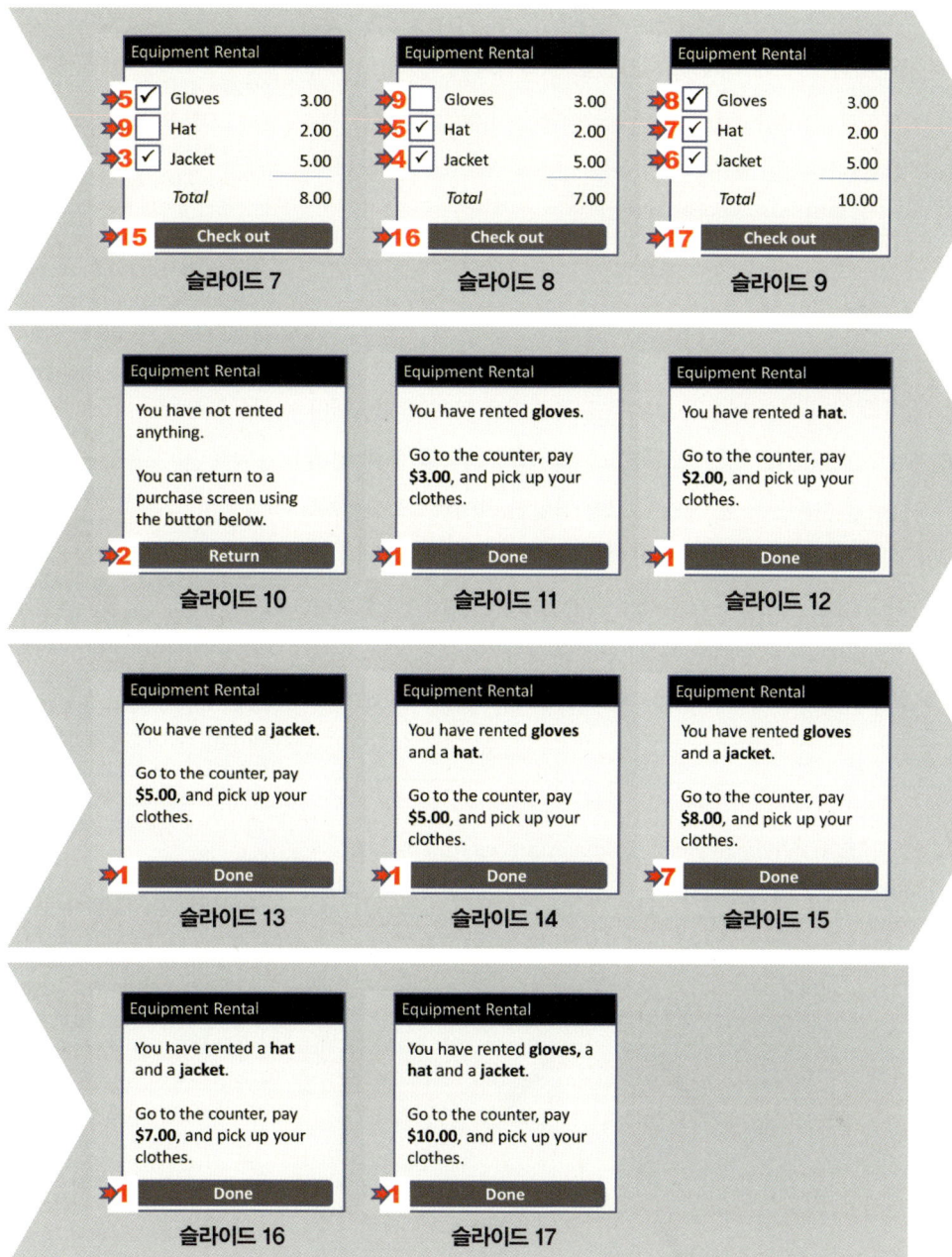

의 'Done' 버튼은 클릭하면 모두 최초 화면인 슬라이드 1로 돌아가게 설정되어 있다.

이렇게 가능한 모든 시나리오를 생각하여 만들어낸 애니메이션의 이점은 이 인터랙션 디자인이 실제로 동작하는 인터페이스로 느껴지게 한다는 것이다. 즉 디자이너가 기능에 대해 추가적으로 설명할 필요 없이 기능이 정말 구현되는 것처럼 보여줄 수 있다. 또 다른 이점은 이 작업을 통해 시스템이 동작하는 모든 경우의 수를 인식할 수 있다는 것이다. 그러나 오른쪽 옆의 팁에서 알 수 있듯이, 이는 양날의 칼이다.

이제 알게 된 것

사용자 액션에 따라 각각 다른 반응을 보여주도록 화면을 분기해내는 애니메이션은 슬라이드 프레젠테이션 시스템의 하이퍼링크 기능을 통해 쉽게 구현될 수 있다. 해당 버튼을 누를 때마다 그에 적합한 하이퍼링크를 타고 다른 화면으로 이동하는 방식으로 말이다. 이러한 애니메이션 제작 방식을 통하여 디자인하고 있는 시스템의 대표적인 기능들을 표현할 수도 있고(수평적 프로토타이핑), 시스템의 특정 기능에 대한 부분을 깊이 있게 다룰 수도 있다(수직적 프로토타이핑). 혹은 두 개 형태를 모두 적용하는 것도 가능하다.

참고문헌

- Nielsen, J. (1993) 『Usability Engineering』. Morgan-Kaufmann. 「The Usability Engineering Lifecycle」 pp. 94~95.

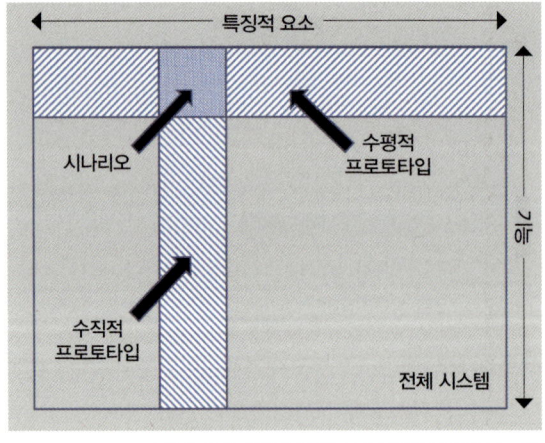

수평적 프로토타이핑과 수직적 프로토타이핑, 제이콥 닐슨 그림.

팁

이 작업에 압박감을 느끼고 있는 여러분에게

이건 간단한 예시지만, 이 안에서 우리는 여러분에게 17개의 다른 화면과 33개의 하이퍼링크를 만들라고 요구하고 있다. 아무리 템플릿이 있다고는 하지만, 두말할 나위 없이 지루한 작업이다. 특히 규모가 큰 시스템을 디자인하고 있다면 이 작업은 터무니없이 많은 시간을 쓰게 할 것이다.

이러한 경우에는 충분히 여러분의 아이디어를 표현할 수 있는 몇 가지 주요 시나리오에만 이 방법을 적용하라. 이 모든 작업이 스케치일 뿐이고 스케치는 아이디어에 관한 것이라는 사실을 명심하자. 예컨대 슬라이드 1과 같이 로딩 화면이 어떻게 구성되는지 보여주고, 그 이후 슬라이드 2의 주문 화면으로 넘어간다. 주문 화면에서는 사용자들이 아이템을 어떻게 선택하고 취소하는지, 그때마다 어떤 이벤트가 일어나는지 여러분의 기본적인 아이디어를 보여주면 된다. 다른 모든 경우가 대개 비슷한데도, 모든 화면을 애니메이션화 하는 것은 별반 소득이 없는 행위다.

여기에서의 핵심은 여러분의 시스템에 있는 특징적 요소의 기능을 명확하게 설명할 수 있도록 애니메이션을 스케치에 적용하는 것이다. 제이콥 닐슨은 이를 수평적/수직적 프로토타이핑horizontal/vertical prototyping으로 정의했다.(그는 또한 '시나리오' 개념에 대해 설명했다. 이는 스케치를 액션에 따라 순차적으로 보여줄 때 매우 유용하다.) 애니메이션을 만들 때, 반드시 애니메이션을 어떠한 방식으로 보여줄지 선택해야 한다. 하나의 기능을 심도 있게 보여줄 수도 있고 아니면 하나의 기능을 깊게 파는 대신 시스템의 전체 기능을 시나리오에 따라 보여주어 시스템의 전반적인 기능과 분위기를 관객에게 이해시킬 수도 있다.

5.4

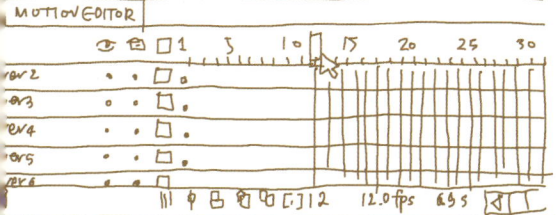

키 프 레 임 과 트 위 닝

보다 정교한 애니메이션을 만들기

지금까지는 파워포인트의 애니메이션 모션 패스 기능을 통해 오브젝트에 간단한 움직임을 주는 방법에 대해 설명했다. 그러나 사실 대부분의 프레젠테이션 도구는 스케치에 더 정교하고 복잡한 움직임을 주기에는 적합하지 않다. 이런 경우에는 멀티미디어 애니메이션 작업을 위한 도구를 제공하는 어도비 플래시를 사용하는 것이 더 바람직하다. 이 프로그램을 배우기 위해 시간과 비용을 투자해야 하지만, 얻을 수 있는 것 또한 매우 많다.

- 높은 레벨의 인터랙티브 시나리오에서 요구되는 복잡한 애니메이션을 빠른 시간 내에 만들 수 있다.
- 인터랙션이 시간에 따라 어떻게 보이는지 자세하게 표현할 수 있다.
- 각각의 애니메이션을 개별 영상으로 빠르게 렌더링 할 수 있다.
- 보다 전문적이고 정교하게 영상을 만들 수 있어, 시스템이 '진짜'처럼 보이게 한다.

개별 도구는 애니메이션을 만들기 위한 고유의 인터페이스와 고유의 방식이 있기 때문에, 이것들을 일일이 설명하는 것은 이 책의 목적이 아니다. 그러나 거의 모든 애니메이션 도구는 두 가지의 핵심적인 기능을 제공한다. **키 프레임**과 (트위닝이라고 알려져있는) **인비트위닝**inbetweening이 그것이다.

여기에서는 터치식 디지털 테이블에서 작동하는 포토뷰어 시스템을 애

준비

Adobe Flash 혹은 이와 유사한 멀티미디어 애니메이션 도구

니메이션으로 만들어보면서, 필요한 개념을 정의하고 설명하고자 한다. 스마트폰에도 이와 유사한 사진 관련 앱이 있다. 이 포토뷰어 시스템의 기본적인 아이디어는 사용자가 사진을 선택하고 테이블의 중앙으로 사진을 끌고와 손가락 두 개로 사진의 사이즈를 키우는 것이다.

주요 개념 소개

키프레임 keyframe

키프레임이란 특정 시퀀스의 시작 혹은 맺음을 정의하는 중요한 프레임이다. 개별 키프레임은 오브젝트뿐만 아니라 오브젝트의 위치, 크기, 방향, 색깔 등과 같은 요소에 대한 정의도 포함하고 있다. 각각의 키프레임마다 서로 다른 속성을 지닐 수 있다.

애니메이션 속성 Animation properties

시간에 따라 나타나는 키프레임들 간의 애니메이션 변형 속성을 뜻한다. 일반적으로 기본 변형(비례, 회전, 이동), 고급 변형(왜곡, 완전히 다른 모양으로의 변화), 시각적 요소(색깔 변화, 페이딩, 투명도 조절) 등을 포함한다.

예를 들어보자. 우리는 사용자가 디지털 테이블에 이미지를 놓고, 이미지의 크기를 변경하는 행위를 섬네일로 설명하고자 한다. 이 섬네일에서 네 개의 **키프레임**을 정의할 수 있다. 아래의 예시를 참조했을 때, 여기에서 오브젝트는 두 개의 손가락과 네 장의 사진이다. 각각의 키프레임은 동일한 오

키프레임 1 초기 상태

키프레임 2 사용자가 이미지의 양쪽 모서리를 터치한다.

키프레임 3 선택한 이미지를 화면의 가운데에 드래그하고 크기와 방향을 조정하며 원하는 각도로 위치시킨다.

키프레임 4 완성된 상태

브젝트를 사용하지만, **애니메이션 속성**(손가락의 위치, 이미지의 크기와 방향)은 키프레임마다 다르다.

인비트위닝(혹은 트위닝)

두 개의 키프레임 사이에 과정 프레임을 생성해주는 기능이다. 첫 번째 키프레임에서 그 다음 키프레임으로 자연스럽게 연결되도록 각 오브젝트의 속성을 변화시킨다. 예를 들어 위의 키프레임 2와 키프레임 3 사이에 **트윈** tween을 주고자 한다. 트윈을 4개의 프레임으로 구성된 총 1.5초의 애니메이션으로 구성한다고 생각해보자. 즉 우리는 여기에서 키프레임 2와 키프레임 3 사이의 애니메이션을 위한 4개의 인비트윈 프레임을 추가적으로 만들어야 한다.

- 이미지의 한쪽 모서리를 잡은 왼쪽 손가락이 다른 위치로 움직인다.
- 오른쪽 손가락도 조금씩 새로운 위치로 움직이는데, 이때 모서리의 방향을 바꿔 위쪽으로 올린다.
- 이미지가 새 위치로 천천히 이동하며 크기가 커진다. 이때 이미지는 오른쪽 위로 기울어져 있다.

아래는 키프레임 2를 시작점으로 하고, 키프레임 3를 종료지점으로 설정하고, 이 둘 사이에 4개의 트윈 프레임을 그림으로 나타낸 것이다.

키프레임 2

트윈프레임 1

트윈프레임 2

키프레임 3

트윈프레임 4

키프레임 3

모션 패스

오브젝트가 따라서 이동하는 경로를 말한다. 오브젝트는 특정 키프레임의 속성에 따라 위치를 변화시킨다. 위에서 보이는 왼쪽 손가락을 예로 들어보자. 이 오브젝트는 시작점과 끝점에 의해 지정된 선형 경로linear path를 따라 이동한다. 이를 모션 패스라 한다.

예시: 어도비 플래시

어도비 플래시 CS4를 이용하여 위의 애니메이션을 제작해보자. 물론 여기에서 설명하는 것이 최선의 방법은 아니며, 모든 것을 풀어 놓은 세세한 가이드도 아니다. 이 섹션의 목적은 어디까지나 기본적인 아이디어를 설명하는 것이다.

1. 스테이지(애니메이션 배경)를 만들고 시각적 오브젝트 배치하기

먼저 애니메이션 제작을 위하여 스테이지를 연다. 여기에서는 초당 12프레임을 재생하는 애니메이션 속성을 선택했다. 그리고 웹에서 찾아 복사한 손가락 클립아트와 4장의 사진을 플래시 안으로 불러온다. 그러고 나선 스테이지에 이미지들의 크기를 적절하게 조정하여 배치한다. 각 오브젝트에 마우스를 대고 우 클릭하여 오브젝트 타입을 심벌로 변환한다. 이렇게 변경하면 플래시가 오브젝트를 움직일 수 있게 된다. 아래는 키프레임 1의 완성된 모습이다.

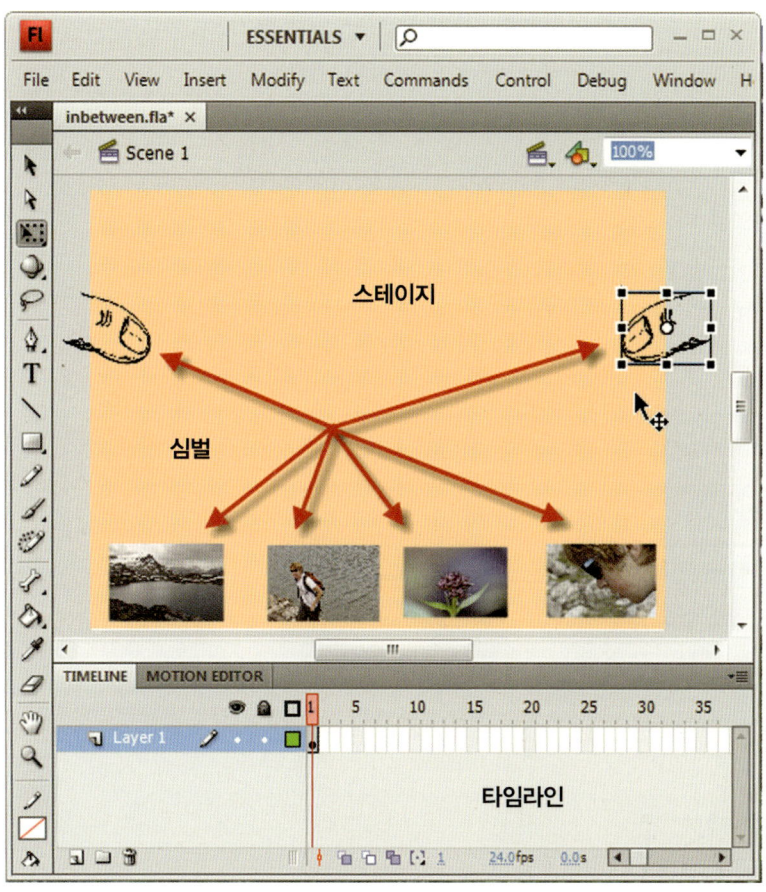

위의 이미지에서 보이는 것과 같이, 이 과정은 슬라이드웨어나 기타 드로잉 프로그램에서 오브젝트를 배치하는 방식과 매우 유사하다. 차이점은 윈도 아래에 있는 타임라인의 유무다. 플래시에서 타임라인은 오브젝트가 시간에 따라 특정 레이어에서 움직이도록 설정하는 데에 사용된다. 위의 화면에서 보이는 것처럼, 타임라인에는 약 3초 동안 재생될 총 37개의 프레임이 보인다. 우리가 지금 만든 프레임은 첫 번째 프레임으로 키프레임이고, 타임라인에서 '1'이라고 쓰여 있는 부분의 하단에 검은 원으로 표시된다.

2 1초의 트윈프레임 애니메이션 만들기

어도비 플래시에서는 모션 트윈motion tween을 사용하여 오브젝트마다 다른 움직임을 줄 수 있다. 이를 심벌 프레임symbol frame이라고 한다. 아래 보이는 것과 같이, 심벌에 마우스를 대고 우 클릭하면 모션 트윈 생성Create Motion Tween이라는 메뉴가 나타난다. 이를 클릭하면 타임라인에 해당 오브젝트를 위한 레이어가 생성되고, 이 레이어에 포함된 1초(12개 프레임)를 표현하기 위해 타임라인이 조금 더 길어진다. 그러나 이 상태에서 그대로 애니메이션을 재생하면 모든 심벌 위치가 동일하기 때문에, 아무것도 움직이지 않는 것처럼 보일 것이다.

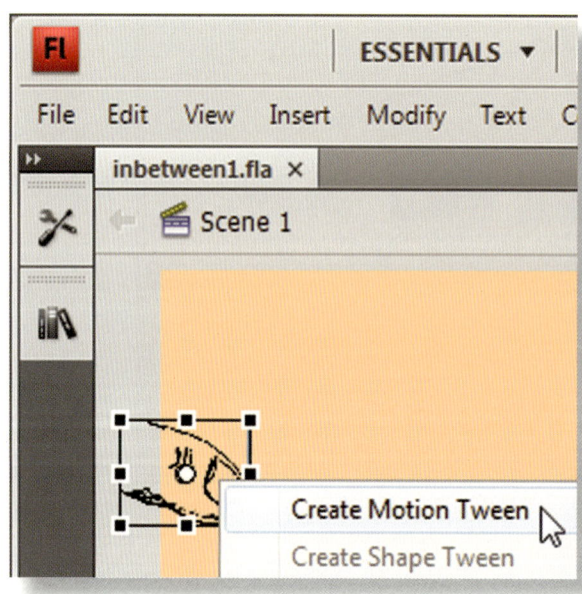

5.4 키프레임과 트위닝

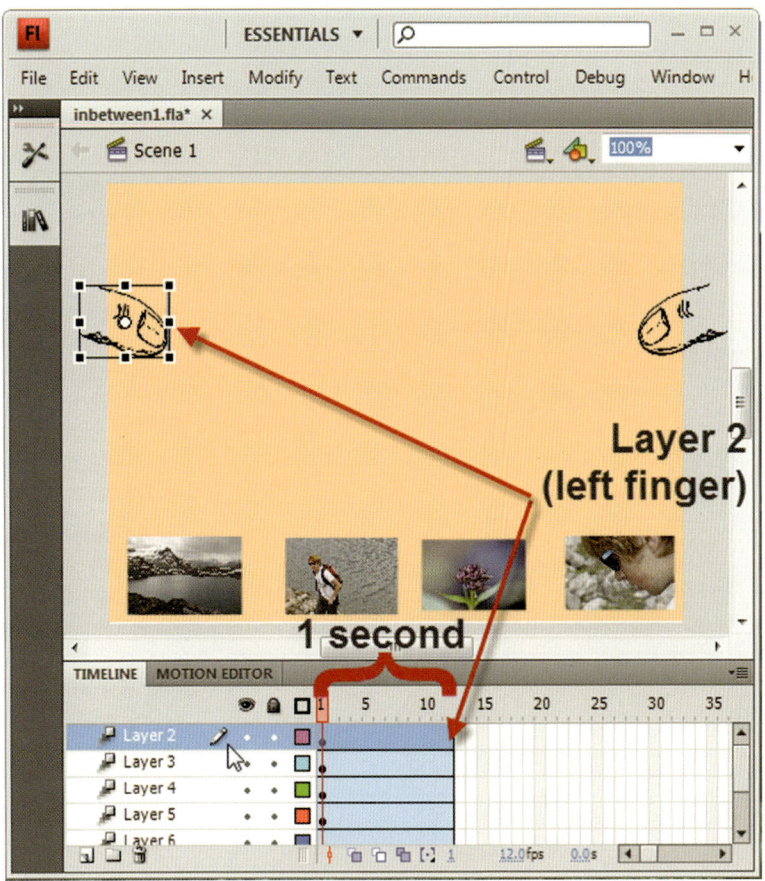

3 12번째 프레임으로 재생 헤드Frame indicator, Play head를 옮기기

타임라인에 보이는 네모꼴 중, 12번째에 재생 헤드를 옮기자. 여기에 우리는 키프레임 2를 만들 것이다.

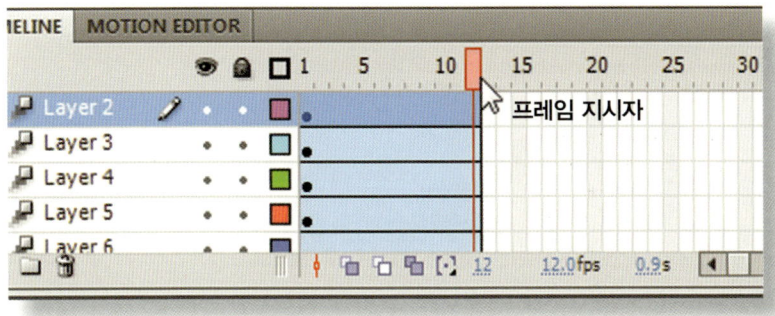

251

4 새로운 위치에 심벌을 드래그하기

다음 시나리오에서 사용자는 테이블 뷰의 사진을 터치하기 위해 손가락을 움직인다. 이를 표현하기 위해 손가락 이미지를 사진 가까이로 드래그하여 갖고 온다. 이렇게 이미지를 다시 위치시키면, 자동으로 12번째의 프레임이 두 번째 키프레임으로 설정된다. 그리고 손가락 이미지가 설정되어 있는 레이어 2와 레이어 3에 각각 검은 원이 표시된다. 우리가 일일이 이미지의 동선을 설정하지 않아도, 키프레임 2에서 손가락이 어디에 위치해야 할지만 정하면 첫 번째 키프레임과 두 번째 키프레임 사이에 손가락 두 개가 움직이는 트윈 프레임 애니메이션이 만들어진다. 이때, 트윈된 심벌이 다음 키

팁

스플라인 경로로 표시되어 있는 트윈 된 오브젝트의 동선을 변경해보자
스플라인 패스에 나타난 각 포인트는 특정 프레임에서 오브젝트가 어디에 위치하는지를 나타낸다. 이 때문에 12번째 프레임에서는 스플라인 패스에 12개의 포인트가 있는 것이다. 만약 동선을 변경하고 싶다면, 포인트를 원하는 위치에 옮기고 편집할 수 있다. 예컨대 이미지를 직선으로 움직이지 않고 커브를 따라 돌면서 오게끔 설정할 수 있다.

다른 소프트웨어를 사용하고 있다면
여러분이 다른 애니메이션 소프트웨어 혹은 플래시의 다른 버전을 사용하고 있다면, 이 설명이 적합하지 않을 수 있다. 그러나 너무 걱정하지 않아도 좋다. 여기에서 얘기하고자 하는 바는 키프레임과 트위닝의 개념을 이해하는 것이다. 소프트웨어에 따라 튜토리얼 가이드를 제공하고 있으니, 구체적인 방법은 가이드를 참조하라.

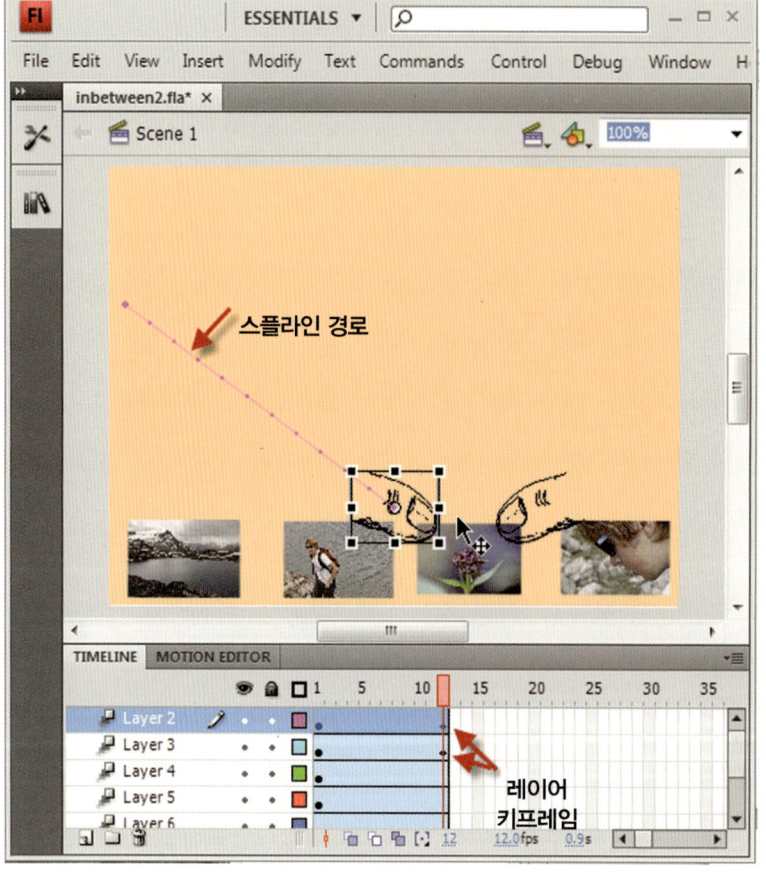

프레임에서 어떤 위치로 이동하는지 그 동선이 프레임에 그려진다. 이를 **스플라인 경로**Spline Path라고 한다.

5 트윈 프레임을 확인하거나 애니메이션 재생을 위해 프레임 지시자 움직이기

재생 헤드(Frame indicator, Play head)를 프레임 6에 놓으면, 프레임 6에 생성된 화면을 볼 수 있다. 앞서 애니메이션은 초당 12프레임으로 재생되도록 설정하였으므로, 이를 재생하면 프레임 1부터 프레임 6까지 총 1초의 애니메이션을 재생시킬 수 있다.

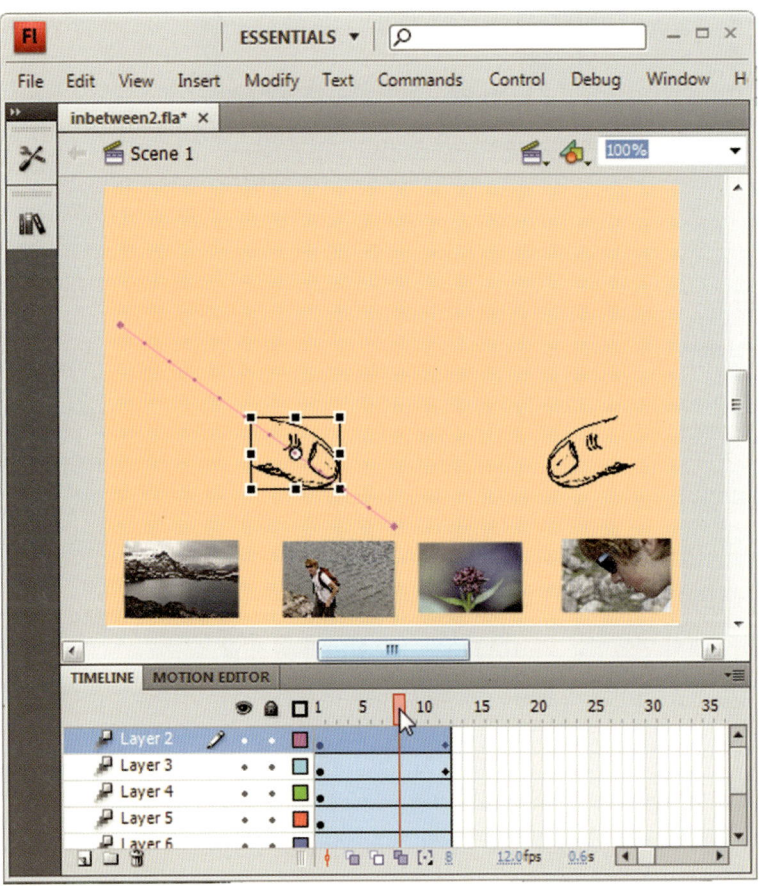

6 타임라인에 프레임 추가하기

이 예제에서 우리는 12개의 프레임을 갖고 있다. 그러나 13에서 36셀까지 드래그하여 2초를 추가할 수 있다. 타임라인의 콘텍스트 메뉴를 이용하여 프레임 삽입Insert Frame을 선택한다.

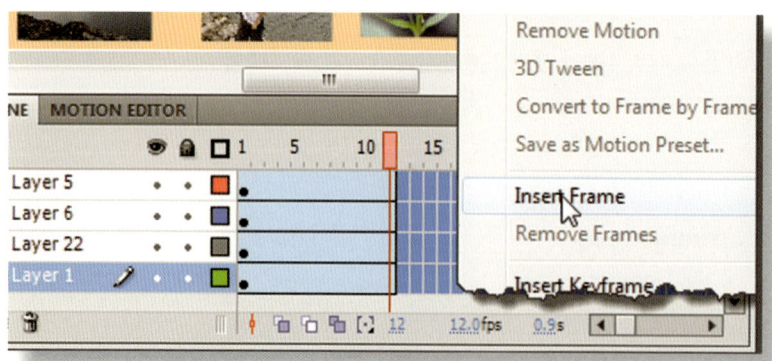

7 세 번째 키프레임 만들기

이번에는 24번째 프레임에서 네 번째 단계와 같은 방법으로 손가락과 그림을 재배치한다. 이미지를 기울여야 하므로, 오른쪽의 손가락과 이미지를 회전시킨다. 그리고 필요하다면 이미지 크기도 재조절한다. 이렇게 키프레임에 설정해두면 앞에서와 같이 트윈 프레임이 자동으로 생성된다.

그러나 여기에서 문제가 하나 발생한다. 이를 재생해보면 의도한 바와 다르게 사진이 프레임 2에서부터 바로 변형된다. 해당 사진이 삽입되어 있는 레이어 5가 12번째 프레임에서 만들어둔 키프레임 2에는 포함되어 있지 않기 때문에, 시작하자마자 바로 이미지가 변하는 것이다. 이를 바로잡기 위해 프레임 지시자를 프레임 12(키프레임 2)로 이동시킨 후 레이어 5에서 콘텍스트 메뉴를 켜, 키프레임 삽입Insert Keyframe을 선택한다. 이렇게 하면 프레임 1과 프레임 12까지는 이미지가 변형되지 않고 그대로 있다가, 프레임 13부터 트윈 프레임이 시작된다.

8 마지막 키프레임 만들기

프레임 36으로 이동하여 테이블의 사이드에 손가락 이미지를 재배치한다. 자, 그럼 이제 드디어 애니메이션이 완성되었다.

직접 만들어보자

지금까지 만든 것은 애니메이션 도구로 만들 수 있는 가장 기본적인 예제다. 이제 여러분의 애니메이션 도구로 위의 예제를 따라 해보며 배우고 실험해 보라.

멀티미디어 애니메이션 제작을 학습할 수 있는 가장 좋은 방법은 위와 같이 재생시간은 짧지만 상호작용도가 높은 인터랙션 시퀀스를 모방하는 것이다. 이를 통해 애니메이션 도구를 보다 능수능란하게 다룰 수 있게 되고, 또 더 높은 수준에 도전하다 보면 보다 훌륭한 애니메이션을 제작할 수 있게 될 것이다.

이제 알게 된 것

키프레임과 트위닝을 통해 우리는 높은 수준의 인터랙티브 인터페이스를 애니메이션으로 구현할 수 있다. 이 방법에는 물론 특별한 멀티미디어 도구가 필요하지만, 여기에 투자되는 시간과 비용은 매우 가치 있을 것이다.

팁

화려함에 현혹되지 말 것
키프레임과 트위닝 같은 기술은 애니메이션 도구에 익숙해질 쯤 접하게 될 기술이고, 이 모든 것들은 또한 스케치 도구 가운데 하나일 뿐이다. 애니메이션을 만들고 또 보는 것은 분명 놀랍고 재미있는 일이지만 이 것들이 모든 상황에 적절하거나 필요하지는 않다. 어떤 스케치 도구를 선택하는 것이 좋을지는 항상 심사숙고해야 한다.

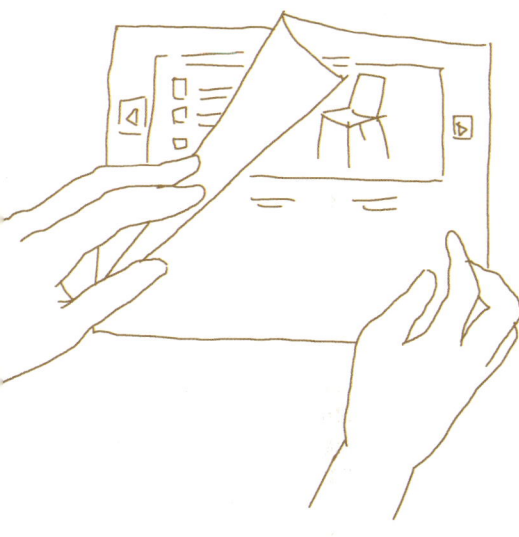

5.5

선형 비디오

종이를 이용해 인터랙션 시퀀스 만들기

스케치를 인터랙션 시퀀스 영상으로 만들면 이전보다 생동감 있는 스케치가 된다. 스토리보드는 보는 사람들이 스스로 어떤 변화가 일어나는지 상상해야 하지만, 영상은 변화를 말로 설명해주는 대신 어떤 액션이 일어나는지 직접 보여줄 수 있다. 특정 인터랙션 시퀀스의 시나리오를 처음부터 끝까지 명확하게 보여줄 수 있기 때문에, 스케치의 설득력도 강화된다.

인터랙션 시퀀스를 영상(선형 비디오)으로 만드는 것은 놀랄 만큼 쉽다. 섹션 3.7에서 언급한 사무용품을 제외하면, 필요한 특수장비라고는 비디오카메라(가정용이면 충분함), 삼각대, 그리고 기본적인 비디오 편집 소프트웨어뿐이다.

준비

포스트잇, 검은색 마커, 테이프, 삼각대, 비디오카메라, 비디오테이프, 비디오 편집 소프트웨어, 퍼티(선택사항)

준 비 하 기

여기에서 우리는 사용자가 종이 기반의 인터페이스에서 인터랙션하는 모습을 영상으로 녹화하여 편집할 것이다. 예시는 간단하다. 4단계의 인터페이스 컨트롤을 구성하고, 컨트롤의 화면을 4장의 포스트잇에 각각 구현한다. 이를 통해 초기 화면에서 사용자가 각각의 버튼을 눌렀을 때 어떤 액션이 일어나는지 보여주고자 한다.

1 실습을 위해 4장의 포스트잇을 준비한다. 그리고 각 장에 아래 보이는 그림과 같이 3장의 메모를 따라 적는다. 그리고 별도로 포스트잇 한 장을 준비하여 '여기에 포스트잇을 붙이시오(register postit)'라고 적는다. 이 포스트잇이 이후 다른 화면 포스트잇을 붙일 때에 기준이 된다.

메모 1

메모 2

메모 3

2 이미지가 제대로 배치되지 않고 영상을 만들게 되면 섹션 5.1에서 보았던 것처럼 이미지가 사방팔방으로 튀게 된다. 이 섹션에서도 이 점을 반드시 유의하여야 한다. 앞서 준비한 '여기에 포스트잇을 붙이시오' 포스트잇이 여기에서 이미지 배치의 기준이 될 것이다. 이 포스트잇을 테이블이나 바닥 같은 평평한 곳에 테이프로 단단히 고정시킨다. 이후에 화면이 될 포스트잇은 모두 이 위에 붙이도록 한다.

팁

포스트잇도 배치를 확실히 해야 한다
모든 포스트잇을 완벽하게 배치해야 한다. 이는 우리가 이미 섹션 5.1에서 숙지했던 내용이다. 중심이 되는 컨트롤 창이 계속해서 움직인다면 관객이 인터페이스에 집중할 수 없게 된다.

삼각대 고정하기
삼각대의 다리 주변에 샌드백을 두면 작은 움직임도 방지할 수 있다.

3 포스트잇을 정면으로 바라보도록 카메라를 삼각대에 세팅한다. 카메라의 줌, 포커스 기능을 사용하여 화면이 명확하게 나오도록 조정한다.

4 촬영을 하는 동안 카메라에 실수로 부딪혀 카메라가 움직인다면, 앵글이 달라지기 때문에 또 다시 이미지가 한곳에 고정되어 있지 않고 영상에서 여기 저기로 움직이는 문제가 발생할 것이다. 따라서 카메라를 단단히 고정하고 테이프로 삼각대의 위치를 표시하도록 한다. 그러면 설사 삼각대가 움직이더라도 다시 원래 자리로 돌려놓을 수 있다.

영상 녹화하기

1 녹화되는 영상을 두 가지 타입으로 나누자. 하나는 아래 사진과 같이 사람이 버튼을 누르는 액션으로, 실제 영상에 담겨야 하는 장면이다. 다른 하나는 다른 장면을 나타내기 위해 포스트잇을 떼었다가 다른 포스트잇을 붙이는 등과 같이 나중에 편집하며 제거해야 하는 장면이다.

모든 영상이 녹화된 후에 아래 사진에서 'X' 표시된 시퀀스는 영상 편집 도구를 사용하여 제거해야 한다. 그리고 나서 페이드나 디졸브 이펙트를 주어 중간에 제거된 부분이 자연스럽게 넘어갈 수 있도록 한다.

2 촬영에 사용할 포스트잇을 배치 기준점이 되는 포스트잇 위에 붙인다. 그리고 어떤 액션을 취할 것인지 미리 연습해둔다.

3 이제 녹화 버튼을 누르고 준비한 인터랙션을 모두 마칠 때까지 촬영한다. 아래의 필름 사진은 인터랙션의 순서와 더불어 어떤 장면이 삭제되어야 하는지도 보여준다. 삭제해야 할 부분들은 편집하여 잘라내자. 그러면 이제 완성이다.

트릭

퍼티를 이용하면 포스트잇의 아래쪽을 고정할 수 있다.

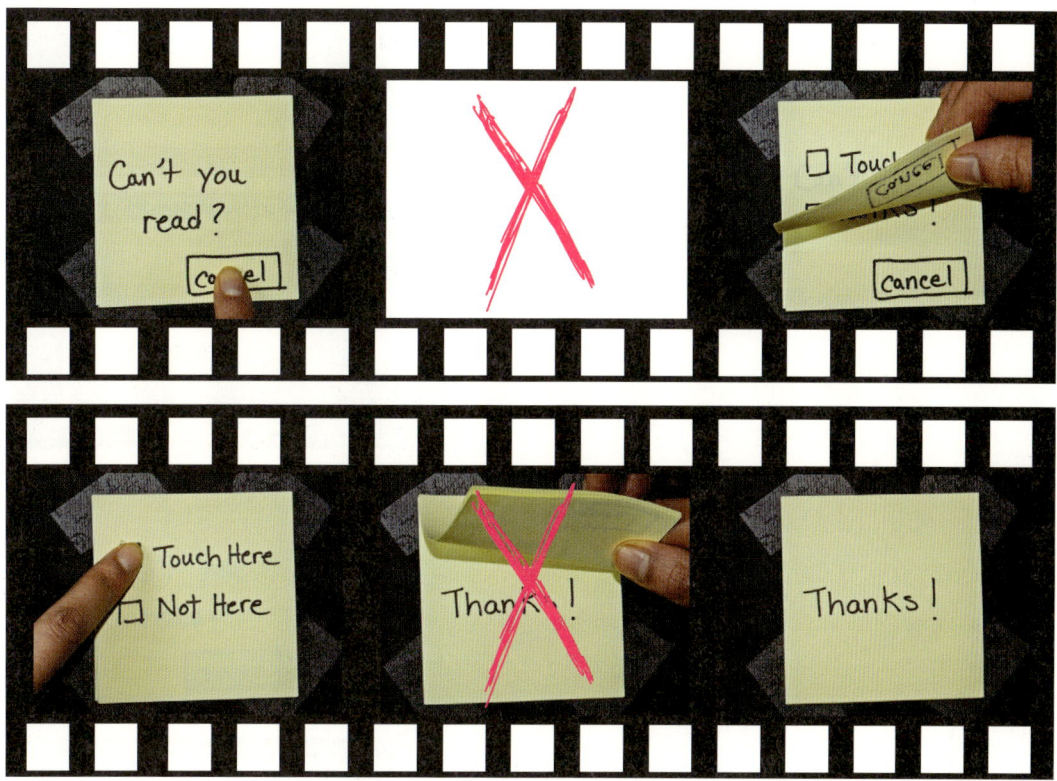

종이와 투명 슬라이드로 응용해보기

지금까지의 작업은 사용자와 상호작용할 때 그래픽 요소들이 어떻게 변화하는지를 화면으로 나타낸 것이다. 우리는 이 작업에 보다 많은 스케치 기술을 활용하여 여러 변형본을 만들 수 있다. 이번에는 포스트잇 대신 종이와 투명 슬라이드를 사용하자.

이 예시에서는 사용자가 자신이 구매하고 싶은 의자를 하나 고른 상태다. 특정 상품이 선택된 상태에서 체크박스를 통해 이 상품의 다른 색상이나 가격 정보를 확인할 수 있는 인터페이스 뷰를 만들어보고자 한다.

지금까지 배웠던 스케치 기술을 통해 첫 번째 단계에서 보이는 화면을 그려보자. 기본 인터페이스를 보여줄 종이 한 장만 준비하면 된다. 영상을 만들기 위해 필요한 기타 준비물들은 어떤 방식을 택하는가에 따라 달라진다. 여기에서는 2가지 방법이 있다.

첫 번째 방법은 카메라로 촬영하기 이전에 모든 슬라이드를 그려놓는 것이다.

1 기본 인터페이스를 보여주는 종이 한 장을 그린다.

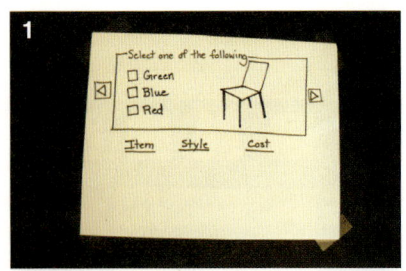

2 슬라이드를 종이 위에 올린다.

3 슬라이드 위에 인터랙션을 통해 일어날 변화를 그린다. 예컨대 'Blue'라고 적힌 체크박스가 선택되었다는 표시로 해당 체크박스에 'X' 표시를 하고 의자의 색을 파란색으로 칠한다. 그리고 박스 하단에는 각각에 필요한 정보(아이템: 의자, 스타일: 파란색, 가격: $98.00)를 기입해준다. 이렇게 하면 슬라이드는 아래와 같이 완성된다. 아래 사진은 밑의 종이를 떼어냈을 때 보이는 슬라이드의 모습이다.

두 번째 방법은 녹화를 시작한 후, 종이 위에 아무것도 그리지 않은 슬라이드를 여러 장 올려두는 것이다. 이렇게 하면 녹화를 하면서 필요한 액션을 그릴 수 있다.

아래의 필름 이미지는 녹화된 인터랙션 시퀀스를 보여준다. 그림을 그리는 모습은 편집을 통해 지워내고 그 자리에 디졸브 이펙트를 주면, 사용자가 액션을 취할 때마다 인터랙션으로 화면이 실제 반응하는 것처럼 보인다.

팁

인터랙션 효과를 더 좋게 하려면, 행위자가 체크박스를 누를 때 그 상태에서 잠깐 움직이지 않게 해야 한다. 그리고 편집한 두 개의 신scene 즉, 신이 바뀌는 전후, 바뀌는 동안에도 손가락은 같은 위치에 있음을 항상 의식하라.

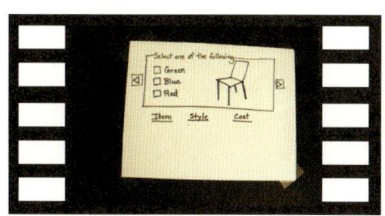

화면 1 기본 인터페이스

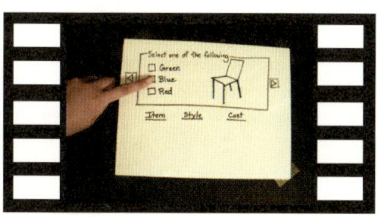

인터랙션 1 사용자가 'Blue' 라고 된 체크박스를 클릭한다.

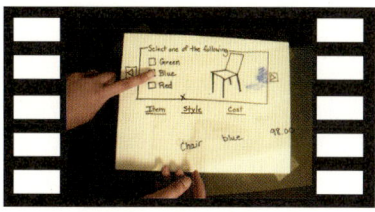

첫 번째 방법으로 촬영한 영상에서는 미리 준비해둔 슬라이드를 씌우는 장면을 편집해야 한다.

두 번째 방법으로 촬영한 영상에서는 슬라이드에 인터랙션 결과를 그리는 장면을 편집해야 한다.

마지막 화면

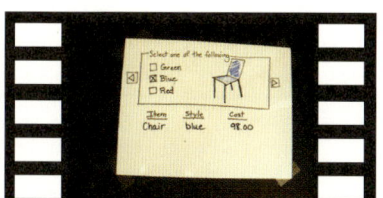

이제 알게 된 것

비디오와 비디오 편집 도구, 그리고 간단한 사무용품을 통해 인터랙션 시퀀스를 빠르게 만들 수 있다.

Sketching
User Experiences
the work book

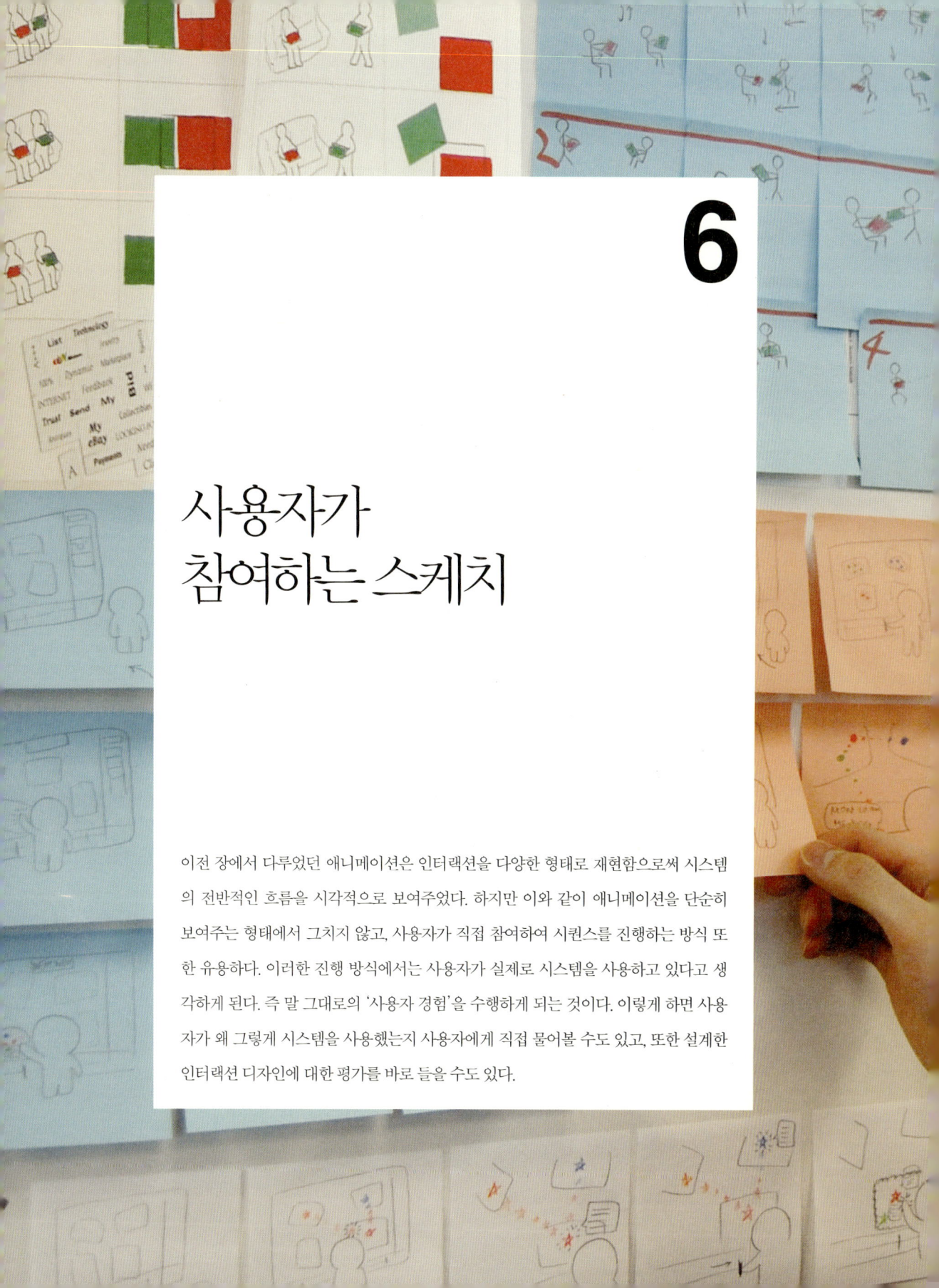

6

사용자가
참여하는 스케치

이전 장에서 다루었던 애니메이션은 인터랙션을 다양한 형태로 재현함으로써 시스템의 전반적인 흐름을 시각적으로 보여주었다. 하지만 이와 같이 애니메이션을 단순히 보여주는 형태에서 그치지 않고, 사용자가 직접 참여하여 시퀀스를 진행하는 방식 또한 유용하다. 이러한 진행 방식에서는 사용자가 실제로 시스템을 사용하고 있다고 생각하게 된다. 즉 말 그대로의 '사용자 경험'을 수행하게 되는 것이다. 이렇게 하면 사용자가 왜 그렇게 시스템을 사용했는지 사용자에게 직접 물어볼 수도 있고, 또한 설계한 인터랙션 디자인에 대한 평가를 바로 들을 수도 있다.

6.1 **초기 멘탈모델 파악하기** 초기 멘탈모델을 알아봄으로써, 여러분이 디자인한 스케치만을 보고 사람들이 이 시스템을 처음에 어떻게 이해(혹은 오해)하고 있는지 파악할 수 있다.

6.2 **오즈의 마법사** 스케치로 사용성을 테스트할 때, 사용자의 인터랙션에 시스템이 어떻게 반응할 것인지 직접 '마법사'가 되어 알려준다.

6.3 **소리 내어 생각하기** 스케치로 테스트를 진행하는 동안 참여자가 자신이 하는 것에 대해 말하면서 수행하도록 하면, 사람들이 시스템에 대해 어떻게 생각하는지 알 수 있다.

6.4 **스케치보드** 스케치를 공공장소에 놓아 보자. 이렇게 하면 사람들이 스케치를 보고, 자유롭게 토론하면서 새로운 아이디어가 생길 수 있다.

6.5 **리뷰** 편한 분위기에서부터 아주 공식적인 분위기까지 매우 폭넓게 디자인 리뷰 프로세스를 준비해보자.

초기 멘탈모델 파악하기

스케치한 인터페이스의 시각적인 면을 보고
사람들이 어떤 멘탈모델을 형성하는지 알아보자

사람들은 처음 시스템을 접하면 일단 보이는 부분들을 조합하여 해당 시스템에 대한 **멘탈모델**을 형성한다. 즉 시스템의 겉면을 보고 사람들은 이 시스템이 무엇을 위한 것이고, 무엇을 할 수 있는지, 또 어떻게 작동하는지 파악하는 것이다. 이렇듯 맨 처음 형성된 멘탈모델은 사람들이 시스템을 계속 사용하고 또 탐험하는 데에 큰 영향을 끼친다. 그리고 이후 시스템을 계속 사용하며 (희망컨대) 오해한 부분은 바로 잡고, 제대로 알지 못했던 부분은 점차 채워나갈 것이다.

사용자가 시스템을 보았을 때, 즉 가장 처음에 형성된 멘탈모델은 매우 중요하다. 멘탈모델이 부정확하게 형성되면 사용자는 시스템 사용에 극심한 혼란을 느끼며, 갖가지 오류가 발생할 뿐만 아니라 효율성이 극도로 저하된다. 왜냐하면 시스템과 맞지 않는 멘탈모델이어도, 일단 한 번 형성되면 상당 시간 지속되어 추후 사용자가 시스템을 학습하고 사용하는 데 큰 영향을 미치기 때문이다. 만약 사용자가 이 시스템을 반드시 사용해야 하는 게 아니라면, 시스템 사용을 포기하고 더 이상 사용하지 않을 수도 있다. 인터페이스 디자인에서 멘탈모델을 정확히 나타내는 것이 매우 중요한 작업인 이유다.

다행히 우리는 디자인의 초기 단계, 심지어는 스케치 단계에서도 멘탈모델을 파악할 수 있다. 방법은 매우 간단하다. 디자인을 짧게 소개한 후에, 사람들에게 그들이 디자인을 어떻게 이해했는지 설명하게 해보는 것이다. 만

준비

디자인 스케치, 테스트 사용자, 비디오카메라와 삼각대(선택사항), 진행상황을 기록하는 서기(선택사항)

약 다른 이들의 이해한 바가 디자인 의도와 맞지 않는다면, 사람들의 멘탈 모델에서 나타났던 문제점을 반영하여 디자인을 수정하면 된다.

사례 연구 : 팩스의 사용성 검토

이전에 급히 보내야 하는 문서가 있어 팩스를 이용했던 적이 있다. 단지 팩스로 문서를 보내는 기초적인 작업이었는데도 불구하고 이 팩스가 정말 작동하고 있는 건지, 문서는 정상적으로 발송된 건지 여부를 도저히 확신할 수 없었다. 불만은 계속 쌓여갔고, 마침내 나는 이 팩스를 내가 가르치고 있는 수업의 학습 대상으로 삼기로 했다. 여러 방법론들을 도입하여 사용성을 테스트하고 검토하는 수업이었다. 파워포인트를 사용해 나는 이 팩스의 전면 판넬을 스케치했다. 그리고 학생들에게 이 스케치를 벽에 빔으로 쏘아 보여주며 이 팩스의 문제점이 무엇인지 알아오라는 과제를 냈다.

  이 책에서도 팩스 스케치를 통해 초기 멘탈모델을 파악하는 연습을 하고자 한다. 그리고 이후 섹션에서 다른 방법론을 소개할 때에도, 이 팩스 사례를 그대로 사용하기로 한다.

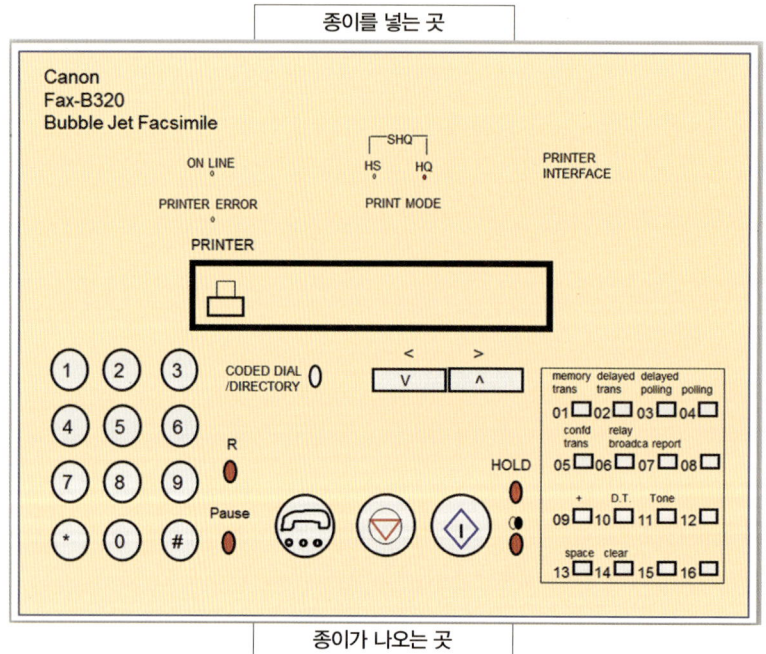

6.1 초기 멘탈모델 파악하기

멘탈모델 파악하기

1 데이터 수집을 위한 준비

본격적으로 데이터 수집을 하기에 앞서, 이 작업을 기록하기 위한 장소와 도구들이 필요하다. 가장 좋은 방법은 대상자와 스케치 모두를 담을 수 있도록 비디오카메라를 설치하여 섹션을 녹화하는 것이다. 아니면 별도로 기록하는 사람을 참여시킬 수도 있다. 스스로 기록할 수도 있겠지만, 진행을 하면서 동시에 서기 일까지 하기에는 무리가 따른다.

팁

여러 사람이 참여하여 작업할 때, 스케치를 벽에 빔으로 쏘아 보여주는 방식이 책상이나 컴퓨터 화면에서 작은 화면으로 보는 것보다 더 유용하다. 이유는 우선 세션을 녹화할 때, 삼각대를 이용하면 탁자 위에 카메라를 두는 것보다는 훨씬 녹화가 수월하다.
그리고 다른 참가자가 필기를 할 때, 서로 떨어져 앉아 벽을 보며 필기할 수 있다. 또한 빔 화면과 참가자의 거리가 있기 때문에 참가자가 무엇을 보고 어떤 부분에 집중하는지 쉽게 파악할 수 있다.

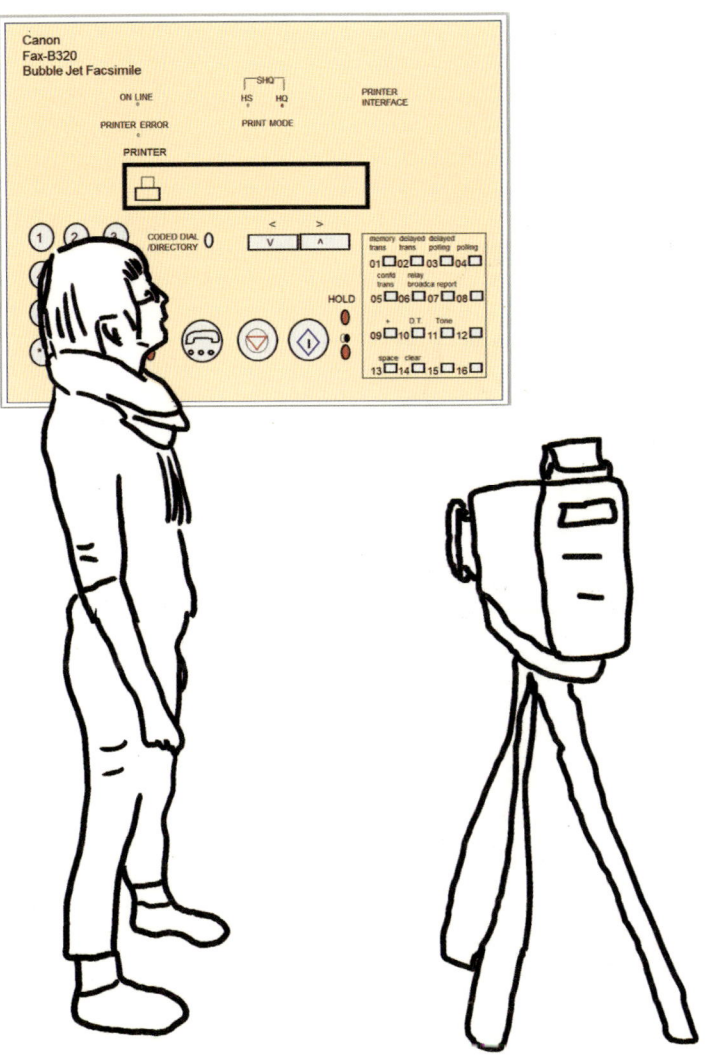

2 테스트 방식 소개하기

테스트를 하기 전에 테스트할 참여자에게 부탁할 사항을 있음을 알려줄 필요가 있다. 또한 부탁한 사항이 모두 이루어지지 않아 나타날 문제에 대해 걱정하고 있고 관심이 많다는 사실을 분명히 해두어야 한다. (참여자가 그 시스템을 오해할 수도 있는데, 명확하게 밝혀야 한다.) 고멀과 니콜은 테스트를 시작하기에 앞서 진행자가 참여자에게 아래와 같이 말하기를 제안한다. (참조문헌 참고)

테스트에 참여해주셔서 감사합니다. 이 디자인은 현재 매우 초기 단계의 설계이며, 추후 사용자가 제품을 사용할 때 불편한 점이 있진 않은지를 알고 싶습니다. 진행하시다가 문제가 생기시면 그건 제품의 결함이지 여러분의 문제가 아니라는 걸 명심해주세요. 우리가 찾는 건 바로 그런 문제들입니다. 제품에 문제가 있다고 판단되면, 다시 설계 단계로 돌아가 이를 반영할 것입니다. 우리가 테스트하려는 건 제품이지, 여러분이 아닙니다.

3 시스템 소개하기

전체 맥락을 이해하게 하기 위해 시스템을 설명할 필요가 있다. 즉 참여자가 어느 정도 준비된 상태에서 시스템을 접할 수 있도록 기본 환경에 대한 충분한 정보를 제공해야 하는 것이다. 이때 단순히 스케치에 그려진 모습을 넘어 시스템에서 구현될 최종적인 인터페이스에 대해 더 많이 설명하고 싶겠지만, 실제 시스템이 어떻게 작동하는지 알려주는 것은 최대한 피해야 한다. 이러한 정보들은 이 시스템에 대해 형성할 참여자의 초기 멘탈모델에 큰 영향을 끼칠 수 있기 때문이다.

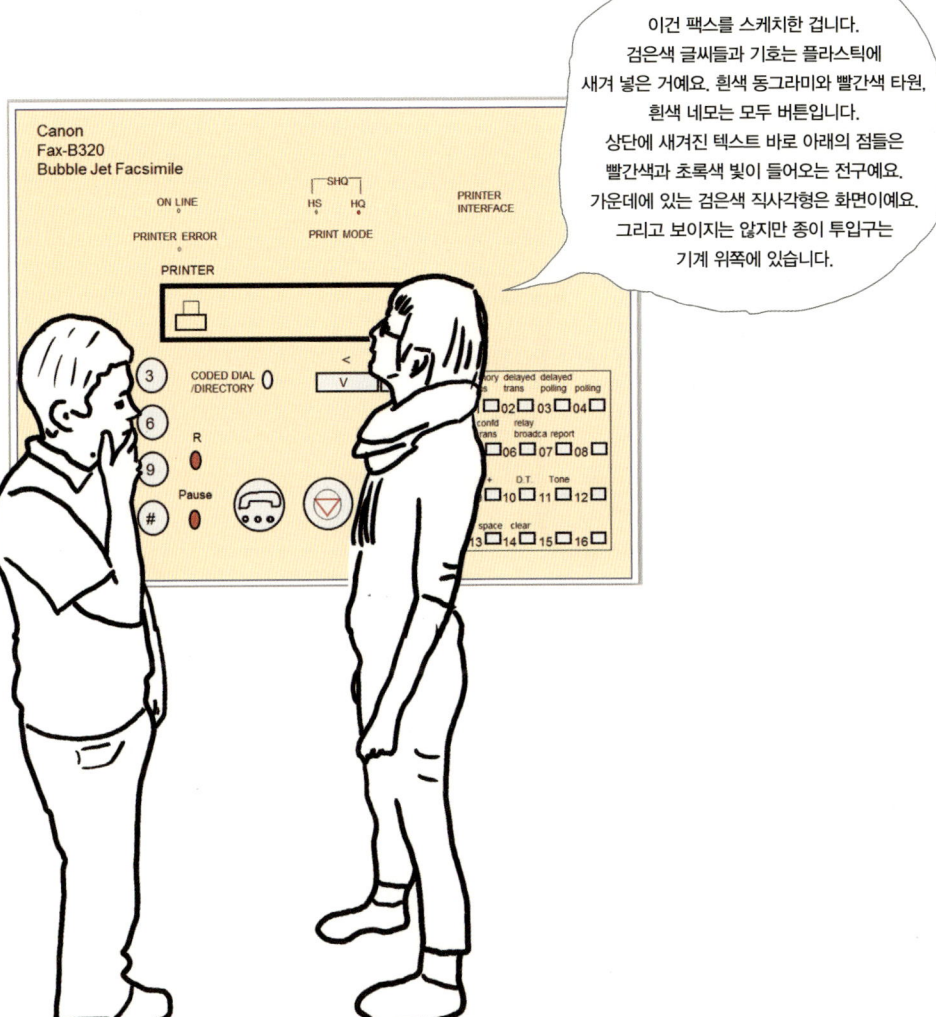

4 진행 시작하기

이제 참여자에게 무엇을 수행하고, 또 어떻게 해야 하는지 지시한다.

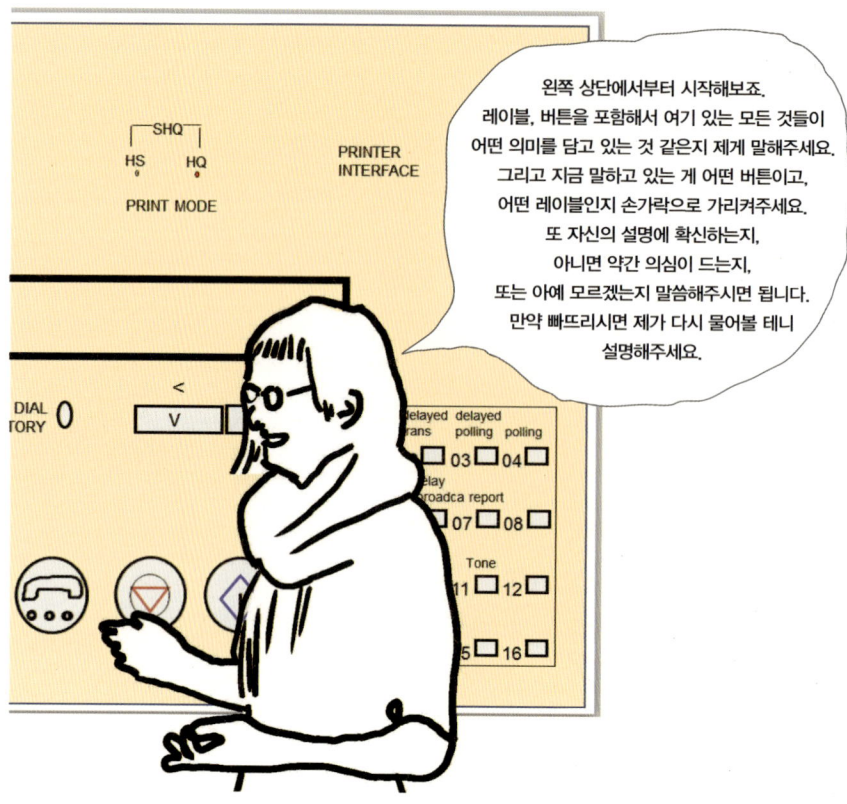

연습해보기

내용을 더 읽기 전에, 반드시 위의 내용들을 스스로 연습해 보아야 한다. 위에 그려진 팩스 인터페이스를 보고 각각이 어떤 의미를 지니는 것 같은지 서술해보라. 그리고 참여자와 마찬가지로 그 내용에 확신하는지, 아니면 추측인지, 혹은 아예 모르겠는지에 대해서도 기술하라.

만약 여러분이 실제로 이 기계를 스케치한 디자이너라면 이 작업은 필요 없다. 왜냐하면 시스템에 대한 멘탈모델을 이미 형성한 상태이기 때문이다. 이 단계에서 디자이너가 테스트 참여자를 찾는 이유는 사용자의 멘탈모델이 디자이너가 의도에 적합하게 형성되는지 확인하기 위함이다.

5 참여자의 멘탈모델 파악하기

참여자가 말하는 것들 중 대표적인 요소들을 추려 묘사해보자. 참여자는 제일 먼저 레이블에 대해서 언급했는데, 이를 먼저 묘사해보자. 참여자가 주목하고 있는 요소가 어떤 것인지 기록하는 것이 관건이다. 그 다음에 참여자는 다이얼패드에 대해 설명한다.

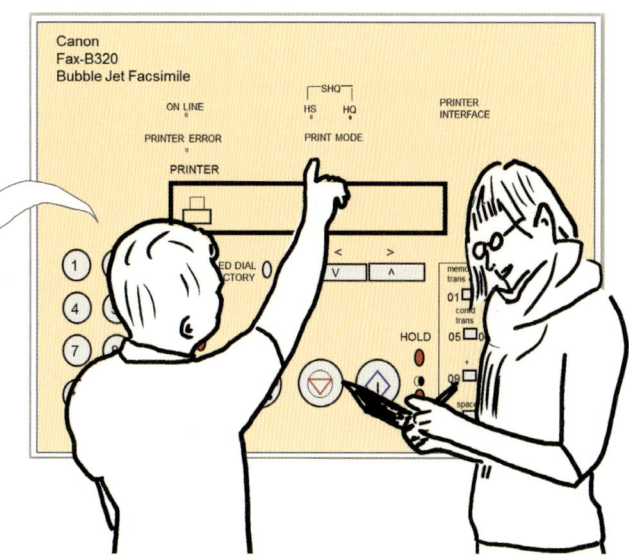

음, 프린트 인터페이스에 관해서요.
아마 프린터와 관련해서 무언가 작업을 하는 것 같은데, 확실히 뭘 하는 건지 잘 모르겠어요.
저건 그냥 레이블만 써져 있는 것 같아요.
특히 SHQ, HS, HQ 같은 레이블은 뭘 의미하는지 모르겠네요.
아마도 프린터와 관련된 기능인 것 같아요.
프린터가 작동 중일 때 쓰일 것 같네요.
그리고 여기 '온라인'이라고 쓰여 있는 걸 봐서 아마 이 팩스는 인터넷에 온라인으로 연결할 수 있는 것 같네요.
그리고 '프린터 에러'는 팩스를 프린트할 수 없다고 말해주는 기능 같아요.

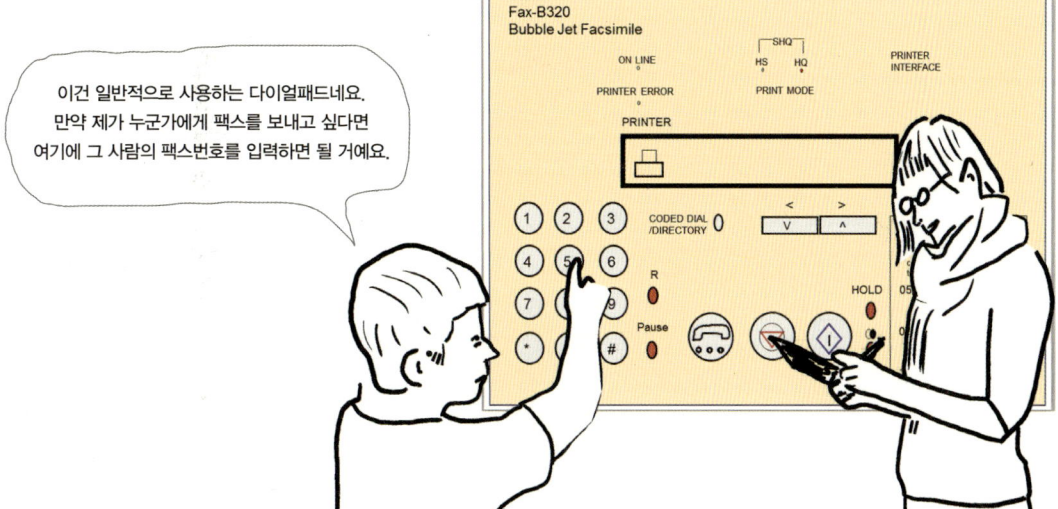

이건 일반적으로 사용하는 다이얼패드네요.
만약 제가 누군가에게 팩스를 보내고 싶다면 여기에 그 사람의 팩스번호를 입력하면 될 거예요.

이제는 좌측의 커다란 버튼들에 대하여 설명할 차례다.

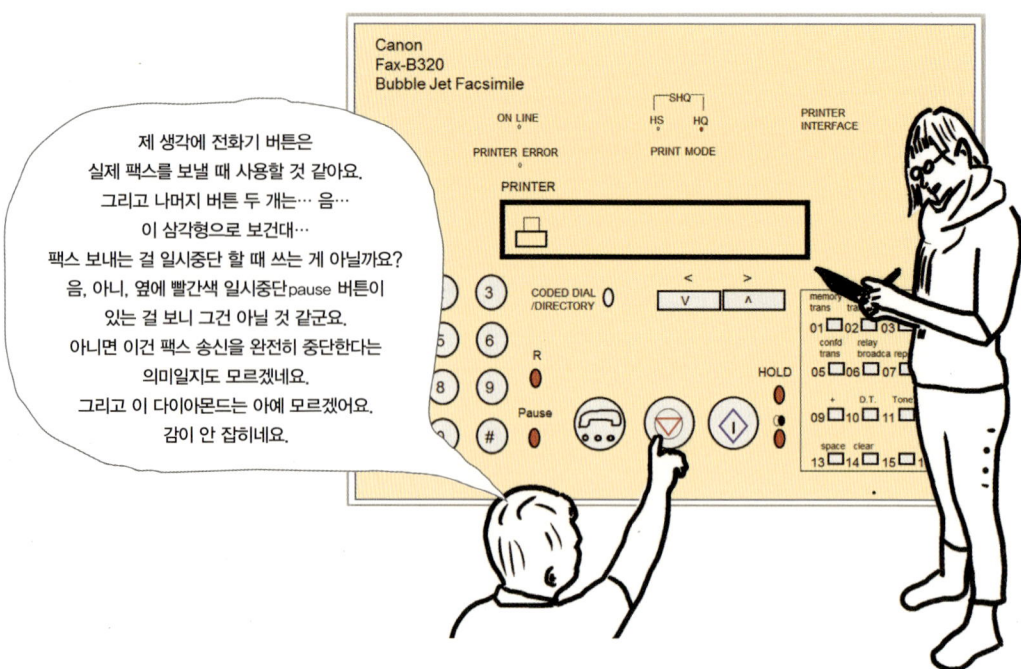

이제부터 참여자는 중앙에 있는 버튼들에 대해 설명한다.

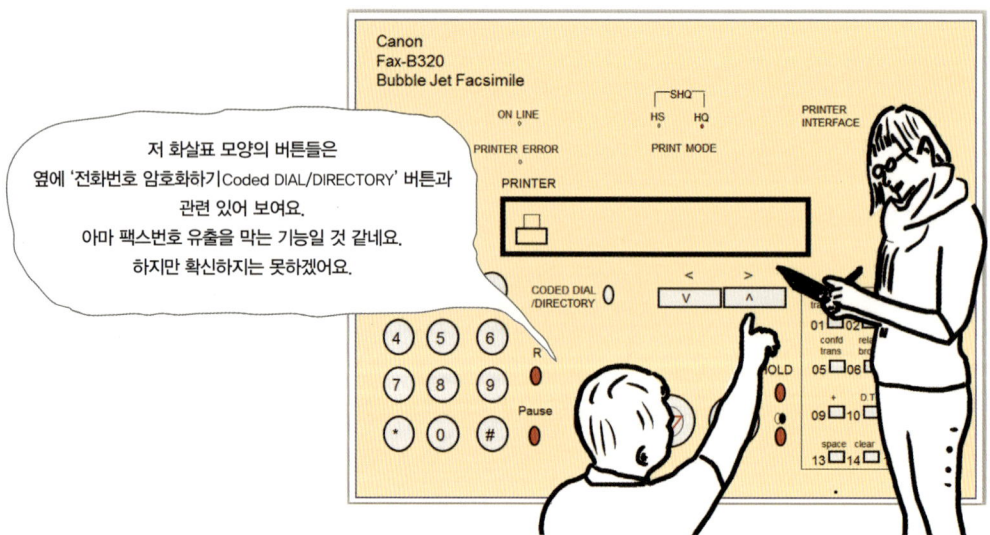

지금까지 보여준 것들은 참여자가 스토리텔링한 것의 일부분일 뿐이다. 실제 테스트 과정에서 우리가 만난 사람들은 오른쪽 영역에 모여 있는 버튼들을 가장 이해하기 어려워했고, 그래서인지 해당 버튼을 묘사할 때마다 대개 무리한 추측을 했다.

연습해보기

책을 더 읽기 전에 테스트 참여자를 한 명 섭외해 위와 같은 테스트 방식을 시도해보자. 제일 먼저 참여자에게 전체적인 그림을 이해하게 한다. 이 단계는 5~10분 동안만 진행한다. 그리고 그 참여자의 말들을 꼼꼼하게 기록한다. 기록하고 난 후 나중에 어떤 것이 문제인지 추려내거나 아니면 모인 문제를 등급으로 나누어 정리하도록 한다. 그러고 나서 이 문제들을 디자인에 반영하여 수정하도록 한다. 이것을 실제 상황이라고 생각하고, 팩스기에 있는 기존 요소들을 그대로 유지하면서 디자인해보자. 최소 비용으로 문제를 해결할 수 있는 방법을 모색해보는 것이다. 우리가 냈던 해결책은 아래에 상세하게 묘사되어 있다.

6 멘탈모델을 통해 문제를 파악하기

참여자의 말은 아무리 단순한 것이어도 많은 시사점을 준다. 테스트 과정에서 다이얼패드는 본 즉시 전화번호를 입력하는 기능으로 이해했다. 그건 다이얼패드가 잘 디자인되었다는 뜻이다. 고민해야 할 건 사람들이 해당 기능에 대해 정확한 멘탈모델을 형성할 수 없는 디자인이다. 예를 들어 사람들은 몇몇 레이블의 의미를 이해하지 못했는데, 특히 사람들이 잘 알 수 없는 약자를 사용했기 때문이었다. (HQ의 경우가 대표적이었는데 'HQ'의 실제 의미는 고품질high quality이었다.) 그 외에 일반적인 용어를 사용하지 않아 혼란을 준 경우도 있었다. ('프린터 인터페이스'가 의미하는 게 대체 뭘까?)

대부분의 참여자가 팩스 머신 하단에 있는 주요 버튼들의 기능을 추측해내긴 했으나 확신하지 못했다. 전화를 걸고, 문서를 보내며, 취소하는 기능을 가진 가장 주요한 버튼이었다. 중앙에 있는 버튼들도 상황은 같았다. 몇몇 사람들이 버튼의 기능을 정확하게 추측해냈지만, 그 버튼을 실제 어떻게 사용해야 하는지는 말하지 못했다. (번호 암호화 기능이 실제로 왜, 어떻게 사용되는

팁

지금은 위의 프로세스를 사용자가 시스템의 비주얼만 접한 후 어떤 멘탈모델을 형성하는지 파악하기 위해 사용한다. 하지만 이러한 테스트 방식은 사용자가 완성된 시스템을 사용하고 난 후 이 시스템에 대해 어떤 멘탈모델을 형성했는지 파악하는 데에도 유용하다. 이때에는 사용자가 시스템에 대해 미처 알지 못한 부분들이 어디인지 알 수 있을 뿐 아니라 사용자가 시스템을 사용하면서도 바뀌지 않고 지속되는 오해가 무엇인지도 파악할 수 있다.

지 아무도 말하지 못했다.) 우측에 모여 있는 제어 버튼들은 그들에겐 아예 미스테리였다.

7 문제를 해결할 때까지 디자인 수정하기

다음 과제는 위에 제기된 문제를 해결할 수 있도록 스케치를 다시 만드는 것이다. 아래 그림에 우리가 제시한 해결책이 있다. 일단 레이블을 새로 만들었다. 약자는 모두 삭제하고, 일상용어에 맞추어 다시 작성했으며, 또 커다란 버튼 아이콘 옆에 레이블을 추가했다. 또한 서로 관련성 있는 기능들은 같은 공간으로 모아놓고, 시각적으로도 유사하게 그룹화시켰다.

그리고 우측에 놓인 버튼들은 플라스틱 덮개로 덮어 놓았다. 이렇게 하면 사람들에게 해당 공간에 있는 컨트롤은 팩스의 기초적인 작업에는 필요하지 않으며 고급 설정을 하고 싶을 때 사용하면 된다는 정보를 줄 수 있다. 마지막으로 우리는 멈춤(HOLD) 버튼과 같은 기본적인 기능 이외의 컨트롤은 모두 이 공간으로 옮겨두었다. 이렇게 개선한 디자인은 이전과 비용도 그다지 차이가 나지 않는다. (단지 플라스틱 덮개가 추가되었을 뿐, 심지어 몇몇 쓸모없는 버튼은 삭제되었으므로 비용이 절감될 수도 있다.) 물론 이 디자인이 완벽하다는 건 아니다. 아직 완벽하지 않다. 하지만 이전 모델보다는 훨씬 나을 것이다. 이제 새로

노트

여기에 그려진 장면들은 섹션 4.4에서 소개한 스토리보드의 예제가 될 수 있다. 스케치하는 데에 오래 걸리지는 않았다. 우리는 팩스를 스케치하기 위해 파워포인트를 사용했고(섹션 3.6), 스토리보드에 나오는 사람들을 묘사하기 위해 포토 트레이스 방식(섹션 3.9)을 사용했다.

포토 트레이스 방식을 사용하여 필요에 따라 이미지를 다르게 클리핑하고 또 크기나 위치를 조절함으로써 사람 이미지를 자유롭게 디자인해 위의 내러티브를 생동적인 이미지로 만들었다. 또한 한 사람의 이미지를 수평 반전하여 같은 모습이지만 다른 느낌으로 보이도록 했다.

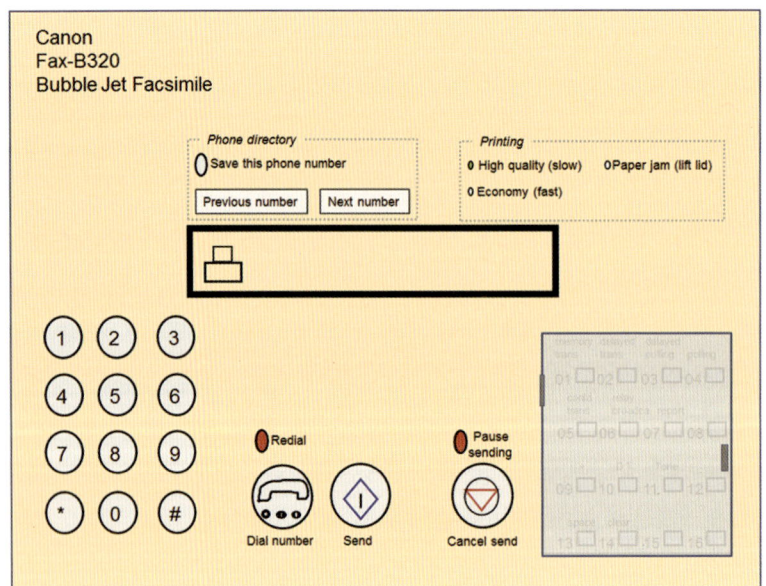

운 스케치를 갖고 다시 테스트를 진행해보자. 또 테스트를 해야 한다고 불평하지 말 것. 이건 고작 10분 정도밖에 안 걸리는 간단한 일이다.

연습해보기

자신의 스케치나 별로 친숙하지 않은 애플리케이션, 또는 웹사이트(여행 사이트나 항공사 사이트가 적합하다)로 위의 과정을 반복해보라. 한 번만 하고 끝내지 말고, 여러 번 할 것. 중요한 건 이 프로세스에 익숙해지는 것이다. 이 프로세스를 통해 사용자가 형성하는 멘탈모델과 시스템을 디자인할 때 의도했던 멘탈모델 사이의 불일치가 짧은 시간 동안 얼마나 많이 발견되는지 알 수 있을 것이다.

이제 알게 된 것

시스템의 겉면은 그 시스템이 어떤 것인지에 대해 말한다. 그리고 사람들은 시스템 화면이 어떻게 디자인되었는지를 보고 멘탈모델을 형성한다. 우리는 이제 사람들에게 시스템에 나타난 시각적 요소들을 설명하게 함으로써 사용자들의 멘탈모델에 대해 빠르고 쉽게 파악할 수 있다. 그리고 그들이 형성한 멘탈모델과 실제 의도했던 멘탈모델 사이의 불일치과 간극을 찾음으로써 우리는 어느 곳이 문제였는지 파악하고 다음 디자인에 반영할 수 있다.

참고문헌

- Nicol, A., Gomoll, K., 「User Observation: Guidelines for Apple Developers」(1990) Apple Human Interface Notes #1; January 1990.

6.2

오즈의 마법사

스케치 위에서 테스트하는 사용자의 인터랙션에
시스템처럼 반응하기

지금까지 다룬 대부분의 인터랙션은 몇 가지의 선택지만을 가진 단순한 프로세스였다. 마치 사용자에게 진짜 시스템이 완성된 것처럼 시스템의 일부만을 애니메이션으로 보여주었다. 그러나 이러한 방식은 사용자가 무엇을 선택하고, 어떤 것을 클릭할지 우리가 알고 있을 때만 가능하다. 하지만 이런 상황은 많지 않다. 실제로 사용자가 어떤 행위를 취할지 쉽게 예측할 수 없는 상황이 존재하기 때문이다. 특히 스케치는 아래와 같은 취약점을 갖는다.

❶ 사용자의 인터랙션을 인식하는 데 제약이 따른다

단순히 버튼을 누르거나 메뉴를 선택하는 화면과 달리, 스케치를 동적으로 구성하게 되면 사용자가 임의로 입력한 지시사항에 대해서는 반응하지 못한다. 예컨대 사용자가 손가락 제스처나 음성으로, 또는 텍스트를 자유롭게 입력하여 시스템에 접근할 경우 애니메이션으로 만들어진 스케치는 이러한 지시사항을 전혀 인식할 수 없다.

❷ 사용자의 반응에 대응하기 어렵다

동적인 스케치는 사용자의 행위에 따라 반응하지만, 사용자들이 어떤 행위를 할지 우리가 미리 예측할 수 없기 때문에 해당 케이스 별로 모든 화면을 만들 수는 없다. 따라서 동적인 스케치여도 사용자의 요구에 능수능란하게 대처할 수 있는 유연성이 매우 떨어진다.

아무리 동적인 스케치라 하더라도, 스케치는 시스템이 아니다. 사용자의 다양한 요구를 스케치가 모두 다 인식하고 또 적절히 반응하지는 못하는 것이다. 그러나 여기에도 해결책은 있는데, 바로 이 스케치를 그린 디자이너가 시스템을 조종하는 **마법사**가 되는 것이다. 이에 대해 예제를 통해 살펴보고자 한다. 여기서부터 나올 예제는 사람들이 미래의 시스템을 상상하며 만든 아이디어 스케치를 실험한 것이다.

사례 1 : 음성을 인식하는 타자기

1984년의 전문직 종사자들은 일반적으로 컴퓨터를 사용하지 않았다. 타이핑 같은 일은 비서가 해야 하는 것이라고 여겼기 때문이다. 이러한 문제를 해결하기 위해, IBM사의 존 굴드 연구팀은 사람의 음성을 인식하는 타자기를 개발하고자 했다. 편지나 메모, 문서 등 작성해야 할 내용을 말하면 타자기가 음성을 인식하고 따라 치는 시스템이었다. 지금에야 음성인식 시스템이 보편적으로 사용되고 있지만, 그 당시 굴드는 이 시스템이 정말 유용하게 쓰일지, 그리고 과연 IBM에 공헌할 수 있을지는 알지 못했다. 그는 '오즈의 마법사' 방식을 사용하여 이 타자기의 프로토타입을 만들었다. 그는 이 시스템을 두 가지 유형으로 구현해보려고 했는데, 하나는 단어와 단어 사이를 기준으로 단어를 구별해 개별 단어들을 인식하는 시스템이었고 다른 하나는 연속적인 말을 전부 인식하는 시스템이었다. 여기에서는 전자의 시스템을 예제로 하여 진행해보려고 한다.

사용자의 상황

아래의 스케치는 사용자가 시스템을 어떻게 사용하는지 보여준다. 설치된 마이크를 통해 사용자가 말을 하면, 컴퓨터 화면에 사용자가 언급한 단어가 나타난다. 만약 사용자가 말한 단어 가운데 컴퓨터가 알지 못하는 것들은 ××××로 표기된다. 특정 지시어를 입력하면 사용자가 직접 에러를 바로잡을 수도 있다. 예컨대 설정에 따라 사용자가 'NUTS(삭제하기)'라는 단어를 말하면 마지막 단어를 삭제하고, 'NUTS 5(5개의 단어 삭제하기)'라고 말하

노트

'오즈의 마법사'라는 이름은 1939년에 제작된 유명한 영화에서 따온 것이다. 영화에서 마법사는 연기와 불꽃에 휩싸여 나타난다. 게다가 거대한 얼굴이 몸과 분리된 채 공중에 떠 있고 목소리는 쩌렁쩌렁하게 울려 사람들에게 공포를 심어준다. 그러나 강아지 토토가 마법사 뒤의 커튼을 젖혀, 실제로는 매우 평범한 한 남자가 마법사의 얼굴과 목소리를 조종하고 있었음을 밝혀낸다.

영화에서 나타난 '오즈의 마법사'를 디자인에 적용시킨 사람은 존 켈리였다. 그는 1980년에 실험적인 디자인을 선보였는데 사람들의 일상적인 말에 컴퓨터가 반응하는 디자인이었다. 물론 이건 그가 직접 커튼 뒤의 마법사가 되어 마치 실제로 컴퓨터가 작동하는 것처럼 보이도록 한 것이었다. 이러한 '오즈의 마법사' 아이디어를 대중화한 것이 존 굴드 연구팀의 음성인식 타자기 연구(1984)이다. 자세한 내용은 본문의 사례로 다루기로 한다.

면 마지막 5개의 단어를 삭제하는 식이다. 또한 다른 지시어를 말하면 컴퓨터가 모르는 단어에 대해 철자를 하나씩 불러주며 입력할 수 있다. 예컨대 'SPELLMODE(스펠링 모드 시작하기)'라고 말한 후 철자를 부른 뒤, 해당 단어가 끝나면 다시 'END SPELLMODE(스펠링 모드 끝내기)'라고 말하여 종료하는 것이다. 같은 방식을 사용하여 포맷을 수정할 수도 있다. 'CAPIT(대문자로 쓰기)'라고 하면 각 단어의 첫 번째 스펠링은 대문자로 표기하고, 'NEW PARAGRAPH(새 문단으로 쓰기)'이라고 언급하면 줄바꿈이 된다.

실제 상황

이 당시 컴퓨터는 음성인식 기능을 제대로 구현할 수 없었다. 그래서 굴드 연구팀은 음성인식 기능을 구현하기 이전에 일단 모의로 시뮬레이션해보기로 했다. 그들은 사용자가 말하는 단어를 컴퓨터에 입력하는 '마법사' 한 명과 입력된 단어에 대해 간단한 기능을 수행할 수 있는 컴퓨터를 한 쌍의 시스템으로 조합했다. 아래의 스케치는 이 시뮬레이션이 어떻게 작동되는지 보여준다. 오즈의 마법사 역할을 맡은 타이피스트가 사용자와 분리된 다른 방에서 스피커폰으로 사용자가 말하는 단어들을 듣고 컴퓨터에 입력한다. 컴퓨터는 입력된 단어들이 내장된 사전에 있는지 없는지를 체크하고, 만약 사전에 있는 단어라면 사용자 화면에 해당 단어를 출력한다. 하지만 사전에 없는 단어일 경우에는 ××××로 표기한다. 그리고 특정 지시어가 들어오면 타이피스트는 해당 지시어를 약어로 입력하는데, 그렇게 하면 입

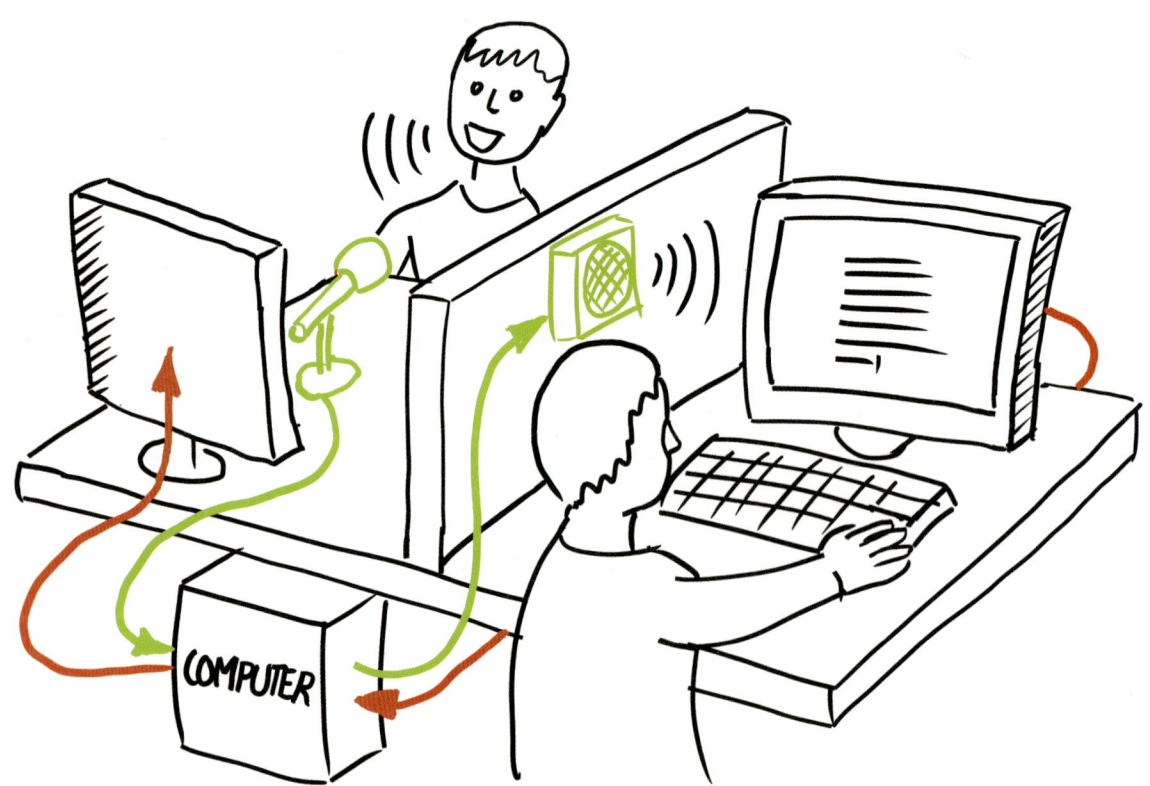

력된 약어를 컴퓨터가 커맨드의 명령어로 해석하여 사용자가 원하는 모드로 바꾸어주거나 내용을 수정해준다.

현실적인 기능만을 구현하기

'오즈의 마법사' 방식의 가장 큰 문제는 마법사 역할을 수행하는 사람의 이해력이 실제 시스템에 비해 너무나 월등하다는 사실이다. 예컨대 시스템이었다면 인식할 수 없을 복잡한 말이나 불명확한 몸짓들도 조종자는 쉽게 이해할 수 있다. 굴드 연구팀에서도 차용했던 바대로, 해결책은 실제 시스템이 수행할 수 있는 범위 내로만 마법사의 지능을 제한하는 것이다. (이 방법에 대해 더 많은 것을 알고 싶다면 1993년에 몰스비, 그린버그, 만더가 공저한 논문을 읽어보라.)

❶ **'마법사'의 역할은 입력 상호작용 모델 input interaction model 에 근거하여 이루어져야 한다.** 입력 상호작용 모델은 시스템이 이해할 수 있는 명령과 실행할 수 있는 피드백의 종류에 대해 정의하고 있다. 예컨대 사용자가 연속으로 말하는 단어와 문장을 타이피스트가 모두 이해하더라도 오로지 낱개의 단어만을 듣고 개별 단어 단위로만 타이핑해야 한다. 또한 일반적인 말이 아니라 명령어가 들어오면 타이피스트는 명령어를 약어로 변형하여 컴퓨터에 전송해야 한다. 그 이후에 컴퓨터는 내장된 사전에서 해당 약어를 찾아 지시를 수행하는데, 이러한 프로세스를 거쳐야만 마법사의 역할이 과대해지지 않고 시스템이 수행할 수 있는 범위 내에서만 한정하여 지시어를 전달받을 수 있다.

❷ **'마법사'는 알고리즘과 규칙에 의거하여 반응해야 한다.** 이렇게 해야만 추후 시스템으로 구현될 수 있는 기능 내의 반응만을 수행하도록 제한할 수 있다. 예컨대 사용자가 "10개의 느낌표를 타이핑해 줘"라고 말한다면, 알고리즘에 적합한 응답은 해당 문장을 그대로 타이핑해 모니터에 띄우는 것이다. 여기에 마법사의 인지력이 잘못 개입된다면 '!!!!!!!!!!'가 입력된다. 이와 유사하게, 컴퓨터가 이해할 수 없는 단어는 '××××'로 표기해야 하고 또한 편집 명령에는 최소한으로만 반응해야 한다.

> **팁**
>
> 디자이너가 위와 같은 조종자 역할을 맡으면 여러 이점이 생겨난다. 참여자가 시스템을 어려워하면 사용자의 불편함과 혼란을 디자이너가 직접 마주하는 셈이기 때문에 디자이너가 시스템에 책임감을 가질 수 있고 또한 시스템 개선에 대한 좋은 동기 부여가 된다. 뿐만 아니라 미완성인 디자인으로 시스템을 구현하게 되면 보완해야 할 점이 더욱 부각되기 때문에 이후 디자인 개선 작업에 큰 도움이 된다.

사례 2: 위험을 알리는 로봇

2011년 발표에서 폴 솔니에르 연구팀은 로봇이 행위를 방해하려 할 때, 사람이 어떤 반응을 보이는지 연구했다. 로봇의 방해 동작은 상황의 심각도에 따라 달라진다. 연구팀의 주요 관심사는 로봇의 행동을 사람들이 쉽게 이해할 수 있는지 알아보는 것이었다. 이 시나리오에는 로봇이 어떻게 앞으로 전진하고, 또 사무실에 앉아 있는 사람을 어떻게 인식하며, 로봇이 사람에게 얼마나 가까이 또 어느 정도 빠르기로 접근하는지 등의 요소가 포함되어 있다. 이러한 로봇을 제작하는 건 여간 어려운 일이 아니다. 로봇이 사람의 위치를 알아내고 또 그 사람 앞으로 이동해야 하기 때문이다. 그러나 이 대신 그들은 '오즈의 마법사'를 통해 이 연구를 시연했다.

사용자의 상황

출입구 근처에 앉아 있는 사람이 있다. 그의 시야에서 로봇이 돌아다닌다. 이 로봇은 문 밖에서만 돌아다니지만 어떤 특정한 상황이 되면 사람이 있는

방 안으로 느리게 들어와 그를 몇 초 간 응시하고 다시 나간다. 또 다른 상황에서는 로봇이 문 안으로 들어와 그를 향해 머리를 앞뒤로 흔들며 긴급 상황임을 알린다.

실제 상황

음성인식 타자기의 사례와 같이 사용자의 시야에 닿지 않는 곳에 실제로 이 로봇을 조종하는 '마법사'는 따로 있다. 전자의 사례와 약간 다른 것은 사용자가 이미 조종사의 존재를 알고 있다는 것이다. '마법사'는 게임패드 컨트롤러와 같은 게임패드로 로봇을 조종한다. 이를 통해 로봇의 방향과 속도를 제어하고 또한 미리 프로그래밍된 간단한 제스처들(머리 흔들기 같은)을 시연한다.

사례 3: 팩스

한 번은 수업에서 학생들에게 간단한 스케치로도 인터페이스 테스트를 진행할 수 있음을 보여주기 위해 오즈의 마법사 방식을 차용했다. 바로 앞 장에서 팩스를 새로 스케치했던 작업을 상기해보자. 우리는 빔을 사용하여 커다란 벽에 스케치를 보여주며 테스트를 맡은 학생에게 스케치를 설명하도록 했다. 이 작업을 통해 사용자가 형성하는 초기 멘탈모델을 알 수 있었는데, 이제 '오즈의 마법사'는 바로 이 지점에서부터 단계를 이어나갈 것이다. 먼저 송신할 문서는 팩스의 밑 부분으로 넣을 수 있다고 설명해 준 후, 학생에게 종이 한 장을 건네주며 말했다. "이 문서를 우리 사무실로 보내보세요. 팩스 번호는 666-9548입니다. 그리고 보낼 때, 뭘 하고 있는지 그리고 무슨 생각을 하고 그렇게 했는지 얘기해주세요." 이러한 방식을 '소리 내어 생각하기 Think Aloud'라고 한다. 보다 자세한 내용은 섹션 6.3에서 다룰 것이다.

일반적으로 학생들은 팩스 스케치 상 다이얼패드의 번호를 터치하면서 다음과 같이 말했다. "먼저 키패드에서 666-9548 번호를 누를 거예요." 그리고 손가락으로 개별 번호를 터치했다. 그러나 이 팩스는 스케치된 이미지이기 때문에 당연히 어떤 반응도 보이지 않는다. 그래서 나 스스로 '오즈의

마법사'가 되었다. 즉 학생이 어떤 행동을 취했을 때 팩스가 어떤 반응을 보일지 내가 옆에서 말로 설명해주었다. 예컨대 이러한 상황에서 나는 "666-9548이라는 번호가 중앙의 디스플레이에 찍혀 보입니다"라고 말했다.

화면 변화뿐만 아니라 팩스의 기계음도 시연했는데, 예컨대 학생이 팩스 하단의 '보내기' 버튼을 누르면 다음 쪽 그림과 같이 반응해주었다.

앞선 사례들과 달리 여기서는 스케치 위의 시스템이 반응하는 것이 아니라, '마법사'의 설명을 듣고 학생들이 직접 시스템이 어떤 반응을 보이는지 상상해야 한다. 이러한 난점에도 불구하고 학생들은 이 테스트를 쉽게 수행했다. "이 번호를 저장해보세요. 나중에 다시 쓸지 모르니까요" 등과 같이 다소 복잡한 작업을 수행해보라고 요청했을 때도 그들은 팩스 위의 인터페이

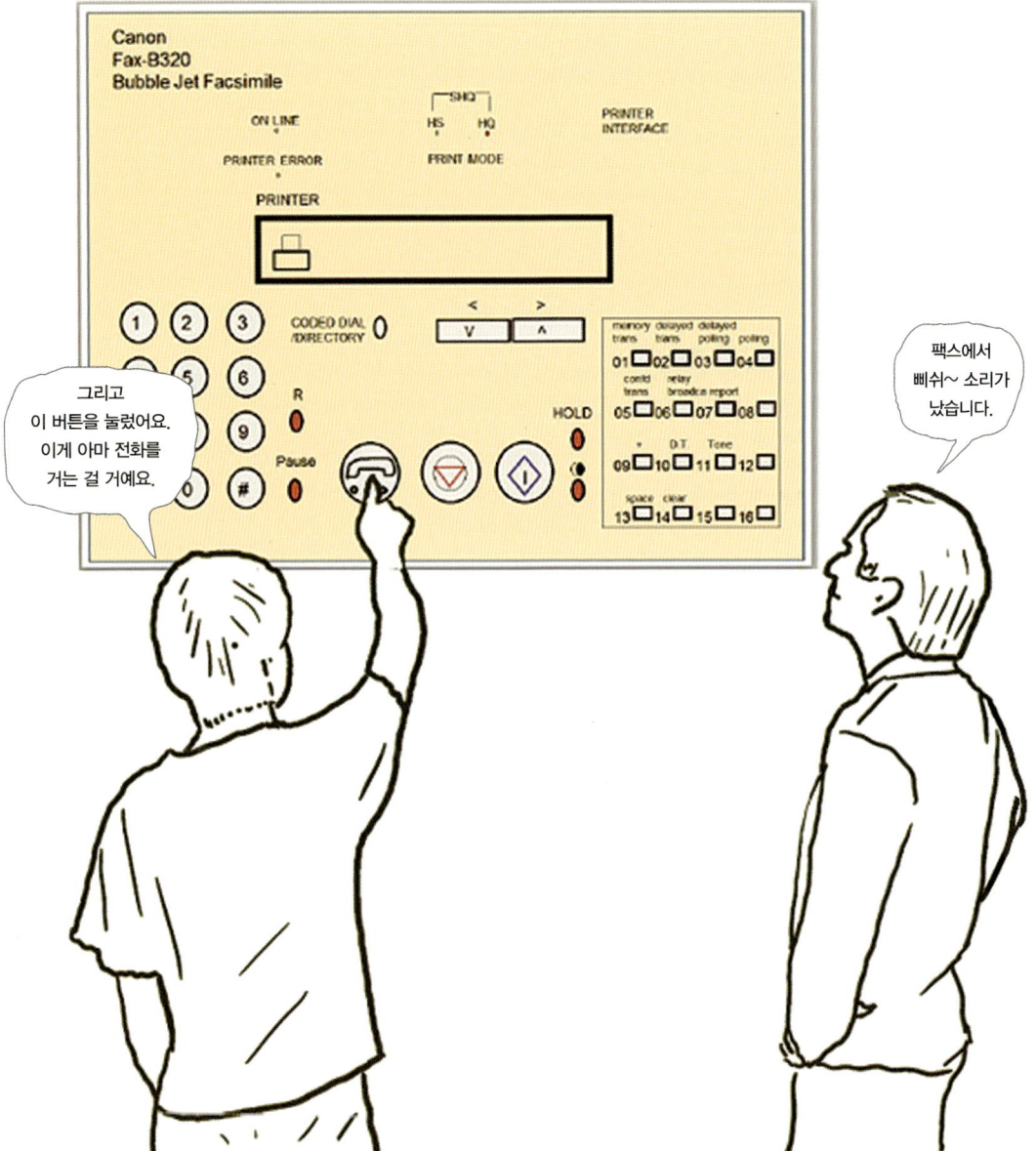

스와 팩스의 반응(마법사가 말로 알려주는 반응)을 정확하게 따라가며 작업을 완수했다. 스케치뿐이었지만, 어느새 그들은 이 '시스템'에 깊이 몰두하게 되었다.

이 사례는 '마법사'가 사용자의 입력에 대한 시스템 알고리즘을 이해하는 것이 왜 중요한지에 대해 보여준다. '마법사'는 각각의 버튼이 어떤 역할을 하는지 정확히 알고 있어야 한다. 특히 번호 저장과 같이 난이도가 있는 작업에 대해서는 '마법사'가 이벤트의 정확한 흐름을 알고 있어야 한다. 그리고 사용자가 작업을 수행하던 중 실수로 다른 버튼을 누르거나 이벤트 흐름을 오해하고 있을 때에 어떤 반응을 보여야 하는지도 미리 인지하고 있어야 한다.

이제 알게 된 것

우리는 이제 얼마든지 시스템의 '배후 인물(마법사)'을 연기할 수 있다. 사람들이 입력하는 지시어들을 해석하고 또 한정적으로만 반응할 수 있는 시스템이 사용자의 지시를 수행하도록 중간에서 매개해줄 수 있다. 물론 이 모든 시뮬레이션을 실제의 환경과 최대한 가깝게 유지하기 위해서는, 실제 시스템이 수행할 수 있는 범위로만 해석 작업을 한정하는 일이 필요하다.

참고문헌

- Gould, J.D., Conti, J., Hovanyecz, T. (1983) 「Composing Letters with a Simulated Listening Typewriter」, Communications of the ACM 26 (4) 295~308; (April)
- Kelley, J.F. (1984) 「An Iterative Design Methodology for User-Friendly Natural Language Office Information Applications」, ACM Transactions on Office Information Systems 2 (1) 26 - 41; March
- Maulsby, D., Greenberg, S., Mander, R. (1993) 「Prototyping an intelligent agent through Wizard of Oz」 Proceedings of the ACM CHI'93 Conference on Human Factors in Computing Systems. ACM Press, Amsterdam, The Netherlands, pp. 277~284.
- Saulnier, P., Sharlin, E., Greenberg, S. (2011) 「Exploring Minimal Nonverbal Interruption in HRI」 Proceedings of the IEEE International Symposium on Robot and Human Interactive Communication (Ro-Man 2011). IEEE Press, Atlanta, Georgia.

노트

여전히 '마법사'는 커튼 뒤에 숨어야 하는 존재일까? 위에서 언급한 세 가지 사례는 마법사와 참여자와의 관계를 각각 다르게 풀어내고 있다. 음성인식 타자기의 사례에서는 사용자가 '마법사'의 존재를 전혀 모르고, 따라서 눈앞의 시스템이 마치 진짜 작동하는 것으로 오인하게 된다. 그러나 로봇의 사례에서 참여자는 '마법사'를 이미 소개받고, 또 로봇이 자동으로 움직이는 것이 아니라 '마법사'가 조종하고 있음을 알고 있다. 하지만 실제 실험에서 '마법사'는 사용자의 시야에 보이지 않는다. 그리고 마지막으로 팩스기를 소재로 한 실험에서는 참여자가 '마법사'를 매우 잘 알고 있다. 바로 옆에 서 있을 뿐만 아니라 그와 대화하면서 시스템이 어떤 반응을 보이는지 직접적으로 말해주는 것이다. 물론 공통적으로 모든 사례에서 스케치만으로는 시스템이 반응하지 않고, 오로지 마법사를 통해서만 사용자에게 피드백을 주고 있다.

하지만 위 모든 사례에서 사용자는 이 시뮬레이션을 시스템이라고 믿는다. '오즈의 마법사' 방식에서 '마법사'를 어느 정도 숨기거나 보여주는 방식은 시뮬레이션에 치명적인 요소는 아니다. 물론 여기에도 상황에 따라 예외가 있긴 하지만 말이다.

6.3

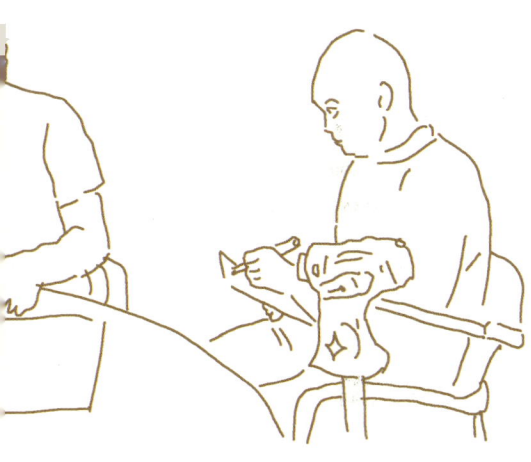

소리 내어 생각하기

인터페이스 스케치 사용자가 어떤 생각을 하는지 알아보기

섹션 6.1에서 배운 내용을 상기해보자. 우리는 처음 사용자가 스케치된 시스템을 사용했을 때, 사용자의 머릿속에 시스템에 대한 초기 멘탈모델이 어떤 형태로 만들어지는지 알아보았다. 그러나 사용자의 멘탈모델을 파악한다 하더라도 시스템을 직접 접했을 때 사용자가 어떤 관점으로 시스템을 사용하는지는 알 수 없다.

수동적 관찰법은 쉬운 방식이지만 그리 효과적이지는 않다. 이 방법론은 사용자에게 먼저 스케치된 시스템을 설명하고, 사용자가 시스템을 어떻게 사용하는지 옆에서 관찰하는 것이다. 여기에서 우리는 사용자의 신체적인 움직임에 초점을 맞추고 이를 통해 사용자가 시스템에서 무엇을 하려고 하는지 추측할 수 있다. 사용자가 무엇을 할지 망설이고 있다면 시스템 사용이 다소 어렵다는 의미이다. 반면 사용자가 적합한 인터페이스를 빠르게 수행한다면 시스템에 별반 문제가 없다는 뜻이 된다. 사용자가 불명확한 행동을 하거나 부적합한 인터페이스를 수행했다면 시스템을 잘못 이해했거나 실수한 것이다. 하지만 이러한 추측들은 사실 수박 겉핥기일 확률이 높고, 따라서 이 방법론만으로는 실제로 사용자가 어떤 생각을 하고 있는지 결코 알 수 없다.

이러한 문제를 해결하기 위해서는 **소리 내어 생각하기 방식**을 적용하는 것이 적합하다. 섹션 6.2에서 잠깐 언급되었던 것으로, 이 방법론에서 사용자는 시스템에서 작업을 수행하며 생각하고 있는 것을 말해야 한다. 이 방법은 학습하기도 쉽고, 비용도 들지 않으며, 무엇보다 간단하고 빠르게 수행

준비

사용자가 수행해야 할 작업 설명서, 해당 작업의 워크플로를 구현한 스케치, 사용자와 행동과 말을 녹음할 수 있는 비디오카메라, 최소 1명 이상의 참여자

할 수 있다. 또한 시스템 사용성과 같은 중요한 면면을 쉽게 알게 해 준다. 고멀과 니콜은 이 방법론에 대해 다음과 같이 언급한 바 있다. (1990)

"사용자가 생각하고 계획하는 것을 들으면서 우리 제품에 대해 사용자가 어떤 기대를 하고 있는지 알 수 있습니다. 뿐만 아니라 그들이 주어진 문제를 어떻게 풀어내려고 하는지 그들의 전략과 의도도 알 수 있지요."

초기 디자인 단계에서 사용성과 개념상의 문제를 미리 알아내고 수정하는 작업은 실제 개발 과정에서의 일을 크게 줄여준다. '소리 내어 생각하기'가 UX 디자이너와 UX 엔지니어 사이에서 가장 널리 쓰이는 방법인 이유다.

'소리 내어 생각하기' 수행 단계

'소리 내어 생각하기' 방법론에 대해 설명하는 책은 매우 많다. 그 중에서도 듀마이스와 레디시가 저술한 『Practical Guide to Usability Testing(사용성 테스트 실제 가이드)』는 테스트 단계를 아주 자세히 설명해두었다. 만약 사용성 테스트에 대해 더 심도 있게 공부해보고 싶다면 이 책들을 꼭 읽기 바란다. 이 책들은 연구를 어떻게 준비할 것인지와 태스크를 어떻게 정의할 것인지, 테스트를 어떻게 준비할 것인지, 또 진행하는 데에 있어 지켜야 하는 규범 등에 대해서도 자세히 설명하고 있다.

그러나 이렇게 자세한 교본들이 있는 반면, 바로 실전에 적용할 수 있도록 몇 가지 간단한 단계로만 이루어진 가이드도 있다. 고멀과 니콜이 같이 쓴 『User Observation: Guidelines for Apple Developers(사용자 관찰법: 애플 개발자 가이드라인)』은 '소리 내어 생각하기' 방법론을 짧지만 핵심적으로 설명한다. 이 섹션에서는 이들의 가이드라인을 차용하여 사용하고자 한다. 그림이나 내용은 원본에서 일부 수정되거나 요약된 형태일 수 있다.

1 준비 단계
ⓐ 테스트 대상 선정하기
   어떤 기능을 테스트하고, 또 어떤 기능은 테스트하지 않을 것인지 선정

해야 한다. 즉 테스트할 시스템의 특정 요소만을 집중적으로 테스트해야 한다. 테스트의 범위를 제한하면, 특정 문제에 초점을 맞추어 정보를 모으기 때문에 그만큼 좋은 해결책이 나올 확률이 높다.

ⓑ 지시할 작업 구상하기

테스트가 시작되면 참여자에게 어떤 작업을 해야 할지 알려주어야 한다. 디자인한 제품이 상용화된다면 사용자들이 대부분 이 제품에서 어떤 작업을 수행할지 고려하여 작업을 결정해야 한다. 그리고 작업에 대해 구상하고 나면 해당 작업에 대한 설명을 짧고 간단한 지시문으로 적도록 하자.

ⓒ 참여자가 인터랙션할 수 있는 스케치 준비하기

사용자가 작업을 어떻게 수행하는지 알고 싶다면 예상되는 인터랙션 시퀀스를 사용 가능하게 만들어야 한다. 섹션 4.1에서 나왔던 것처럼 사용자가 어떤 행동을 취하면 슬라이드 쇼를 사용하여 다음 장으로 넘기는 것도 한 방법이다. 아니면 섹션 4.3에서 다루었던 것처럼 스토리보드를 상황에 따라 분기하여 마치 시스템이 반응하는 것처럼 보일 수도 있다. 또는 앞의 섹션 6.2에서 설명했던 오즈의 마법사 방식을 사용하여 시스템의 반응을 직접 들려줄 수도 있다. 따라서 스케치에서 모든 것을 보여줄 필요는 없다. 그리고 사용자에게 어떠한 것들은 누르지 말라거나 아니면 버튼 자체를 없애서 테스트 사용자가 수행할 수 있는 범위를 제한시킬 수도 있다.

ⓓ 필요한 장비 준비하기

테스트하는 내용을 녹화하고 싶다면 비디오카메라를 미리 설치해놓고 잘 작동하는지 반드시 먼저 확인해보라.

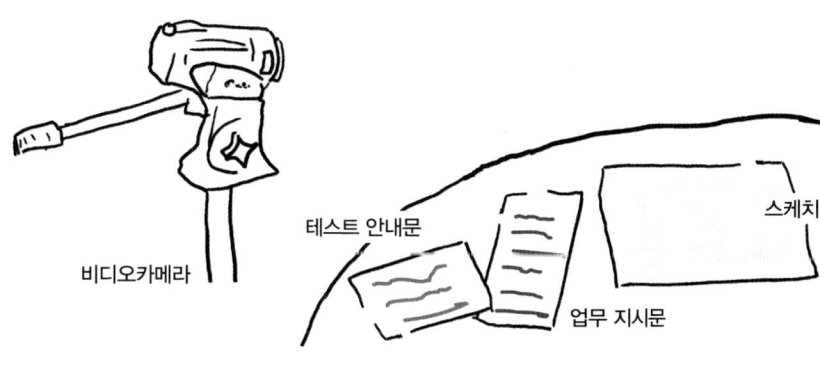

2 테스트 수행

❶ 참여자에게 짧게 자신을 소개하고, 관찰의 목적에 대해 설명한다. 일반인들이 잘 이해하지 못하는 전문용어는 쓰지 않도록 주의한다. 참여자가 테스트에 부담을 갖지 않도록, 반드시 이 테스트의 목적이 제품에 결함이 있는지 여부를 찾는 것이라고 설명해준다.

> 제품 테스트에 참여해주셔서 감사합니다. 저는 조라고 해요. 이 디자인은 현재 매우 초기 단계의 설계이며, 추후 사용자가 제품을 사용할 때 불편한 점이 있진 않은지를 알고 싶어요. 진행하시다가 문제가 생기시면 그건 제품의 결함이지 여러분의 문제가 아니라는 걸 명심해주세요. 우리가 찾는 건 바로 그 문제들입니다. 제품에 문제가 있다고 판단되면, 다시 설계 단계로 돌아가 이를 반영할 것입니다. 우리가 테스트하려는 건 제품이지, 여러분이 아닙니다.

> 이 비디오카메라로 여러분이 하는 것과 말하는 것들을 녹화할 거예요. 보시다시피, 이 카메라는 스케치와 여러분의 손에만 포커스가 맞추어져 있고, 얼굴을 찍지는 않습니다. 나중에 제가 이 테스트에서 놓친 것이 있는지 확인하기 위해 이 영상 자료를 리뷰할 거예요. 물론 다른 사람에게는 보이지 않고 저 혼자 진행할 거고요. 괜찮으신가요?

> 제게 이유를 반드시 설명해주지 않으셔도, 만약 어딘가 불편하시거나 테스트가 불쾌하다고 느끼시면 언제든 하던 것을 중지하셔도 괜찮습니다. 부담 갖지 마세요.

❷ 참여자에게 언제든지 진행하던 작업을 중단할 수 있다고도 말한다. 참여자가 굳이 작업을 완수해야만 한다는 부담을 느낄 필요는 없다.

❸ 참여자에게 테스트 룸 안에 있는 장비에 대해 설명한다. 개별 장비들이 왜 있는지에 대해 충분히 말해주어야 한다. (하드웨어, 소프트웨어, 비디오카메라, 마이크 등) 이 테스트에서 이 장비들이 어떻게 사용되고, 또 모은 자료는 어떻게 사용되는지 참여자에게 설명하도록 한다.

❹ '소리 내어 생각하기' 방법론에 대해 설명한다.

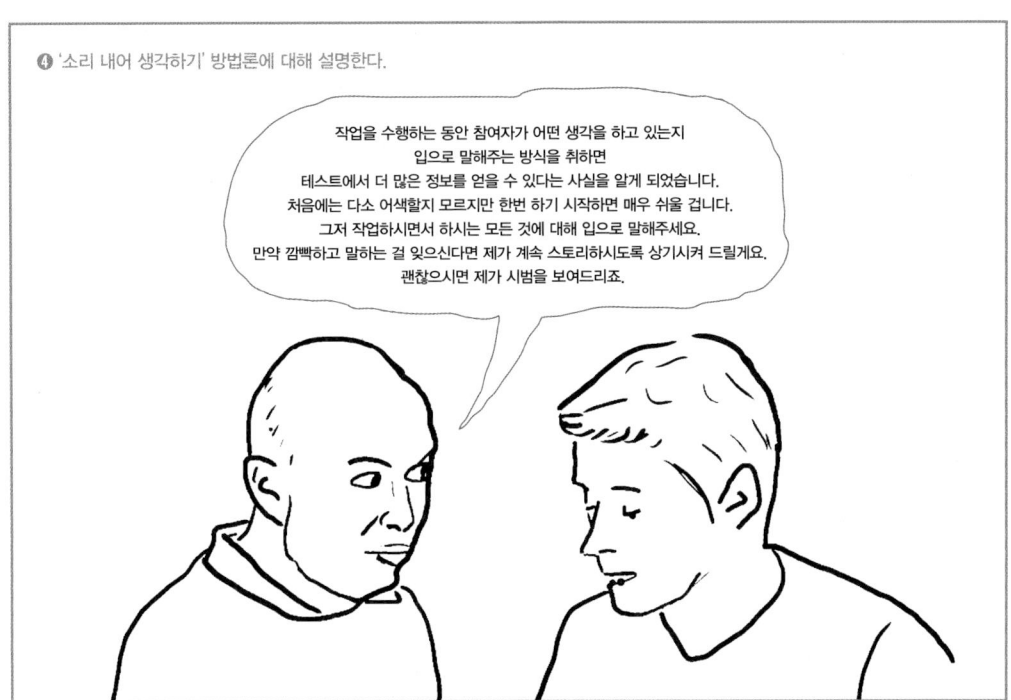

❺ 구체적인 작업에 대해서는 어떤 도움도 줄 수 없다는 사실을 말해준다. 참여자는 부가적인 도움 없이 작업을 수행해야 한다. 그래야 제품과 사용자가 어떻게 상호작용하는지 알 수 있기 때문이다. 다만 예외적으로 어떤 문제가 발생하여 작업을 더 진행하지 못하게 한다거나 참여자가 지나친 혼란에 빠진 경우에는 관찰자가 개입할 수 있다. 그런 때에는 참여자에게 힌트를 줄 수도 있다. 이렇게 하면 참여자가 작업을 계속해서 진행할 수 있다. 또한 이런 일이 발생했을 경우에는 반드시 사전에 만들어두었던 작업 시퀀스에 어떤 문제가 있었는지 다시 검토해보아야 한다.

❻ 참여자에게 수행해야 할 작업을 설명하고 제품을 소개한다. 참여자가 해야 할 작업과 작업 순서를 차근차근 이야기해준다. 그 후 스케치 위에서 테스트를 수행해야 하기 때문에 시스템이 반응하는 부분은 여러분이 직접 재연해줄 것이라고 설명한다.

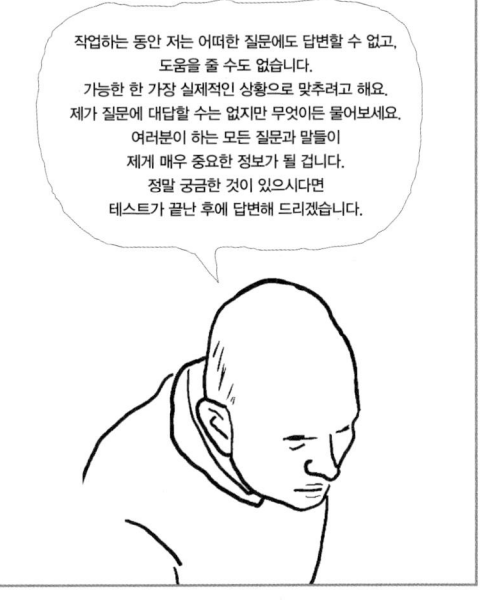

6 사용자가 참여하는 스케치

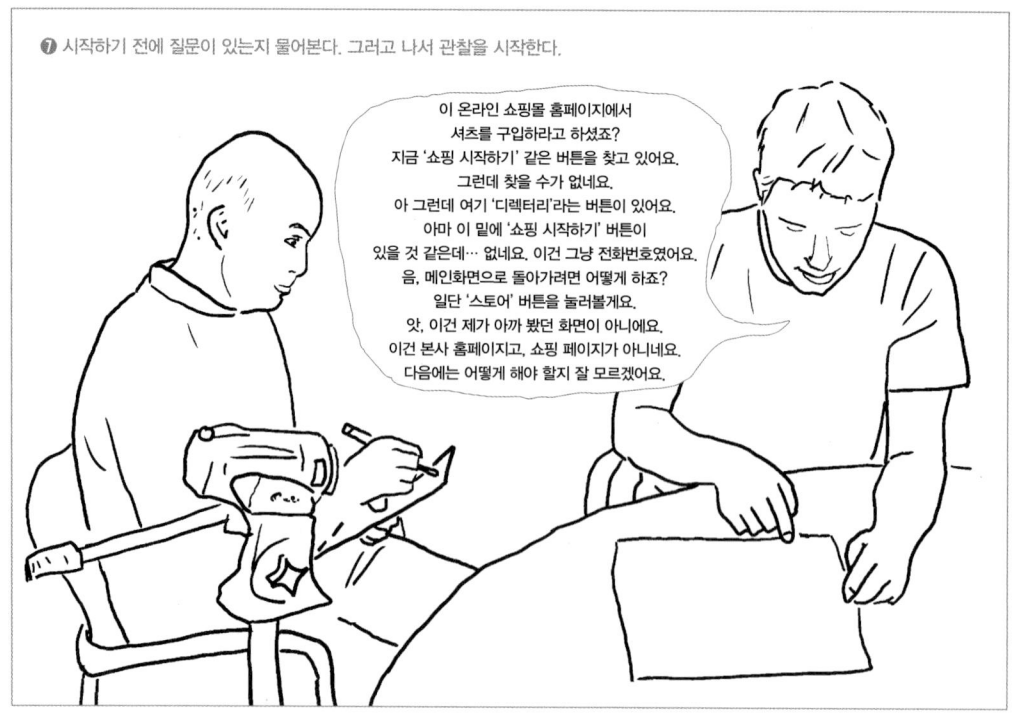

❼ 시작하기 전에 질문이 있는지 물어본다. 그러고 나서 관찰을 시작한다.

"이 온라인 쇼핑몰 홈페이지에서 셔츠를 구입하라고 하셨죠? 지금 '쇼핑 시작하기' 같은 버튼을 찾고 있어요. 그런데 찾을 수가 없네요. 아 그런데 여기 '디렉터리'라는 버튼이 있어요. 아마 이 밑에 '쇼핑 시작하기' 버튼이 있을 것 같은데… 없네요. 이건 그냥 전화번호였어요. 음, 메인화면으로 돌아가려면 어떻게 하죠? 일단 '스토어' 버튼을 눌러볼게요. 앗, 이건 제가 아까 봤던 화면이 아니에요. 이건 본사 홈페이지고, 쇼핑 페이지가 아니네요. 다음에는 어떻게 해야 할지 잘 모르겠어요."

❽ 참여자가 대화를 멈추면, 다시 그에게 '소리 내어 생각하기'를 상기시킨다.

"지금 무슨 생각 하세요? 뭘 하려고 하는 거예요? 제게 뭘 찾고 있는지 말해줄래요?"

〈말을 멈춤〉

테스트 결과 검토하기

테스트를 관찰함으로써, 우리가 생각지도 못했던 인터랙션을 테스터가 수행하는 장면을 보게 된다. 만약 참여자가 시스템 위에서 고군분투하고 있거나 잦은 실수를 한다면 참여자를 탓할 것이 아니라 디자인에 어떤 문제가 있는지 살펴봐야 한다. 테스트로부터 보다 많은 것을 얻기 위해서는 필기한 것과 비디오를 번갈아 보며 테스트 결과를 꼼꼼하고 철저하게 살펴보아야 한다. 참여자가 힘들었던 부분이 어디인지 찾고 이 문제를 해결하기 위해 디자인을 어떻게 수정해야 할지 생각해야 한다. 그리고 참여자의 행동 패턴을 검토하며 참여자에게 제품이 정확히 이해되었는지 여부를 체크한다.

❾ 관찰을 끝내고 테스트를 마무리한다. 테스트가 모두 종료되면, 테스트를 하는 동안 여러분이 발견한 사실을 설명하고 참여자에게 혹시 질문하고 싶은 것이 있는지 물어본다. 그리고 참여자가 수행한 것 중 흥미로웠던 부분들에 대해서 왜 그렇게 했는지 다시 한 번 설명을 요청한다. 이렇게 하면 참여자가 디자인에 대해 생각한 디자인의 장단점을 결과에 포함시킬 수 있다.

연습해보기

❶ 실전에 들어가기 전에 준비운동하기

바로 테스트하기보다 먼저 몸풀기라도 하고 싶다면, 이미 있는 시스템 하나를 골라 그 시스템에 '소리 내어 생각하기' 테스트를 적용해보자. 항공 예매 사이트의 경우가 매우 좋은 예다. 몇 가지 작업 항목을 만들고 간단한 것부터 시작하여 점차 복잡한 작업으로 올라가 보자. 아래는 간단한 예시다.

ⓐ 내일 출발하는 LA행 비행기를 찾아보자. (출발지는 여러분이 있는 곳!)

ⓑ 두 개의 도시를 선정하여 이 사이를 가장 저렴하게 왕복할 수 있는 비행기를 찾아보자. 출발 날짜는 임의로 정하되 그날의 가장 늦은 비행기를 택하고, 일주일 후 그날의 가장 빠른 비행기로 돌아오는 코스로 찾아본다.

ⓒ 살고 있는 곳부터 런던으로 가는 비행 일정표를 찾아본다. 여행 계획은 이렇다. 이틀 간 런던에서 쉬고, 그 다음 날 뉴델리로 떠난다. 다시 일주일 후 뉴델리에서 귀국한다.

❷ 팩스 스케치 사용하기

섹션 6.1에서 사용했던 팩스 스케치를 사용하여 팩스기의 사용성을 테스트해보자. 예컨대 다음과 같은 작업을 수행할 수 있다.

ⓐ 여기 문서 한 장이 있다. 222-3333 번호로 이 문서를 보내보자.

ⓑ 이 팩스는 보냈던 전화번호를 저장하고 나중에 다시 쓸 수 있다. 222-3333 번호를 팩스에 저장해보자. 저장하는 데에 성공하면 다시 그 전화번호를 불러와 팩스를 다시 보내본다.

위의 작업을 수행하며 참여자가 어디에서 어려움을 겪는지 주의 깊게 살펴보자. 관찰하는 여러분도 팩스가 어떻게 작동하는지 잘 모를 수 있고, 따라서 '오즈의 마법사' 방식을 사용하더라도 제대로 시스템을 시연할 수 없을 수도 있다. 그러나 일단 시도하는 것이 중요하다. 잘 알지 못하더라도, 사람들이 어느 부분에서 어려워하는지 보면 볼수록 많은 것을 배울 수 있다.

❸ 자신의 스케치를 사용하기

일단 도전해보자. 스스로가 개발한 디자인으로 몇 가지 작업 항목을 만들고 테스트에 사용해보자. (간단한 것부터 꽤 복잡한 작업까지 난이도별로 만들자.)

이제 알게 된 것

'소리 내어 생각하기' 방식은 사람들이 스케치 위에서 테스트할 때 어떤 생각을 하고 있는지 알게 해준다. 특히 이 방법은 가장 널리 쓰이는 사용성 테스트 방법론 중의 하나이다. 테스트 비용도 저렴하고, 수행하기 편하면서도 풍부한 정보를 제공해준다.

참고문헌

- **Nicol, A., Gomoll, K.** (1990) 『User Observation: Guidelines for Apple Developers』. Apple Human Interface Notes #1, January 1990.
- **Dumais, J.S., Redish, J.C.** (1999) 『A Practical Guide to Usability Testing』. Intellect Books; Revised Edition.

6.4

스케치보드

포스터보드에 스케치를 붙여 다른 사람들과 공유하기

프로젝트가 생겨나면 디자이너는 항상 여러 장의 스케치를 그린다. 이때에 자신이 제작한 스케치를 동료 앞에서 발표하고 공유해보자. 다른 사람들에게 스케치를 설명하면 스케치에 대한 생각이 더욱 더 명료해진다. 사람들이 던지는 질문과 그 질문에 대한 답변 역시 좋은 영감이 될 때가 많다. 다른 사람에게서 스케치에 대해 여러 스토리를 나누는 것은 새로운 영감을 불어넣어주고, 또 이전에는 미처 알지 못했던 문제들을 알게 해주며, 새로운 아이디어를 샘솟게 만든다.

이 섹션에서는 스케치보드를 어떻게 준비하고 구조화할 것인지, 또한 완성된 스케치보드를 어떤 방식으로 사람들과 공유할 것인지에 대해 알아보기로 한다.

준비

폼보드(근처 화방이나 문구점에서 쉽게 구입할 수 있다.), 핀, 테이프, 포스트잇, 스케치한 종이(혹은, 스케치북을 찍은 사진), **펜**(스케치할 때 사용하는 중간 촉의 펜과 제목을 쓸때 사용하는 두꺼운 펜 하나)

준비 방법 1: 폼보드

1 캔버스 선택하기

스케치보드에 스케치를 정리하기 위해 커다란 캔버스가 필요하다. 스케치보드를 휴대하기 간편하게 하기 위해서, 여기에서는 폼보드에 스케치를 붙이도록 하자. 이렇게 하면 어디서 사람들과 공유하든지 스케치보드를 간편하게 이동할 수 있다.

2 스케치 붙이기

프로젝트와 관련된 스케치를 캔버스 위에 순서대로 붙인다.

팁

원본은 남겨둘 것
스케치북에 있는 스케치를 보드에 붙이고 싶다면, 해당 스케치를 사진으로 찍어 사용하도록 하고 원본은 스케치북에 남겨두자.

유연성을 살려보자
테이프 대신 핀을 사용하여 스케치를 고정시킬 수도 있다. 이렇게 하면 나중에 스케치를 옮겨 붙이기 쉽다.

3 스케치를 구조화하여 분류하기

보드에 스케치를 공간적으로 분류해두면 스케치를 쉽게 구조화할 수 있다. 비슷한 테마의 스케치는 한곳에 그룹으로 만들어두자. 예컨대 아래 사진에서는 스케치를 프로젝트에서 선정한 방향성에 따라 네 개의 그룹으로 분류해두었다. 그리고 포스트잇을 사용하여 각각의 그룹을 명시했다.

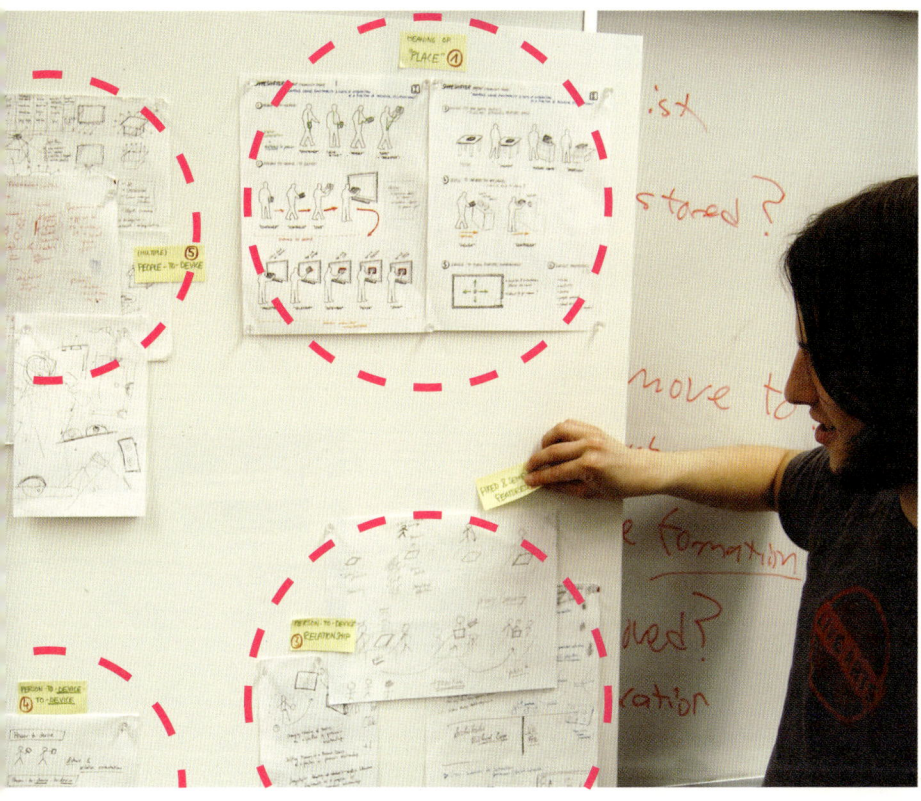

팁

여러 방식으로 스케치를 배치해보기
스케치를 구조화하고 그룹핑하는 기준은 여러 가지가 있다. 그러므로 어쩌면 발표를 하다가도 스케치를 떼어 다른 식으로 배치하고 싶을 수 있다. 이럴 때는 반드시 스케치보드를 사진으로 찍어놓은 후 스케치를 옮겨 붙이도록 하자. 그렇게 하면 이전의 스케치보드에서는 어떤 식으로 스케치를 배치했었는지 비교하기도 수월해진다.

준비방법 2: 포스트잇과 화이트보드

1 스케치한 포스트잇을 화이트보드에 붙이기

스케치보드를 휴대하고 다닐 일이 없다면 스케치를 화이트보드나 벽에 붙이는 것도 좋은 방법이다. 만약 포스트잇에 스케치를 했다면 포스트잇을 바로 화이트보드에 붙여도 좋다. 예를 들어 아래 사진에서는 한 남자가 자신이 스케치한 스토리보드 시퀀스를 화이트보드에 붙이고 있다. 시퀀스별로 다른 색깔의 포스트잇을 사용하여(파란색, 오렌지색, 흰색) 각각의 스케치가 어떤 시퀀스에 속해 있는지 명료하게 보여준다.

2 스케치 재배열하기

스토리보드 위에 스케치를 붙여놓으면 스케치 순서나 배열을 얼마든지 바꿀 수 있다. 포스트잇에 스케치를 해두면 이런 작업들이 더 용이해진다. 특히 스토리보드와 같이 시간적인 시퀀스를 나타내는 스케치에서는 매우 유용하다.

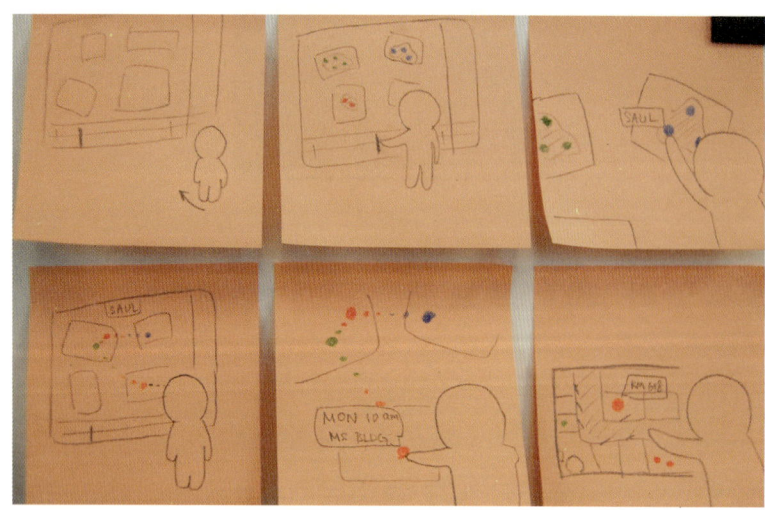

스케치를 다른 사람과 공유해보자

스케치보드는 현재 진행 중인 프로젝트에 대해 토론할 수 있는 장을 열어준다. 이제부터는 스케치를 공유하는 방법에 대해 알아보자.

책상 주변에 스케치보드를 두자

현재 프로젝트를 위한 작업공간에 스케치보드를 놓아보자. 스케치를 항상 볼 수 있게 두면 볼 때마다 새로운 영감을 얻을 수도 있고, 또 다른 동료나 사무실에 온 사람들과 현재 프로젝트에 대해 열린 토론과 대화를 하게 해준다.
  특히 폼보드는 아주 가볍기 때문에 가는 와이어나 두꺼운 테이프로 벽에 걸어둘 수도 있고, 아니면 선반에 올려두고 벽에 기대게 하여 볼 수도 있다. 아래 보이는 사진은 이 책의 공동 저자 중 한 명의 책상이다. 현재 진행 중인 각각의 프로젝트를 위한 스케치보드가 온통 책상을 둘러싸고 있다.

회의 시간에 토론하기

프로젝트 회의 시간에 스케치보드를 가져가 보자. 특정 아이디어를 설명하기 위해 어떤 스케치를 언급할 수도 있고, 또 초기 디자인에 대한 피드백을 모을 수도 있다. (디자인 비평을 종합하는 법에 대해서는 다음 섹션을 보라.)

공적인 장소에 스케치보드를 걸어두기

프로젝트와 스케치 유형에 따라 그룹 멤버들의 시야에 자주 띄는 장소에 스케치보드를 걸어둘 수도 있다. 이렇게 할 경우 복도나 아니면 다른 공적 장소(라운지나 도서관)에 스케치보드를 놓을 수 있다. 굴드는 이 방식을 '홀웨이 앤 스토어프론트 방법론hallway and storefront methodology'이라고 불렀다.

6.4 스케치보드

팁

도넛 타임

스케치와 아이디어에 대해 의논할 사람을 쉽게 모으기 위해 '도넛 타임'을 마련할 수도 있다. 휴식시간 동안 동료나 학생들을 초대하여 대접하고, 도넛을 먹는 동안 스케치에 대해 피드백을 요청하는 방식이다. 도넛을 위해서라도 사람들은 이 모임에 아주 적극적으로 참여할 것이다.

스케치에 참여시키기

펜이나 포스트잇을 스케치보드 근처에 놓아보자. 사람들이 지나가면서 스케치에 주석을 달거나 새로운 것을 추가할 수 있다.

코멘트 박스

스케치 옆에 코멘트 박스를 두어 스케치에 대한 의견을 담은 쪽지를 넣게 한다. 이 작업은 이메일이나 핸드폰 주소를 스케치보드로 표기하여 메일, 문자메시지로 대체할 수도 있다.

고객사에 설치하기

또한 스케치보드를 고객사에 설치할 수도 있다. 이렇게 하면 예비 시스템 사용자들에게 초기 디자인을 더 많이 노출시킬 수 있다.

> **연습해보기**
>
> 원래 있던 스케치(스케치북을 찍은 사본)를 스케치보드에 붙여보자. 그리고 스케치보드를 공유하며 위의 언급된 것 중 최소 한 가지 이상을 수행해본다. 수집한 코멘트를 꼼꼼히 기록하고, 다음 디자인 단계로 넘어갈 때 사용하도록 한다.

이제 알게 된 것

이 섹션에서 제시한 여러 방법을 사용하여 스케치보드를 제작하고, 또 스케치를 재배열함으로써 새로운 영감을 얻을 수 있다. 또 스케치를 사람들의 시야에 더 많이 띄게 하여 스케치에 대해 피드백 하도록 독려하고 싶을 때에도 위에 언급한 여러 방법 중 하나를 적용해보자.

참고문헌

- Gould, J.D. (1988) 『How to design usable systems』 (Editors: Baecker, R.M.; Grudin, J.; Buxton, W.A.S.; Greenberg, S.) Readings in Human-Computer Interaction Second Edition, Morgan Kaufmann Publishers, San Francisco, USA.

6.5
리뷰

아이디어를 설명하고 다른 사람들에게 비평받기

이 책의 다른 섹션에서 스케치는 대화를 통해 여러분의 아이디어를 다른 사람들에게 설명하고 건설적 비평/피드백을 받기 위한 가치 있는 도구임을 반복해서 말했다. 아이디어를 설명하고 피드백을 받는 것은 다양한 상황에서 꾸준히 해야 하는 것이다. 이는 짧고 편안한 상의부터 다른 사람들에게 정식으로 아이디어를 소개하고 체계적인 피드백을 받을 수 있는 주기적인 미팅이 될 수도 있다.

앤디 프레스만은 그의 책 『Architecture 101』(『건축디자인 스튜디오 101』 국제) 첫머리에 디자인 스튜디오를 소개하고 '비평 구하기'에 대해 언급한다. 그는 다음과 같은 조언을 한다.

비평 구하기. 비평을 받는 것은 스튜디오에서 배우는 것 중 가장 기본적인 부분이다. 반드시 여러분의 작업을 가능한 한 자주 리뷰 받고 상의하도록 하라. (······) 비평은 전문가의 피할 수 없는 현실이다. 여러분 작업의 장점과 단점에 대해 집중적인 평가를 하는 것이 상당히 유용하다는 것에는 의문의 여지가 없지만 그것을 받아들이는 것이 쉽지만은 않다.

섹션 1.2에서 소개한 깔때기 모양의 디자인 프로세스와 디자인 과정에서의 대안과 변형안(응용)의 중요성을 기억하는가? 리뷰는 여러분이 이를 조사할 수 있는 또 다른 방법이다. 여러분이 디자이너로서 하나의 아이디어에 묶여

준비

스케치, 여러분의 디자인을 설명할 준비된 스토리, 대화 상대, 만날 장소

버리는 건 정말 쉬운 일이다.

여러분의 디자인을 재고하도록 꾸준히 독려하고 자극하는 것이 비평의 역할이다. 여러분의 작업을 다른 사람들이 이해하고 (반응하도록) 설명하고, 그들이 주는 피드백을 기록하고 되돌아보는 것이 여러분의 역할이다.

1 평가자들이 여러분의 작업물이 내포하는 핵심을 이해할 수 있도록 설명한다

만약 여러분의 설명이 빈약하다면, 비평가들이 적절하게 반응할 수 없을 것이다. 여기선 스케치가 여러분의 아이디어를 명확하게 표현하는 핵심 역할을 한다.

2 평가자들은 여러분의 작업물을 구두로 리뷰한다

그들은 여러분의 아이디어를 (여러분이 제시하는 것을 이해했는지를 알 수 있도록 하고 오해를 고칠 수 있는 기회를 주도록) 요약하여 말한다. 그들이 생각하기에 이 디자인의 강점은 무엇이고, 약점은 무엇인지, 어떤 점을 개선해야 하는지도 말한다. 또한 그들이 보는 문제점에 대한 해결책과 대안을 제공하기도 한다. 그들은 또한 여러분이 다르게 생각하도록 북돋운다.

3 피드백을 취합한다

여러분이 그들의 코멘트에 귀 기울이고 (예를 들면, 스케치북에서) 기록하는 일은 매우 중요하다. 기록하지 않으면 이 모든 과정은 그저 시간 낭비일 뿐이다.

4 이러한 비평을 되돌아보고 여러분의 아이디어를 재평가한다

사람들이 말하는 모든 것을 고려하고 여러분의 아이디어를 개선하는 데에도 사용하라. 방어적인 태도는 좋지 않다. 여러분이 그들의 말에 동의하지 않을지도 모르지만, 최소한 여러분은 그들이 말하는 각각의 문장을 평가하고 (원한다면) 그것을 어떻게 적용할 것인지 객관적인 결정을 해야 한다.

리뷰에는 다양한 형태가 있고 우리는 아래 몇 가지 방법만을 다루었다. 가장 일상적인 리뷰(엘리베이터 피치: 제품이나 서비스 등을 짧고 단순하게 정의하는 데 사용되는 간단한 요약)로 시작하여 격식을 갖춘 리뷰로 마무리한다. 파넬과 사라(2007)의 책 『The Crit(비평)』을 적극 추천한다. 이것은 평가를 준비하고 실행하는 방법에 대한 뛰어나고 매우 접근성이 좋은 핸드북이기 때문이다. 원래는 건축을 공부하는 학생들을 위해 쓰인 책이지만, 거의 모든 부분이 인터랙션 디자이너에게도 적용 가능하다. 프레스만(1993)의 책『Architecture 101』또한 몇 개의 가치 있는 조언들을 담고 있다.

엘리베이터 피치

여러분이 어디에 있든지 여러분의 아이디어에 대해 다른 사람들에게 말할 모든 기회를 잡아라. 언제 어디서든 누군가에게 짧게나마 자신의 아이디어를 설명할 수 있어야 한다. 그리고 다른 사람이 그것에 반응하도록 시간을 주어라. **엘리베이터 피치**라는 이름이 말하듯이, 이것은 어디에서든 일어날 수 있고 여러분이 다른 사람과 갖는 시간은 매우 짧을 수 있다(30초에서 2분까지).

좋은 엘리베이터 피치를 구성하는 것은 생각하는 것 이상으로 훨씬 어렵다. 여러분은 청중이 여러분의 아이디어나 그것의 배경에 대해 어떤 것도 알고 있다고 가정할 수 없다. 이것은 다음 질문을 유발한다. 어떻게 엘리베이터 피치를 구성할 것인가? 모범답안은 브루스 맥도널드(오클랜드 주립대학)가 말한 효과적인 프레젠테이션에서 유추할 수 있다.

청중이 여러분의 프레젠테이션에서 무엇을 얻었으면 하는가를 명확하게 아는 것의 중요성은 아무리 강조해도 지나치지 않다. 그런 후에야 청중에게 이해시키는 것에 정말로 집중할 수 있다.

핵심은 **여러분의 메시지를 아는 것**이다. 여러분의 아이디어를 (여러분이 풀기 위해 노력하는 문제를 포함하여) 30초짜리 문장으로 만든다는 것은 **여러분의 핵심 아이디어가 무엇인지 정확하게 알고 그것을 명확하게 설명할 수 있어야 한다는 것**을 의미한다. 여러분이 말하는 모든 것은 (그리고 여러분이 배제하기로 결정한 것)이 메시지 안에서 만들어진다. 30초 안에 여러분의 핵심 아이디어를 설명할 수 있도록 그린 스케치가 담겨 있는 여러분의 스케치북(물론 항상 들고 다니는 것)이 도움이 된다.

엘리베이터 피치 안에 포함되어야 할 것들은 다음과 같다.

- 여러분이 누구이고 무슨 일을 하는가
- 여러분이 해결하려는 문제와 그 동기는 무엇인가
- 여러분의 디자인 아이디어는 무엇인가 스케치북에 그린 스토리보드로 설명할 수 있다.
- 피드백을 유도하는 멘트

다음의 예는 위의 사항들을 포함한다. (121단어, 그리고 30~60초 동안 스케치에 대해 말하기)

데스크톱 리뷰

만약 여러분이 스튜디오 같은 공개된 장소에서 작업한다면, 작업이 진행 중일 때 여러분의 작업을 제시하고 비평을 들을 준비가 되어 있어야 한다. 이것은 근처에 앉아 있는 동료, 여러분의 진행 과정을 따라가면서 주기적인 조언을 해 주는 멘토, 가끔씩 옆을 지나가는 매니저, 스튜디오 방문자, 그리고 심지어 잠시 들르는 고객까지도 대상에 포함된다.

우리는 이미 섹션 6.4에서 이런 준비를 도울 수 있는 방법으로서 스케치보드를 소개했다. 그러나 이 책에서 소개된 다른 방법들도 적용 가능하다. 이는 스케치북에 있는 핵심 드로잉, 컴퓨터에서 쉽게 사용할 수 있는 파워포인트 프레젠테이션, 언제든 재생할 수 있는 비디오나 애니메이션, 실제 목업 프로토타입, 다른 사람들이 해볼 수 있도록 작성된 슬라이드 쇼 등이 포함된다.

섹션 6.4에서 언급했듯이, 핵심은 스케치를 보여주고 회의와 피드백이 생기도록 만드는 것이다. 스케치를 시작으로 엘리베이터 피치와 함께 토론을

> **팁**
>
> 여러분은 스케치를 꾸준히 반복할 것이기 때문에, 현재 진행 중인 스케치는 다른 사람에게 보여줄 준비가 되어 있지 않을 수도 있다(예를 들어, 반 정도 완성된 경우). 이를 해결하기 위해, 데스크톱 리뷰의 일부로 사용하기 위해 가능한 아이디어의 마지막 완성된 버전을 가지고 있도록 한다. 이는 한 단계 후의 아이디어를 뜻할 수도 있지만 아무것도 보여주지 않는 것보다는 낫다.

시작할 수 있다. 만약 사람들이 흥미를 가진다면, 다른 스케치에 보다 상세하게 표현한 디테일들을 더 보여주거나, 작품의 분위기에 대해서 이야기해볼 수 있다. 이는 또한 자세한 스케치를 언제든 보여줄 수 있도록 준비해야 함을 뜻한다.

사람들의 일상적인 말은 너무 쉽게 잊어버릴 수 있기 때문에 그 코멘트를 기록하기 위해 메모지를 항상 책상 위에 비치하는 것이 좋다. 사람들이 있을 때 가능한 한 빨리 메모지를 꺼내라.

회 의

여러분의 아이디어가 발전함에 따라 피드백이 필요한 상황에서 여러분의 동료나 멘토와 미팅을 마련하고 싶을 것이다.

문제는 디자이너가 아닌 참석자가 있을 수 있다는 것이다. 훈련되지 않은 참석자는 침묵을 지키거나, 여러분의 기분이 상하는 걸 원치 않아서 좋은 점으로만 피드백한다. 때로는 (극단적으로는) 공격적으로 비난만할 수도 있다. 이러한 청중을 훈련시키기 위한 트릭이 몇 가지 있다.

1 **그들에게 여러분이 찾고 있는 것에 대한 전후사정을 알려준다**

여러분의 작업에 대한 피드백이 필요하기 때문에 이 작업을 설명하고 있다고 말한다. 그들이 좋은 점을 말하는 중에 만약 설득력이 모자란 아이디어를 얘기하거나 어떤 점을 개선할 수 있는지, 어떻게 개선할 수 있는지, 또 다른 디자인을 제안할 때 여러분이 더 큰 가치를 얻어갈 수 있음을 강조한다.

2 **그들이 좋아하는 점과 개선할 점을 교대로 말하도록 하라**

만약 모인 사람이 대여섯 명 이상이면, 방에 둘러앉아서 '순환대기방식 round robin'으로 진행하라. 첫 번째 사람이 아이디어에서 좋았던 점 하나를 언급하고 두 번째 사람이 향상시킬 점을 언급하는 식으로, 한 사람씩 번갈아 말하도록 하라. 만약 그들이 아무것도 생각나지 않는다면, '패스'할 기회를 주어라. 그런 후, 사람들이 역할을 바꾸어 다시 말하기를 한다.

팁

다른 사람이 여러분의 작업을 비평할 때 이에 대해 방어하기는 물론 쉬울 것이다. 왜냐하면 여러분은 그동안 여러분의 작업에 대해서 오랜 시간, 그리고 열심히 생각해왔기 때문이다. 그러므로 다른 사람의 피드백을 '즉흥적' 반응이라고 생각할 수도 있다. 여러분이 왜 그렇게 했는지를 해명하고 설명하고 싶은 것은 당연하다. 하지만 이것이 덫이 될 수 있다. 다른 사람이 말하는 것을 듣지 않기 시작할 수 있고, 사람들이 여러분이 듣고 있지 않다는 것을 알게 되면 피드백을 멈출 수 있다.

가장 좋은 방법은 참가자들이 말할 때 그저 듣는 것이다. 말을 하지 않는다. 그들의 질문에 답하거나 더 자세한 설명을 요청할 때에만 말하도록 한다.

3 **사람들이 피드백을 주는 중에 자신의 작업을 방어하거나 토론하려 해서는 안 된다**

사람들이 말하는 것에 귀 기울이고 그것을 기록하라. 최대한 다른 말로 바꾸어 그들에게 다시 말하고 그들이 말하고자 하는 포인트를 여러분이 정확히 이해했는가를 확인한다. 이것은 청중에게 말하고 그들의 의견을 잘 표현할 수 있는 시간을 좀 더 줄 것이다.

4 **회의를 열어라**

사람들이 여러분에게 말하고 싶은 것이 다 떨어졌을 때, 사람들이 얘기한 핵심 포인트들 중 여러분이 더 알고 싶은 것에 대해서 토론을 시작할 수 있다. 여러분의 작업 중 몇 가지를 더 명확하게 얘기할 수도 있다. 하지만 이미 언급했듯이 방어하지는 말아야 한다. 여러분의 역할은 언급된 문제를 명확하게 하고 이에 대한 해결책과 디자인 대안을 논하는 것이다.

공식 리뷰 (또는 비평)

작업물을 다른 사람들에게 공식적으로 설명해야 할 때가 있을 것이다. 예컨대 아래와 같은 상황이 있을 수 있다.

예정된 체크포인트

프로젝트를 하는 동안, 팀 내 다른 사람, 관리자, 감독관 그리고 고객에게 여러분의 진행 사항을 보여줄 수 있다.

프로젝트 전달

여러분의 최종 작업을 다른 사람들에게 보여주는 것이다. 여러분이 만약 학생이라면 이것은 문답시험의 일부일 수 있다. 만약 전문가라면 이는 섹션 1.2에서 거론했듯이 여러분 작업에 대한 '승인green light'으로 가는 결정 과정의 일부이거나, 고객에게 전달하는 제품일 수 있다.

여러분의 분야에 따라서, 공식 프레젠테이션은 때때로 **리뷰, 비평 혹은** (디자인 은어인) '**크릿**Crit'으로 불린다. 이름에 상관없이 이는 스튜디오 기반의 디자인 프로그램으로부터 공식적이고 정기적으로 발전하는 디자인을 리뷰하는 방법으로 발전한 것이다. 가장 공식적인 형태로, 이는 다음으로 구성된다.

- 발표자(디자이너),
- 자세한 리뷰를 할 심사위원(시니어 디자이너 및 이해당사자), 그리고
- 자신의 작업을 보여주거나 추가적인 피드백을 해줄 수 있는 다른 디자이너를 포함한 청중

효과적으로 하기 위해서는 프레젠테이션을 신중하게 계획하고, 구조화하고 리허설까지 해야 한다. 엘리베이터 피치, 데스크톱 리뷰와 마찬가지로 청중이 여러분이 해결하고자 하는 문제와 왜 해결할만한 가치가 있는지, 그리고 여러분의 해결책을 그들이 이해하게 만드는 것이 여러분의 과제이다. 또한 청중으로부터 비평과 피드백을 듣는 것 또한 여러분의 일이다. 여러 가지 일이 한 번에 일어나기 때문에(그리고 여러분이 긴장하고, 압박을 느끼기 때문에), 나중에 리뷰할 수 있도록 비디오로 녹화하거나, 동료에게 필기를 부탁한다.

이제 알게 된 것

인터랙션 디자인의 중요한 부분은 여러분의 작업이 진행됨에 따라 피드백을 얻는 것이다. 이는 여러 가지 형태와 다양한 시기에 이루어질 수 있다.

- **엘리베이터 피치**는 아무 때나 여러분의 아이디어에 대해 빠른 반응을 얻기에 좋다.
- **데스크톱 리뷰**는 동료와 여러분의 작업에 흥미를 가지고 있는 사람들을 포함한 주위 사람들에게 피드백을 얻기에 좋다.
- **미팅**은 피드백이 필요할 때 언제든 계획할 수 있고 참석자를 고를 수 있다.
- **공식 리뷰 혹은 비평**은 의사결정권자, 시니어 디자이너, 관리자, 고객 그리고 동료에게 프레젠테이션을 하고 피드백을 얻는 자리이며 정기적으로 열린다.

참고문헌

- Parnell, R., Sara, R., Doidge, C., Parsons, M. (2007) 『The Crit: An architectural student's handbook』. 2nd edition, Architectural Press;
- Pressman, A. (1993) 『Architecture 101: A Guide to the Design Studio』. Wiley Press. (『건축디자인 스튜디오 101』 국제, 1999)

Sketching
User Experiences
the work book

찾아보기

10+10 방법
  개요 25~27
  과제를 풀어나갈 디자인 콘셉트 10개 이상 만들기 28~31
  하나의 특정한 디자인 콘셉트로부터 서로 다른 10개의
  콘셉트 만들기 32~35
3D 실물 → '실물 수집' 참조

ㄱ

감정
  서술형 스토리보드에서 216
  스케치 110
감정 상태 표현 110~112
경영 15
고객사에 스케치 보드 설치하기 303~304
고멀 270, 290
고유 태그 34, 76
공동 스케치 121~125
공동 스케치를 위한 목록 만들기 122
공동 스케치를 위한 의사소통 조정 122
공식 리뷰 311~313
공유
  스케치보드 301~304
  컬렉션 79~83
공적인 장소, 스케치 보드를 걸어둘 302
과장된 연기, 사진 기반 스토리보드 217
구두 리뷰 306

궤짝, 실물 컬렉션 보관하기 72
그래픽 유저 인터페이스 135~140
  → '사용자 인터페이스' 참조
그룹, 스케치 보드 위의 299
그룹 간 상호소통, 공동 스케치에서 121~125, 132, 139
그린버그 148
기능 (공동 스케치) 122
기본 도형 107, 129
기본적인 스토리보드 185

ㄴ

나쁜 디자인 알아채기 48~51
낙서 스케치 41~46
낙서 스케치 반복 훈련 45~46
노트 116, 119
니콜 270, 290

ㄷ

다양한 선 그리기 훈련 87~94
단순하게 그리기 108~109, 212
대화형 쇼핑 시스템
  분기형 스토리보드 202~207
  순차적 스토리보드 189~190
  스케치의 기본 요소 115~116, 118~119
데스크톱 리뷰 309~310
도구

315

구성하기 **108**
수집 **69**
도구 상자, IDEO **74**
도큐먼트, 구성 **108**
두 휴대폰을 맞부딪히기 **30**
두께, 스트로크, 포토 트레이스에서 **152~153**
뒤집어서 그리기 **101, 105**
듀마이스 **290**
드로잉 → '스케칭' 참조
공동 스케치에서 **121**
선의 종류 연습하기 **88~94**
텍스트와의 조화 **118**
디자인
'디자인 깔때기' 참조
나쁜, 알아채기 **47~51**
디자인 블로그 만들기 **52**
디자인을 좋게 만든다는 것 **10, 17, 18**
스케치는 디자인이다 **9**
좋은 디자인을 한다는 것 **12, 17, 18**
좋은, 알아채기 **52~53**
확장과 수렴 **12**
디자인 깔때기 **25~37**
개요 **14, 25**
소프트웨어 상품의 생명주기 **15~16**
10+10 방법 **25~26**
디지털 기기, 구성 **108**
디지털 시계 스케치 **171~176**
디지털 아카이브 **59**

ㄹ

래리 벨리스턴 **109**
레고 마인드스톰 **70**
레디시 **290**
레이아웃으로 상태변환 암시하기 **195**
레이어 보기 기능, 이미지 편집 레이어 **143~145**

로리 버틀리 **209**
롱숏 **210, 217**
리뷰 **305~313**
린제이 맥도널드 **98~100**

ㅁ

마우스로 스케치하기 **142**
마이크로소프트 파워포인트 → '슬라이드웨어' 참조
모션 패스(이동 경로) **233~238**
분기형 애니메이션 **239~244**
슬라이드웨어에서 스케치하기 **128~130**
템플릿 **144~145**
마이크로소프트 포토신스 **52**
마익세나 **117**
마지막 프레임, 서술형 스토리보드 **211**
마케팅 **15**
마크 레팅 **135**
만화 만들기(Making Comics) **110**
만화 스토리텔링 **110**
만화 이해하기 **110**
맥락, 서술형 스토리보드 **209**
멀티미디어 애니메이션 툴 **245~256**
어도비 플래시 샘플 **246~256**
연속 시퀀스 **233**
애니메이션 속성 **246**
인비트위닝 **247~248**
모션 패스 **248**
정의 **246**
모션 패스(이동 경로) **233~238**
물리적인 제품 모형 **171~181**
물체, 실생활에서 따라 그리기 **105** → '실물 컬렉션' 참조
미디엄 숏 **210**

ㅂ

반복

디자인 깔때기에서 14

서술형 스토리보드 216

초기 멘탈 모델에서의 문제해결을 위한 276~277

벅스턴 컬렉션/입력장치 75~78

베스텐도르프 117~118

베티 에드워즈 96, 101, 105

변환

선택 187

스토리보드에서 185

정의 191

보관함, 실물 컬렉션 보관하기 72

복사하기

드로잉 98~99

템플릿 146~147

부드러운 물체 105

부드러운 표지의 스케치북 21

분기형 상태변화도 196~197

분기형 스토리보드 199~207

분기형 애니메이션 239~244

불편한 디자인, 알아채기 48~50

불편한 사물, 카메라 샘플링 48~51

브레인스토밍 25~27, 121

브루스 맥도널드 307

비디오 기능, 카메라 47

비주얼 인터페이스 상태변화도 193, 200

비평

되돌아보기 306

리뷰 305

받아들이기 311

비평 구하기 305

비평 되돌아보기 306

비평 후 아이디어 재평가하기 306

ㅅ

사라 306

사람

드로잉 복사하기 98~100

상상하여 그리기 97

실제로 보고 있는 것을 그리기 100~101

스케치 109

사무용품

불투명 배경, 하이브리드 스케치에서 165

수집 68

사진 기반 서술형 스토리보드를 위한 오버레이 만들기 220

스케치할 135~140

사용자 경험 스케치: 창의적 디자인을 고민하는 모든 디자이너의 방법론 4, 9~16

사용자 관찰법: 애플 개발자 가이드라인 290

사용자 인터페이스

기존 제품 프로토타입 만들기 177~181

낙서 스케치 46

분기형 애니메이션 239~244

분기형 스토리보드 199~207

선형 비디오 257~263

서술형 스토리보드 209~222

상태변화도 192~197

소리내어 생각하기 289~296

순차적 스토리보드 185~190

사무용품을 활용하여 스케치하기 139~140

연속 시퀀스 225~231

이동 경로 233~238

포토 트레이스 160

하이브리드 스케치 163~170

사용자 지정 경로 옵션, 파워포인트 235

사진

'사진 샘플링''포토 트레이스' 참조

기존 제품 프로토타입 177~181

수집품의 76

템플릿에 적합한 사진 기반 스토리보드 141~142

하이브리드 스케치 163~181

사진 각도 152

사진 기반 스토리보드 217~222

사진 샘플링 47~56
    불편한 사물 46~51
    영감을 주는 사물 54~56
    이미지와 클리핑을 수집 62~63
    훌륭한 디자인 51~53

사철 제본 스케치북 21

삼각대 259

상상하여 그리기 97

상태
    연속 시퀀스에 주석 달기 188
    스토리보드에서 상태 표현하기 185

상태변환도 192~197
    개요 192
    레이아웃으로 상태변환 암시하기 195
    분기형 상태변환도 196~197
    분기형 애니메이션 241~242
    비주얼 인터페이스 상태변환도 193
    인덱스 상태변환도 194~195
    주석 달린 상태변환도 193
    추상적 상태변환도 192

상품의 관점에서 바라보기, 스케치 14~15

서랍, 실물 컬렉션 보관하기 72

서술형 스토리보드 209~222
    개요 209
    사진 기반 스토리보드 217~221
    스케치하기 210~216
    예제 276

서술형 스토리보드 설명하기 216

선 그리기 훈련에서 스토리텔러의 역할 88~89

선 형태만 표현하는 스케치 기법 109~110, 215

선반, 진열장 74

선형 비디오 257~263

선형 비디오 녹화하기 260~261

설명 노트 116

설명선, 파워포인트 129

설정숏 211, 212, 215, 217

션의 오후 98~104

소리내어 생각하기 289~296

소리내어 생각하기 방법론 수행법 292~294

소리내어 생각하기 방법론 준비물 290~291

소프트웨어 상품의 생명주기에서 디자인의 중요성 14~15

소프트웨어를 사용하여 노트, 기록하기 59

속성, 애니메이션 246~247

손동작, 포토 트레이스에서
    만들기 151~153
    사용하기 154~158

수동적 관찰법 289

수렴 13

수정할 수 있는 스케치 → '사무용품' 참조, 선형 비디오 참조

수직적 프로토타이핑 244

수집품 관리 74~75

수체 탄 176

수평적 프로토타이핑 244

순차적 스토리보드 185~190

순차적 스토리보드에서의 사용자 표현 188~189

스케치 기본 요소 115~120
    노트 118~119
    드로잉 115
    주석 116~118

스케치 모음 19

스케치 보드에 참여하기 303

스케치 어휘 107~113
    사람 109
    상황 묘사를 위한 다양한 스케치 요소 조합하기 112
    스케치 기본요소 107
    신체와 감정 110
    오브젝트 구성하기 108
    얼굴과 감정 111

자세와 얼굴 조합하기 111
　　　행동 110
　스케치 요소 라이브러리 107
　스케치 정리기법
　　　스케치를 구조화하여 분류하기 299
　　　책상 주변에 스케치 걸어두기 301
　　　화이트보드에 포스트잇 붙이기 299~300
　스케치 준비 87~94
　스케치를 벽에 빔으로 쏘기 269
　스케치보드 297~304
　스케치북 17~24
　스케치에 참여시키기 303
　스케치하기 9~16
　　　개요 3~9
　　　깔대기 모양의 디자인 프로세스 14
　　　디자인으로서의 스케치 9
　　　디지털 도구를 사용한 스케치 127~133
　　　디자인을 좋게 만든다는 것 10~11
　　　보고 있는 것을 스케치하기 95~106
　　　상품의 관점에서 바라보기 14~16
　　　스케치 공유 여부 관리하기 82~83
　　　스케치 준비하기 87~94
　　　스케치의 유용성 4
　　　좋은 디자인을 한다는 것 12
　　　컴퓨터로 스케치하기 107
　　　확장과 수렴 13
　　　10+10 방법 25~27
　스케치할 때의 멘탈 모델 95 → '초기 멘탈 모델 형성' 참조
　스케칭 어휘 107~112
　스콧 맥클라우드 110
　스크랩북 60~61, 81
　스테이지 (어도비 플래시) 249
　스토리라인
　　　서술형 스토리보드 스케치하기 210~216
　　　사진 기반 스토리보드에 글자와 코멘트 추가하기 221

　　　트레이스에 어울리도록 선 굵기 조정하기 152
　스토리보드
　　　분기형 스토리보드 199~207
　　　사무용품을 활용한 인터랙션 스토리보드 138
　　　상태변환도 191~197
　　　서술형 스토리보드 209~222
　　　순차적 스토리보드 185~190
　　　폼보드를 활용한 스토리보드 172~175
　스튜어트 퍼흐 13
　스프링 철 스케치북 19, 20
　스플라인 경로 252
　슬라이드웨어
　　　브랜칭 애니메이션 239~244
　　　드로잉을 위한 슬라이드웨어 127~133
　　　연속 시퀀스 225~231
　　　이동 경로 233~238
　　　템플릿 144~145
　시나리오 244
　신체와 감정 110
　실물 65 → '실물수집' 참조
　실물 손목시계 스케치 만들기 177~181
　실물 수집품 보관 71~74
　실물 컬렉션 65~78
　　　공유 79~83
　　　만들기를 위한 물건 수집하기 68~70
　　　벅스턴 컬렉션 75~78
　　　수집품 관리 74~75
　　　아이디어가 떠오르자마자 수집하기 67
　　　준비물 65
　실물 컬렉션을 담을 판지 박스 55
　실물 컬렉션을 위한 공구함 73
　실물 컬렉션을 위한 선반장 74
　실물을 위한 수납함 73~74
　실험적 디자인 → '오즈의 마법사' 참조

ㅇ

아웃라인 스케치, 하이브리드 스케치 165, 167~168
아이디어 표현하기, 공동 스케치에서 122
아이디어, 디자인
    가다듬기, 엘리베이터 피치를 위해 307
    디자인 깔때기 13
    디자인을 좋게 만든다는 것 10
    스케치북에 쓰기 17~18
    여러 개의 스케치로부터 만들기 19
    좋은 디자인을 한다는 것 12
    확장과 수렴 12
    10+10 방법 25~26
아이디어가 떠오르자마자 수집하기 67
아이콘 49
아카이브
    디지털 아카이브 58
    스케치북 19
압력 감지 키보드 36
애니메이션
    분기형 애니메이션 239~244
    선형 비디오 257~263
    모션패스(이동 경로) 233~238
    사무용품 활용하기 139~140
    어도비 플래시 예제 248~256
    애니메이션 속성 246
    인비트위닝 247~248
    키프레임 245
    주석 달린 상태변환도 193
애플 키노트 128 → '슬라이드웨어' 참조
액션 라인 110
액션 라인(모션 라인) 110
앤디 프레스만 305
어도비 포토샵, 템플릿 만들기
    레이어 144~145
    트레이싱 143~144

어도비 플래시 248~256
    개요 248
    애니메이션 툴의 유용성 236, 245
    타임라인에 프레임 추가하기 254
    트윈 프레임 250
어도비 플래시의 모션 트윈 기능 250
어도비 플래시의 타임라인 249
어릴 적 좋아하던 물건 수집하기 68
얼굴
    얼굴과 감정 111
    자세와 조합하기 111
에버노트 59
엘리베이터 피치 307
엘리베이터 피치 307~308
연속 스케치(포토트레이스) 153~155
연속 시퀀스
    개요 225
    슬라이드 쇼 225
    이미지 배치하기 225~231
연속 시퀀스를 위한 마스터 프레임 템플릿 227~231
연속 시퀀스에서 이미지 고정하기 227
연속 시퀀스에서 이미지 배치의 문제 225~256
연필 17, 22
연필 산책 스케치 88~90
영감을 주는 아이디어, 사진 샘플링 54~55
영상 편집 도구 260
오버-더-숄더-숏 210, 214
오브젝트 구성하기 108
오즈의 마법사 279~288
오즈의 마법사 유의사항 283
와이드숏(익스트림 롱 숏) 210, 213, 214
움직임
    공동 스케치 123
    스토리보드에서 특정 요소 강조하기 215~216
원본 이미지를 템플릿으로 활용하기 141~142, 178~179

웹 컬렉션 81

웹페이지 템플릿 148~149

음성을 인식하는 타자기 280~283

이동 경로 233~238

이미지

    수집 57~64

    순차적 스토리보드에 주석 달기 187~189

이미지 배치하기

    연속 시퀀스 225~231

    선형 비디오 258~259

이미지 스캔하기 63~64

이미지 에디터

    템플릿을 만들기 위한 141~149

    하이브리드 스케치 163~166

    포토 트레이스 151~153

    사진 기반 스토리보드 217

이미지 에디터의 레이어 기능 143~145

이미지 클리핑 소프트웨어 57

이미지 클리핑 프로그램 57

이미지와 클리핑 컬렉션 보관함으로서의 폴더 59

익스트림 롱숏(와이드숏) 210, 213, 214

인덱스 상태변환도 194, 202, 242

인체 드로잉 보고 그리기 98~100

인터랙션

    공동 스케치에서 121~125, 133, 139~140

    다른 시나리오, 하이퍼 링크를 통한 239~244

    소리내어 생각하기 289

    시간에 따른, 사무용품을 사용하여 139

인터랙션 시퀀스, 영화의 257~263

인터페이스

    기존 제품 프로토타입 만들기 177~181

    낙서 스케치 46

    분기형 애니메이션 239~244

    분기형 스토리보드 199~207

    사무용품을 활용하여 스케치하기 139~140

상태변환도 192~197

서술형 스토리보드 209~222

선형 비디오 257~263

소리내어 생각하기 289~296

순차적 스토리보드 185~190

연속 시퀀스 225~231

이동 경로 233~238

포토 트레이스 160

하이브리드 스케치 163~170

일기 80, 81

입력, 복잡함, 그리고 마법사의 필요성 279

ㅈ

작업물 설명하기, 리뷰에서 306

장난감 상자 → '실물 컬렉션' 참조

저널 79~80

전자부품 수집 69~70

절정, 서술형 스토리보드에서 212

접착제, 포스트잇 135~138

정보 저장하기(공동스케치) 122

제스처

    공동 스케치 122~124

    손(포토 트레이스) 154~158

제이콥 닐슨 244

제한시간이 있는 낙서 스케치 41~43

존 굴드 280~283, 302

존 켈리 280

존 탕 122~125

종이

    스케치북 19~21

    카드, 디바이스의 프로토타입을 위한 180~181

    템플릿 그리기 146~147

종이상자, 이미지와 클리핑 컬렉션을 담을 59

주석

    드로잉과 주석을 조화롭게 구성하기 116

사진 기반 스토리보드에 주석 달기 218~219
서술형 스토리보드에 주석 달기 215~216
순차적 스토리보드에 주석 달기 188~190
스케치북에 주석 달기 19
애니메이션 프레임에 주석 달기 230
이미지 수집과 클리핑에 주석 활용하기 58~63
하이브리드 스케치에 주석 달기 168
화살표로 주석 나타내기 117~118

중간점검 일정잡기 312
지역 언덕 오르기 11
지우기, 스케치북에서 21
진열장 74, 81

ㅊ

참여자의 초기 멘탈 모델 273~275
책상서랍, 실물 컬렉션 보관하기 72
첫 번째 포인트-오브-뷰숏 214
초기 멘탈 모델 267~277
추상적 상태변환도 192, 196, 200~201
추상적 형태
  구성하기 108
  스케치로 사람 표현하기 109

ㅋ

카드, 기존 디바이스의 프로토타입을 위한 180~181
카메라 47, 259 → '사진 샘플링' 참조
카메라 숏 209, 214~215
커서, 애니메이션 233~238
컬렉션
  공유하기 79~83
  실물 65~78
  이미지와 클리핑 57~64
컬렉션 공유 74
컬렉션을 위한 재활용 70
컴퓨터

멀티미디어 애니메이션 시스템 → 슬라이드웨어 참조
  스케치 107
  이미지와 클리핑 컬렉션 58
켄 힌클리 28
크기 별 스케치북 21
클로즈업 210, 214
클리핑 파일 59
클리핑, 수집 57~64
클립아트 107
키 프레임 삽입, 어도비 플래시 206
키프레임 245~256
  모션 패스 248
  스케치보드에 스케치하기 186
  어도비 플래시 예제 248~256
  애니메이션 속성 246
  인비트위닝 247~248
  정의 246~247
  주석 달기 187~188
  핵심 키프레임 선택하기 187

ㅍ

텍스트, 슬라이드웨어에서 129
템플릿 141~149
투명 슬라이드
  사진 기반 스토리보드에서의 쓰임새 219
  선형 비디오에서의 쓰임새 261~263
트레이싱
  디스플레이를 가로지르기, 스마트 폰의 연결을 위해 29
  이미지 에디터에서의 템플릿 142~143
  종이위의 템플릿 146~147
트위닝(인비트위닝) 245~256
틀, 폼 보드 173
파넬 306
파울 클레 87
파워포인트의 도형 팔레트 툴 129

파일철, 이미지와 클리핑 컬렉션을 보관할 59

판매 15

펠트 펜 22

편집 가능한 플레이스 홀더, 연속 시퀀스 228

포스터 보드 → '스케치 보드' 참조

포스트잇

    감정 110

    선형 비디오 257~263

    스케치보드에 붙이기 299~300

    스케치에 활용하기 135~140

    스토리보드 프레임에 활용하기 222

    얼굴, 조합하기 111

포스트잇 형태의 메뉴 패드 만들기 137

포인트-오브-뷰숏 210, 214

포토 트레이스 151~167

포토샵, 템플릿을 만들기 위한 141~143

포토신스, 마이크로소프트 52~53

폴 라소 12

폴 솔니에르 284

폼 보드

    스케치 보드 297~298

    스케치하기 171~181

폼 코어 스케치 보드 위에서 카테고리 나누기 299

폼보드에 스케치 붙이기 298

프레임

    어도비 플래시 250~254

    연속 시퀀스에서의 쓰임새 227~230

프레임 완성, 연속 시퀀스 229

프로토타이핑 70, 177~181, 244

플레이스홀더, 연속 시퀀스에서 228

피드백

    리뷰 취합 306

    미팅에서 교대로 말하기 310

    피드백을 받을 때 방어하거나 토론하지 말 것 310

        서술형 스토리보드에서 216

    원하는 피드백 설명 309

    10+10 방법 26

피젯 70

ㅎ

하드 커버 스케치북 21

하이브리드 스케치 163~170

하이브리드 스케치의 배경 165~167

하이퍼링크 삽입 다이얼로그 박스, 파워포인트 241

하이퍼링크, 시나리오마다 다른 인터랙션 제공하기 239~244

해럴드 팀블 195

행동, 움직임 스케치하기 109

행동/움직임

    서술형 스토리보드에서 행동과 움직임 강조하기 215

    스케치로 표현하기 109

화살표

    사진 기반 스토리보드에서의 쓰임새 218~219

    서술형 스토리보드에서의 쓰임새 215~216

    주석으로 활용하기 117~118

화이트보드 299

화이트보드에 스케치 정리/재배열하기 299~300

확장 12

회의

    리뷰 309~312

    회의시간에 토론하기 302

효과, 애니메이션에 추가하는 237

훌륭한 디자인, 사진 샘플링 51~53

휴대용 기기 목업 176

Architecture 101 305

Court Dwarf, A 105

Crit, The(비평) 306

Drawing on the Right Side of the Brain(오른쪽 두뇌로 그림 그리기) 96

hallway and storefront methodology(홀웨이 앤 스토어프론트 방법론) 302

IDEO 74

Muller, M.J 140

Pictive: An exploration in participatory design 139

Portrait of Igor Stravinsky 105

Practical Guide to Usability Testing(사용성 테스트 실제 가이드) 290

Press On! Principles of Interaction Pro-gramming(눌러라! 인터랙션 프로그래밍의 원칙) 195

Prototyping for Tiny Fingers(손으로 할 수 있는 간편한 프로토타이핑) 135

Rapid Viz 109